전이초점 심리치료 지침서

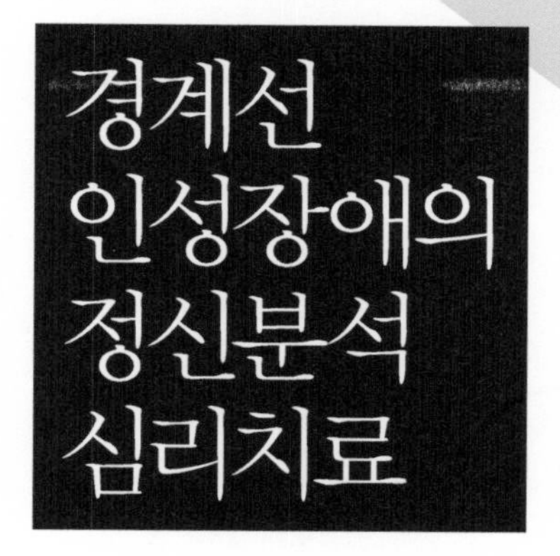

경계선 인성장애의 정신분석 심리치료

John F. Clarkin · Frank E. Yeomans · Otto F. Kernberg 공저
윤순임 외 공역

Psychotherapy for Borderline Personality
Focusing on Object Relations

학지사

Psychotherapy for Borderline Personality: Focusing on Object Relations
by John F. Clarkin, Frank E. Yeomans and Otto F. Kernberg

First published in the United States by
American Psychiatric Publishing, Inc., Washington D.C. and London, UK.

역자 서문

저자들이 2006년판[1] 서문에서 밝히듯이 이 책은 그들이 지난 25년 동안 심한 경계선 인성장애 내담자를 정신분석적으로 심리치료하면서 연구한 것의 이론적, 실제적 총 결산서다. 그들은 각 회기를 비디오 촬영하여 토론하고 연구하면서 기존 정신분석 치료 이론과 기법의 확장에 이르게 되었다. 저자들은 이 확장된 치료를 전이초점 심리치료(Transference Focused Psychotherapy: 이하 TFP)라 칭하였다.[2] 그들은 심한 경계선 인성장애는 무엇보다도 구조적 취약성에 원인이 있다고 보았는데, 이 구조적 취약성은 심리내적 대상관계의 상태를 반영한다. 그러므로 그들은 치료 현장에서 치료자와 내담자 간의 전이 관계를 확인하고 활용하는 것에 치료의 초점을 두었다.

저자들에 의하면 정신분석에서 대상관계라는 것은 의식적으로 인식할 수 있는 것이라기보다는, 오히려 무의식적인 심리내적 자기 표상, 대상 표상 그리고 이들을 이어주는 정동(affect), 이 세 요소가 구성하는 표상 세계에 대한 이론이다. 이 내적 대상관계가 한 개인의 동기(motivation)와 행동(behavior)의 조직자(organizer)인 것이다. 이들 저자들에 의하면 심리구조가 취약한 상태에

---

1 J. F. Clarkin, F. E. Yeomans, & O. F. Kernberg, 경계선 인성장애의 정신분석 심리치료-전이초점 심리치료 지침서(*Psychotherapy for borderline personality: Focusing on object relations*), New York: American Psychiatric Publishing Inc, 2006.

2 "전이초점 심리치료는 정신분석 이론과 기법에서 나왔으며, 심한 장애를 보이는 환자들을 대상으로 정신분석 치료의 영역을 확장하였다(TFP, derived from psychoanalytic theory and technique, expands the realm of psychoanalytic therapeutic approaches with severely disturbed patients).", Otto. F. Kernberg, 전이초점 심리치료에서 새로운 발달(New developments in transference focused psychotherapy), *IJPA, 97*(2016), p. 385.

서 심리 표상은 분열되어 있다. 분열의 원인은 공격성이 사랑에 비해 우세하기 때문인데, 이 사랑을 보호하기 위하여 내담자들은 무의식적으로 분열 방어를 고수하게 된다. 이 분열로 인하여 내담자들은 치료 상황에서 언어를 사용하기보다는 신체화, 행동화, 투사적 동일시나 상연(enactment)과 같은 원시적인 방어를 사용하기 때문에 치료자는 정신분석 표준 기법을 넘어서는 방략(strategy)과 기략(tactic), 기법(technique)을 활용할 수 있도록 훈련을 받아야 한다. 그러므로 전이초점 심리치료에서는 단기적으로 각각의 증상을 소멸시키는 데에 치료 목표가 있는 것이 아니라, 만성화된 이 대상관계에 영향을 주어 분열된 표상 세계를 통합하고자 한다.

감당하기 어려운 상황에서 이 내담자들은 흔히 위험한 자해나 자살 시도를 할 수 있으며 위기 개입이 필요하다. 예를 들어, 2008년 독일어판[3]에 의하면, 독일에서는 심리신체장애 클리닉(Psychosomatic Clinic)에 입원한 내담자 중 적어도 50%가 인성장애 환자로 추정된다고 한다. 이들을 위하여 전이초점 심리치료가 권고되고 있으며 관계 직원들도 필수적인 훈련을 받는다고 한다.

이 책에서 우리는 personality를 character와 구분하여 인성으로 번역하였다. 저자들은 personality 개념에서 자아 기능뿐 아니라 초자아의 기능을 특별히 다루었는데, 성숙한 초자아는 규범과 가치에 대한 역량이 크고 유연하며 필요할 때는 단호한 결단을 내릴 수 있는 특성이 있다. 미성숙한 초자아는 성찰(reflection)하기보다는 행동화하는 경향을 보인다.[4]

이 역서는 영어판(2006)을 주로 번역하였지만 독일어판(2008)도 함께 참조하였다. 독일어판 내용이 더 분명한 경우에는 독일어판 내용을 번역하였다. 역자가 따로 덧붙인 내용의 경우에는 기본 각주의 형태에서 대괄호([ ])로 '역주'

---

3 J. F. Clarkin, F. E. Yeomans, & O. F. Kernberg, 경계선 인성을 위한 심리치료(*Psychotherapie der Borderline-Persönlichkeit*), Stuttgart: Schattauer GmbH, 2008.

4 F. E. Yeomans, J. F., Clarkin, & O. F. Kernberg, 경계선 내담자를 위한 전이초점 심리치료 입문(*A Primer of transference-focused psychotherapy for the borderline patient*), New Jersey: Jason Aronson, 2002, pp. 33-35 참조.

를 표기하였다. 사람 이름은 영문 그대로 두었으며, 단 프로이트는 이미 널리 사용되고 있기 때문에 한글로 하였다.

끝으로, 다른 역자들과 함께 이 귀한 자료와 힘겨운 연구를 제공해 준 저자들에게 진심으로 감사를 드린다. 그리고 이 책의 출판을 가능하게 도와주신 학지사 김진환 사장님께도 감사드리고 편집부 백소현 선생에게도 고마움을 전한다.

2016년 서초동에서

역자대표 윤순임

■ 저자 서문

이 책은 심한 인성장애 내담자들의 심리치료적 개입을 정교화하기 위한 방법을 모색하기 위해 이론가, 임상가, 연구자들로 구성된 팀이 25년 이상 진행해온 치료개발의 결과다. 오늘날 대부분의 심리치료와 약물치료는 증상의 단기치료에 주안점을 두고 있다. 그와 반대로 우리의 관심은 증상이 인성과 비정상적인 발달 전반에 내재되어 있는 내담자의 치료에 있다. 그러므로 우리는 정상적인 인성발달과 그 변형에 대한 이론과 경험 연구에 전념하고자 한다. 우리가 개발해 온 치료는 증상만을 변화시키기보다는 증상의 근원이 되는 인성 구조의 변화 그리고 그 개인의 삶의 질을 변화시킨다는 야심찬 목표를 가지고 있다.

우리는 심리역동적 대상관계를 지향하지만 기존의 심리역동적 치료에 적응만 하기보다는 성격 병리에 효과적인 치료 방법을 개발하고자 했다. 이 과정에서 우리는 최근의 임상과 연구 분야에서 그동안 축적된 이론적, 경험적 연구 결과를 활용하였다. 가장 도움이 되었던 것은 대상관계 이론과 애착 이론에서의 발전이었다. 우리의 목표는 이론과 실제적 체험과 경험적 자료를 치료 발전에 결합시키는 것이었다. 여기서 새로 얻은 정보에 따라 치료 기법이 변화되었다.

심리치료 연구 분야에서 상세한 기술을 통해 다양한 세팅에서 일하는 임상가들이 똑같은 심리치료를 할 수 있게 해 주는 치료 지침서를 개발하고자 하는 아이디어(Clarkin, 1998)가 시작되었다. 실험 연구에서 독립변인(우리의 경우에는 치료 방식)이 종속변인(내담자의 호전)에 미치는 영향을 연구하기 위하여 독립변인을 객관화하고 균일하게 구성하는 것은 필수적이다. 그렇게 하여 인지행동적, 대인관계적, 그리고 심리역동적 치료(Caligor, 2005 참조)를 기술하는 다양한 심리치료 지침서가 생겨났다. 이들은 단기간에 실시되고 종종 특정 증상군의 동질 집단(예, 우울)에게 적용되었다.

연구 관점에서 보면 지침서에서 특수성의 정도가 크면 클수록, 치료자 간 가변성이 적으면 적을수록 더 좋다. 임상가들은 종종 지침서로 만드는 과정을 반대했는데, 그 이유는 개별 임상가의 직관이 연구에서의 선명성과 균일성을 위해 희생되기 때문이었다. 때로 임상가들은 지침서를 자신들의 기술을 증진시키기보다는 창의성과 직관 사용을 억누를 수 있는 것으로 지각했다.

이 책은 심리역동치료의 지침서라는 점에서 지금까지 출판된 대부분의 지침서와 비슷하지만 또한 대단히 다르다. 치료가 12~15회기 정도의 단기를 넘어설 때 각 회기에서 무엇이 일어날지를 자세히 기술하고 예상하는 것은 불가능하다. 말로 하기보다는 자주 행동화하고 회기의 흐름을 끊는 경향이 있는 좀 더 심한 내담자들을 치료할 때 균일성은 치료자와 내담자 간에 일어날 수 있는 예상치 않은 많은 경우에 대해서 길을 터줄 수 있다. 우리는 경계선 내담자와 1년 이상 치료를 진행할 때 예기치 않고 기대하지 않은 많은 사건들이 일어나고 이에 대해 어떤 치료 지침서도 치료자가 무엇을 해야 할지 구체적으로 명시할 수 없다는 것을 잘 알고 있다.

그러므로 이 지침서는 경계선 내담자를 치료하는 개입 원칙을 기술한다. 즉, 이 지침서는 물론 내담자와 치료자 간에 일어날 수 있는 모든 상황에 대처할 수 있거나 치료 과정이 정확하게 어떤 순서로 진행될 것인지 예측할 수도 없다. 개입 원칙은 치료자에게 방향을 제시하며, 이것은 매 회기마다 치료자가 무엇을 해야 될지 그 행동을 미리 규정하는 지침서와는 상반된다. 전이초점 심리치료의 원칙은 이 책에 묘사된 방략, 기략 그리고 기법을 통해 그 형태를 얻게 된다.

우리는 심리치료를 효과적으로 가르치는 것이 애석하게도 몹시 어렵다는 것을 잘 알고 있다. 치료자가 작성한 회기 기록과 슈퍼바이저의 검토에만 의존하는 것은 교육적으로 충분하지 않다. 이런 이유로 우리는 회기마다 비디오를 찍었고 이것을 우리의 임상 연구 집단에서 제시하고 토론했다. 이러한 방법으로 오랜 시간에 걸쳐 치료를 지침서 형태로 만들었으며, 치료를 배우는 치료자들이 얼마나 치료 원칙을 지키며 치료 역량을 발휘하는지를 평가하기 위한 평정 척도를 개발하였다. 이 지침서에서 실제로 우리는 회기의 축어록을 발췌해서 그 시간의 치료 과정을 예시하고자 하였다.

이 책에서(Clarkin et al., 1999에 수정한), 우리는 전이초점 심리치료의 방략, 기략 및 기법이 치료의 초기, 중기, 후기에서 어떻게 활용되는지를 개관하였다. 그러나 우리는 작업하는 동안 경계선 인성조직 내담자들이 아주 다양하다는 것과 그들이 발달 단계와 병리에 있어서 각각 다른 시점에서 치료를 시작한다는 것도 알게 되었다. 이 개정판에서 우리는 높은 수준과 낮은 수준의 경계선 인성조직으로 나누어서 치료과정을 기술했다. 그러므로 치료 초기에 대한 기술은 대체로 낮은 수준의 경계선 인성조직 내담자(즉, 심리 상태가 대부분 공격성에 사로잡힌 자살 위급, 자기파괴적 경계선 인성조직 내담자)에 대한 것이다. 높은 수준의 경계선 인성조직 내담자도 또한 계약 맺기 단계로 치료를 시작하지만 이들의 치료는 시작부터 거의 치료 중기에 가깝다고 볼 수 있다. 우리는 이것이 임상치료 실제에서 많은 내담자에게 적용될 수 있기를 바란다.

또한 이 개정판이 나오기까지 여러 방식으로 쌓인 우리의 경험이 도움이 되었다. 우리는 전이초점 심리치료를 우리와 다른 임상장면에서 사용해 본 경험이 많다. 그러한 경험을 하면서 우리의 교육도구를 확장할 수 있었고 전이초점 심리치료가 다양한 문화적 장면에서 어떻게 사용될 수 있는지에 대한 관점을 얻게 되었다. 이제 우리는 전이초점 심리치료가 내담자에게 미치는 영향을 평가하는 데 있어 더 많은 연구 경험을 하게 되었다. 이러한 연구 결과는 전이초점 심리치료 결과로 일어난 변화의 과정과 유형을 더 정확하게 확인하는 데 도움이 될 것이다. 심리치료와 그에 인접한 심리치료 연구는 과학적 위상에 이르길 바란다. 우리는 그 노력에 참여했고 우리의 자료수집 결과가 이 책에 반영되었다. 그러나 우리는 동시에 심리치료가 하나의 예술(a craft)이라는 것을 알아야 한다. 그것은 하나의 모험적 시도(an enterprise), 즉 장인이 내담자와 함께 작업하여 내담자의 삶이 깊은 변화에 이르게 하기 위한 하나의 모험적 시도인 것이다. 그것은 항상 분명하고 정확하며 과학적인 지침에 의해 진행되지는 않는다.

이 책의 구성

1장에서 4장까지는 전이초점 심리치료의 이론과 기본요소를 기술한다. 1장에서 인성조직과 인성조직 혼란의 심리역동적 대상관계 관점에 대한 서론이 있은 후에, 2, 3, 4장에서는 치료의 주요 요소를 방략, 기법, 기략으로 기술한다. 인성병리에 대한 이론적 이해는 다양한 관점에서 접근할 수 있다. 가장 두드러진 것은 심리역동, 대인관계 그리고 인지적 관점이다(Lenzenweger & Clarkin, 2006). 전이초점 심리치료에서 강조점과 방략은 인성병리에 대한 심리역동적 대상관계 이론에 기초한다(1장). 경계선 수준에서 조직된 내담자에 대한 전이초점 심리치료에서 상위의 목표는 내담자의 심리구조의 특성을 변화시키는 것이다. 이들의 심리구조에 내재화된 대상관계는 이 장애를 특징짓는 반복되는 부적응적인 행동과 만성적인 정동 및 인지 장애를 초래한다. 근간을 이루는 심리구조에서의 근본적인 변화는 고착되고 원시적으로 내재화된 대상관계가 해결되고 분열되어 나간 자기 및 의미있는 타인 개념을 통합되고 더 성숙하고 더 유연한 개념으로 통합하는 것이다.

전이초점 심리치료의 단계는 1) 치료 에피소드의 지속시간, 2) 단계에 따라 다르게 적용되는 치료 방략, 기법 및 기략, 3) 내담자 진전의 경과(예를 들면, 치료 초기의 행동화에서 치료 후기의 성찰로 진행)에 따라 구분된다. 내담자는 다양한 발달 수준에서 치료를 시작하고 그들의 치료진행의 궤도와 속도도 각기 다르기 때문에 치료 단계의 일반화는 다소 임의적이다. 그러나 교육적인 이유로 우리는 평가단계(5장, 6장), 치료의 초기(7장), 중기(8장), 치료의 진전기와 종결(9장)로 나누었다. 각 치료단계에서 우리는 치료자의 과제와 내담자의 반응 연

치료의 기략: 치료 개입을 위한 기초 조건 … 169

진단 평가 1단계: 임상적 평가와 치료 선택 … 213

진단 평가 2단계: 치료 계약 ··· 243

위기관리 ··· 405

2) 발달 요인

대상관계 이론을 인성조직과 관련시키기 위해서, 우리는 유아 발달과정에서 다중적인 내적 이자관계가 원형적(prototypical) 경험에 기초해서 만들어진다고 제안한다.

대상관계 이론은 유아가 발달하면서 순간순간 갖는 체험의 특성이 정동적 강도에서 차이가 있다고 가정한다. 낮은 정동적 강도의 비교적 차분한 기간 동안, 유아는 연령과 신경심리학적 발달에 따른 일반적 종류의 인지적 학습과 함께 주변 환경을 받아들인다. 이에 비해, 유아는 또한 높은 정동적 강도의 기간을 체험한다. 이것은 보통 욕구나 또는 쾌에 대한 소망("나는 도움이 필요해/나는 더 원해") 또는 공포나 또는 고통으로부터 벗어나고 싶은 소망("그것으로부터 벗어나고 싶어")과 관련된다. 쾌나 만족의 전형적 경험은 유아가 몹시 배가 고프고 어머니가 있어서 반응해 줄 때 생기는 반면, 고통이나 좌절의 전형적 경험은 어머니가 어떤 이유에서건 유아의 욕구에 반응하지 않을 때 생긴다.

이러한 최고조-정동 강도의 기간에는 다른 한 사람과의 관계에서 자기를 연결시킨다. 발달하는 아이의 마음에 **정동 기억구조가 형성**되는 데 관여한다([그림 1-2]). Kernberg(1992)는 이런 과정을 다음과 같은 방식으로 기술하였다.

> 최고조-정동 경험은 보상적이거나 좋기만 한 축을 따라서 또는 회피적이거나 나쁘기만 한 축을 따라서 조직화된 원시적 대상관계의 내재화를 촉진할 수 있다. 다른 말로 하면, 유아가 최고조-정동 상태에 있을 때 자기와 대상의 경험은 정동적 기억 구조의 형성을 촉진하는 힘을 지닌다(p. 13).

이러한 정동이 실린 기억 구조는 발달하는 개인의 동기 체계에 영향을 준다. 왜냐하면 최고조-정동 상태에서 유아는 생존에 중대해 보이는 것을 내재화할 것이기 때문이다. 즉 필요한 것을 획득하고 고통스럽거나 위험한 것을

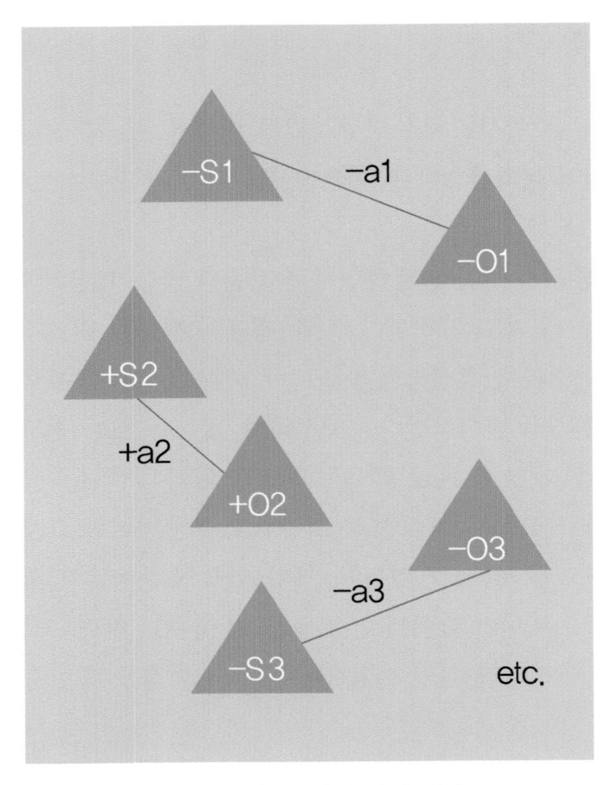

[그림 1-2] 유아의 내적 세계

주. S=자기 표상, O=대상 표상, a=정동
예 1: S1=배고프고 박탈된 자기, O1=가학적이고 박탈하는 타인, a1=두려움
예 2: S2=배고프다가 만족된 자기, O2=이상적이고 반응적인 타인, a2=사랑
예 3: S3=강력하고 통제적인 자기; O3=약하고 노예 같은 타인, a3=분노

회피한다.

이자적 대상관계와 관련해서, 유아의 만족스런 경험에는 완벽하게 돌보는 타인과 만족하는 자기라는 이상적인 상이 포함된다. 반면, 좌절스러운 경험에는 박탈하거나 심지어 학대하는 타인과 정에 굶주리고 무기력한 자기라는 완전히 부정적인 상이 포함된다. 비록 이러한 상들은 대상의 전체성이나 연속성보다는 어떤 시점에서 특정한 순간을 표상하지만, 기억 구조에는 순간보다는

더 큰 현실의 부분적인 표상으로서 부호화된다. 이러한 체계의 특성 때문에, 양육자가 대체로 관심이 있고 보살펴 줄 때에도 유아는 일시적인 좌절이나 박탈 경험으로 인해 가학적이고 박탈하는 대상상을 내재화한다. 비슷한 방식으로, 양육자가 대체로 방임하거나 학대할 때도 유아는 드물게 만족스런 경험을 할 수 있고, 이는 만족에 대한 동경과 합쳐져서 애정적이고 보살펴 주는 대상이라는 내재화된 상을 가져온다.

유아의 정동은 강렬한데, 그 이유는 미숙한 포유류가 생존해 가도록 돕는 생물학적 기능을 정동이 지니기 때문이다. 이러한 기능은 쾌와 돌봄을 추구하고 해로운 것을 피함으로써 그리고 정동 표현에 의해 양육자에게 욕구의 신호를 보냄으로써 이루어진다.

3) 동기적 측면: 정동과 내적 대상관계

정동은 타고난 소인으로 인간 발달의 초기 단계에서부터 나타난다. 이 정동은 체질적으로 그리고 유전적으로 결정되고, 점차 추동으로 조직화되며, 이는 초기부터 이루어지는 대상관계와 연결되고 그것의 한 부분으로 통합된다. 만족스럽고 즐거운 정동은 리비도로서 조직화된다. 고통스럽고 혐오적이고 부정적인 정동은 공격성으로서 조직화된다. 정동은 실제적인 그리고 환상적인 대상관계의 발달을 작동시킨다. 이렇게 정동적으로 점유된 자기표상과 대상표상은 내적 세계로서 기억에 형성된다. 정동은 그때 추동의 기초 요소이며, 특정한 내재화된 대상관계 맥락에서 추동의 활성화를 신호한다.

유아 발달과정에서, 다양한 정동으로 점유된 경험이 내재화된다. 마음의 한 부분은 만족스러운 경험에 기초한 이상화된 상들로 이루어지고 마음의 다른 부분은 부정적이고 혐오적이고 평가절하된 상들로 이루어진다. 이러한 부분에 대한 적극적인 분리가 마음에서 일어난다([그림 1-3]).

정상적으로 발달하는 아이는 생후 몇 년 동안 이러한 극단적으로 좋고 나쁜 자기 표상과 타인 표상을 점차적으로 통합한다. 이러한 통합은 좀 더 복합적

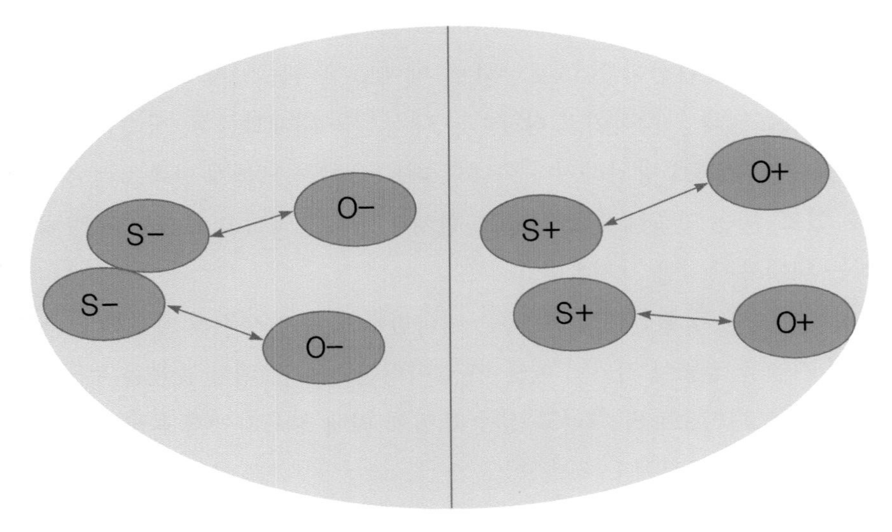

[그림 1-3] 분열 조직: 좋기만 하거나 나쁘기만 한 의식

주. S−=부정적 정동으로 채워진 자기 표상, O−=부정적 정동으로 채워진 대상 표상, S+=긍정적 정동으로 채워진 자기 표상, O+=긍정적 정동으로 채워진 대상 표상

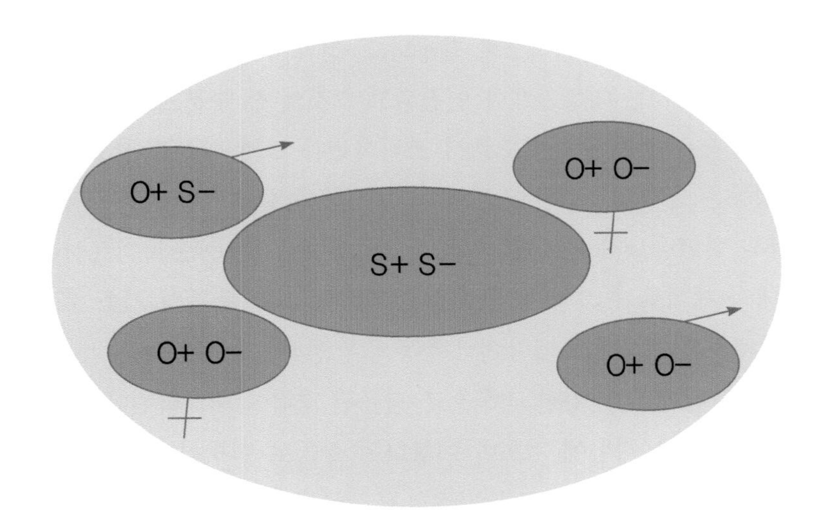

[그림 1-4] 정상 조직: 통합된/복합적인 의식

주. S+S−=복합적이며 긍정적 및 부정적 특징과 정동을 포함하는 자기 표상, O+O−=초기 원시적 대상보다 좀 더 복합적이고 분화된 대상 표상. 그것은 긍정적 및 부정적 특징과 정동, 성(gender)의 분화를 포함한다.

이고 현실적인 자기와 타인에 대한 내적 표상으로 귀결되고, 현실이란 사람들이 좋고 나쁜 속성들의 혼합체이고 현실이 때로는 만족할 수 있지만 다른 때는 좌절할 수 있다는 것을 인정하게 한다([그림 1-4]).

경계선 인성장애가 생기는 아이들은 이러한 통합과정이 제대로 일어나지 않고, 그 대신 최고조-정동 경험의 이상화된 부분과 박해적인 부분 간의 좀 더 영구적인 분열이 안정적이지만 병리적인 심리내적 구조가 된다([그림 1-3] 참조). 이러한 분리는 이상화된 (완전히 만족스럽게 지각되는 대상을 향한 따뜻하고 사랑하는 감정으로 채워진) 표상을 부정적인 (해롭고 박해적으로 지각되는 대상을 향한 격노 및 미움의 정동과 관련된) 표상으로부터 보호하자는 것이다. 대상관계 이론을 순수 인지 심리학과 구별 짓는 한 가지 측면은 이들 표상들이 단지 인지적인 이미지가 아니라 박탈하는 대상에 대한 미움을 포함하는 강한 원시적 정동과 관련된다는 개념을 강조하는 데 있다. 미움은 나쁘다고 지각되는 것을 파괴하려는 소망으로 정의되기 때문에, 이 원시적 심리구조에서 좋은 부분과 나쁜 부분의 분리는 자기와 타인의 좋은 표상을 나쁜 표상과 관련된 미움에 의해 파괴되는 위험으로부터 보호하기 위해 필요한 것이다. 이러한 분리는 분열이라는 내적 기제인데, 그것은 원시적 방어기제의 전형적인 예로 볼 수 있으며 경계선 인성병리의 핵심이다.

Melanie Klein(1946)은 이러한 분열된 내적 세계를 **편집-분열 포지션**(paranoid-schizoid position)이라고 불렀다. 그것은 좋기만 한 그리고 나쁘기만 한 내적 표상으로 특징지어진다. 편집적 특성은 나쁜 박해적 대상을 외부 대상으로 투사하고 이런 이유로 외부로부터 공격성을 두려워하게 되는 경향으로부터 나온다. **우울 포지션**(depressive position)은 좋은 부분과 나쁜 부분의 통합이 처음 이루어진 이후의 심리 상태다. 그렇게 명명된 이유는 그것이 이상적인 양육자 상의 상실을 수반하며 그래서 애도되어야 하기 때문이며, 또한 타인이 좋고 나쁜 특성을 지닌 복합적인 대상으로서보다는 순전히 나쁜 대상으로만 경험될 때 타인을 향한 공격성에 대해 죄책감을 경험하는 것이 포함되기 때문이다. 전이초점 심리치료의 목표는 내담자가 편집-분열 포지션에서 우울 포지션으로 나아가도록 돕는 것이며, 그 지점에서 우울 포지션의 문제를 해결하기 위해 추가 작업이 이루어진다.

만약 유아가 나쁜 것을 피할 수 없고 좋은 것을 얻을 수 없다면 양육자에게 도와달라는 신호를 보낸다. 그런 신호들을 읽을 수 있는 역량이 있는 양육자는 정동과 행동에서 어떻게 아이에게 정동적으로 행동적으로 반응할지를 알고 있다. 그러나 만약 유아와 양육자 간의 애착관계에서 왜곡이 일어나면, 유아는 부정적 정동에 압도되는 경험을 하게 된다. 이 절의 앞에서 기술했듯이, 이런 경우에는 정동적으로 반대되는 경험, 즉 긍정적인 정동을 통합하는 데 실패하게 된다. 이러한 부정적 경험이 축적되면서, 전체적으로 해리된 동기 체계가 긍정적이고 보상적 동기 체계와는 별개로 기능하면서 여러 심리 기제를 만들어 낸다. 이 기제의 도움으로 강한 부정적 정동을 극복하려는 것이다. 투사적 방어기제는 부정적 정동을 제거하려 하고, 그것이 외부에서 오는 것으로 지각하려 한다. 다른 원시적 방어기제는 부정적 사고의 활성화 위험에서 보호하기 위해 어떤 관계를 이상화한다. 비현실적으로 이상화된 왜곡이 비현실적으로 편집적인 왜곡과 번갈아 나타난다.

이런 과정이 관계를 방해하는 점은 한 개인이 내적 갈등이 있는데도 불구하고 편안하게 느낄 수 있는 대신("나는 안전해"), 공격성을 외부로부터 오는 위협으로 경험할 수 있고 자기 자신을 공격성의 희생양으로 경험할 수 있다는 점이다. 그가 살아남기 위해서는 철수하거나 반격해야 하는 것이다. 이런 선택에 당면했을 때 다른 사람을 동일시하기 어렵게 되고 내재화된 도덕성의 결함이 생긴다. 이런 상황으로 인해 형성 중인 사회적 체계가 방해받는다.

정상 발달과정에서 행동의 패턴이 결국 수립된다. 여기서 부정적 정동을 분열시키고 투사하는 강한 동기 체계가 완화되며, 개인의 적응 기제와 일반적 바람으로 통합되며, 이는 다시 현실 세계의 복합성에 대한 적응을 촉진한다. 그러나 경계선 인성을 지닌 개인은 이렇게 하는 데 어려움이 있다. 왜냐하면 그들은 자신이 누구인지에 대해 통합된 감각을 발달시키지 못하기 때문이다. 그리고 타인과의 관계는 심하게 왜곡된다. 이들 개인은 자기 자신이 심리적으로 어떤 상태에 있는지 알게 해주고, 다른 사람을 인간관계에서 긍정적인 관점에서 볼 수 있게 해주는 통합된 자기감에 도달할 수 없다.

요약하면, 건강하고 적응적인 자기성찰은 일련의 기제에 달려 있다. 즉 자기개념이 통합되어 있고, 중요한 타인에 대한 개념이 통합되어 있는 이자관계의 내재화에 달려 있다. 또한 통합된 타인 개념으로 인해 다른 사람에 대해 깊이 있는 관점을 가지게 되며, 다른 사람의 구체적인 행동을 그 사람의 전반적인 행동 패턴에 준하여 판단하게 된다. 자기 개념에 대한 해석을 통해 일시적인 정동 상태를 개인의 좀 더 영구적인 정동 소인의 맥락 안에서 분화하고 한정지을 수 있다. 만약 타인에 대한 평가 전체가 내적인 상의 투사에 의해 왜곡된다면, 타인에 관해 현실적으로 볼 수 없다. 이러한 종류의 왜곡으로 인해 특정 순간에 다른 사람들이 정서적으로 어떻게 보이는지를 넘어서서 타인을 평가할 수 없고 그 대신 그들이 특정 순간에 어떠한지를 보고 전체라고 생각하게 된다.

4) 발달의 기질적, 인지적 측면

인성은 행동 패턴의 통합을 나타내며 그 뿌리는 기질, 인지적 역량, 성격 및 내재화된 가치 체계에 있다(Kernberg & Caligor, 2005). 기질은 체질에 기초를 둔 소인으로 내적 및 외적 자극에 대한 특정한 반응 패턴으로 응답하게 한다. 이 패턴에는 정동 반응의 강도, 리듬 및 역치가 포함된다. 긍정적이고 즐겁고 보상적인 정동 및 부정적이고 고통스런 정동의 활성화에 대해 체질에 근거한 역치는 인성의 생물학적 측면과 심리학적 측면 간의 가장 중대한 연결을 나타낸다(Kernberg, 1994). 특정한 발달 시기에 아이들이 보여 주는 정동의 강도, 유형 및 범위는 경계선 인성조직을 이해하는 데 있어서 중요하다. 정동 발달이 아이의 돌봄과 관련되는 것은 놀랄 일이 아니다(Kochanska, 2001). 실험실 유아 관찰 결과에서 볼 수 있듯이 14개월 된 유아가 어머니와의 관계에서 보이는 애착패턴은 특정한 정동표현과 연결되어 있다. 시간이 지나면서, 안정적인 아이는 화를 덜 내며, 불안정적인 아이는 좀 더 부정적 정동을 나타낸다.

인지적 과정은 현실 지각에서 그리고 뚜렷한 목표를 향한 행동을 조직화하는 데 있어서 중요한 역할을 한다. 또한 인지적 과정은 정동 반응의 발달과 조절에서 중요한 역할을 한다. 정동의 인지적 표상은 그것이 활성화되는 역치에 영향을 준다. 이들 인지적 과정은 원시적 정동 상태를 복합적인 정서 경험으로 변형시키는 데 있어서 중대하다. 양육자가 제공하는 모델에서 배운 것과 기질적 소인이 통합되면서 주의조절에 대한 인지적 역량과 의도적(effortful) 통제가 발달된다.

많은 연구자는 의도적 통제를 기질의 자기조절 측면으로 보았다(Ahadi & Rothbart, 1994; Rothbart et al., 2000). 의도적 통제는 덜 지배적인 반응을 하기 위해서 지배적인 반응을 억제하는 능력으로 기술되어 왔다(Posner & Rothbart, 2000; Posner et al., 2002; Rothbart & Bates, 1998). 의도적 통제를 할 수 있는 개인은 자발적으로 주의를 억제하고 활성화하거나 변화할 수 있고, 그러므로 잠재적으로 자신의 이후 정동을 수정하고 조절할 수 있다. 유아와 걸음마 아이가 의도적 통제를 획득하는 것은 정동 조절 및 사회적 관계와 양심 발달에 핵심적이라는 증거가 늘어나고 있다(Eisenberg et al., 2004).

성격—정체성의 행동적 발현—은 특정 개인에게 독특한 행동 패턴의 역동적 조직화다. 성격에는 행동 패턴의 조직화 수준과 환경적 상황에 걸쳐 행동의 유연성과 경직성 정도가 포함된다. (자기 개념과 중요한 타인 개념으로 구성된) 정체성은 심리구조를 제공하는데, 이것이 성격의 역동적 조직화를 결정한다. 자기 및 타인 개념은 일찍부터 발달하며 언어의 출현과 의미 및 삽화 기억에 달려 있다. 자서전적 기억은 삽화적 기억 형태로 간주되는데, 이것이 시간이 지나면서 자기 자신의 이야기에 대해 개인적이고 오래 지속되는 개념을 형성한다(Nelson & Fivulsh, 2004). 자기 표상의 발달은 순차적으로 이루어지는데, 아동기의 전부냐 아니냐(all-or-none) 사고와 비현실적인 긍정적 평가로부터 중기와 후기 아동기에서 긍정적이면서 부정적인 평가와 반대 속성을 통합하는 능력으로 발전한다(Harter, 1999).

아동과 양육자 간의 관계에서 장애와 외상이 있었다는 것이 자기와 타인 개념의 발달에 엄청난 영향을 지닌다(Harter, 1999). 비록 몇몇 경계선 내담자의 개인력에서 초기의 성적 학대가 나타나지만, 우리는 그들에게서 양육자의 방임, 무관심 및 공감 실패가 추가적 요인으로서 엄청나게 해로운 영향을 끼친다는 것에 동의한다(Cicchetti et al., 1990; Westen, 1993). 이러한 혼란된 환경에서 자라난 아이들은 주요 양육자와 불안정 애착을 형성한다(Cicchetti et al., 1990; Westen, 1993). 이러한 불안정 애착은 의도적 통제와 자기조절 역량이 발달하는 것을 방해하며, 자기 및 타인 개념의 내재화는 강한 부정적 정동과 방어기제에 의해 손상된다. 방어기제는 고통을 회피하도록 정보 체계를 왜곡한다.

마지막으로, 행동 패턴을 조직화하고 이끌어 가는 데 있어 중요한 것은 내재화된 가치 체계다. 이러한 도덕적 나침반은 발달적으로 부모의 금지와 가치의 내재화로부터 유래한다. 일련의 연구에서, Kochanska와 동료들은 양심의 기원을 의도적 통제 발달에서 찾았다. 초기 아동기 동안, 의도적 통제는 성격 특성같이 45개월경 나타난다. 뛰어난 의도적 통제력을 지닌 아이는 양심이 좀 더 발달했고 외재화 문제가 더 적었다. 가장 흥미로운 것은 더 큰 의도적 통제의 발달이 더 낮은 정동 강도와 관련되며, 이러한 발견은 아동 관리 어려움을 통제했을 때에도 나타난다(Kochanska & Knaack, 2003).

발달 경로에 대해 의도적 통제와 다른 자기조절 기술의 합류로 특징지어지는 하나의 그림이 나타난다. 이러한 통제와 기술은 아이와 양육자 간에 양육적이고 확실히 리듬이 있고 예상할 수 있는 관계의 맥락에서 일어난다. 호의적이고 공감적이고 주의를 기울이는 양육자와 아이의 상호작용을 통해 자기조절의 증가, 부정적 정동보다 긍정적 정동의 우세, 양심의 시작, 또래와의 부드러운 상호작용이 점차 나타난다. 이러한 정상 발달의 경로는 신체적 또는 정서적 방임과 신체적 또는 성적 학대로 특징지어지는 환경에 의해 파괴된다. 그런 경우 아이는 부정적 정동, 빈약한 자기조절, 자기와 타인 개념의 붕괴 및 또래 관계의 장애를 보인다. 경계선 인성 내담자에 대한 어떤 발달적 연구도 실시되지 않았지만, 이렇게 등장하는 그림은 경계선 인성조직 성인 내담자가 정체성 혼미, 부정적 정동의 우세, 빈약한 자기조절 및 관계장애를 보이는 것과 유사하다.

2. 정신분석적 분류 모델

진단의 신뢰도를 높이는 노력의 일환으로, DSM 체계는 진단 기준을 관찰 가능한 행동에 기반을 두려는 경향성을 지닌다. 이러한 접근의 한계는 동일한 행동이 기저의 인성조직에 따라(Kernberg & Caligor, 2005) 매우 다른 기능과 의미를 지닐 수 있다는 것이다(Horowitz, 2004). 예를 들어, 사회적 위축이나 억제와 관련된 행동들이 분열성 또는 회피성 인성장애로 진단될 수 있다. 이렇게 동일한 표면적인 행동들이 사실은 편집적인 사람의 조심스러움을 반영하거나 아니면 자기애적 거대성을 지닌 개인이 지닌 깊은 갈망을 드러내는 침묵을 반영할 수 있다. 이러한 사실에 대한 묵시적인 인식으로 인해 DSM-IV-TR에서는 몇몇 동일한 기준을 한 가지 이상의 축 II 인성장애에 적용하였다.

우리는 인성이나 그 병리가 주관적 경험과 기저의 심리구조를 참고해서 관찰 가능한 행동을 조사함으로써만 이해할 수 있다는 기본적인 전제하에, 이러한 요소들에 근거해서 정신분석적 분류 모델을 만들었다. [그림 1-5]와 [그림 1-6]에서 예시된 인성장애의 이론적 분류는 인성장애 전체 영역을 이해하기 위해 범주적(즉 DSM-IV-TR 장애) 개념과 차원적(즉 심리적 삶에 공격성이 스며든 정도 및 내향성 대 외향성) 개념을 결합한다. 11장에서 이러한 인성 병리의 전반적 지형학과 일치하는 자료를 제시한다.

행동 수준에서, 인성 병리는 정상적 행동의 억제나 어떤 행동의 과장으로 나타나며, 또한 모순된 행동 사이를 왔다 갔다 하는 것으로 나타난다. 구조 수준에서, 인성은 일관되고 통합된 자기감 및 타인감으로 조직될 수 있거나 또는 이러한 일관된 정체감 없이 조직될 수 있다(정체성 혼미; Kernberg & Caligor, 2005, p. 6). 정체성 개념을 방어기제, 현실 검증, 대상관계, 도덕적 가치 및 공

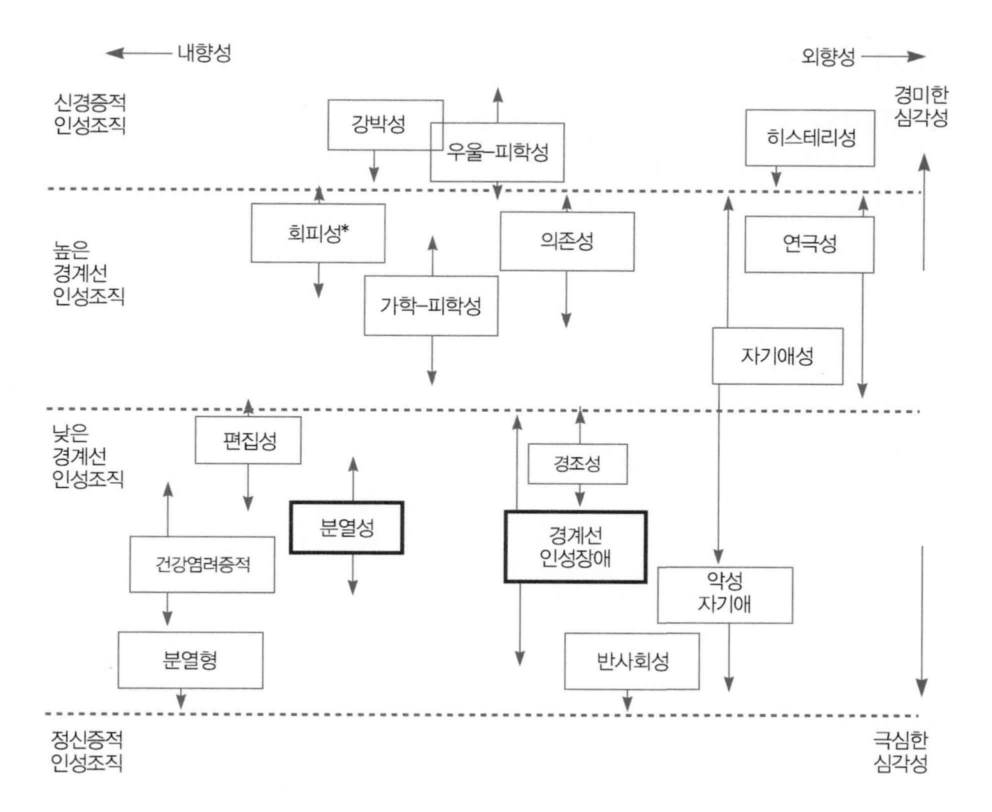

[그림 1-5] 친숙한 원형적 인성 유형과 구조적 진단 간의 관계

주. 심각도는 가장 약함(표의 맨 위)에서부터 매우 심함(맨 아래)에 이른다. 화살표는 심각도를 나타낸다.

* 우리는 DSM-IV-TR에 따라 회피성 인성장애를 포함시켰다. 그러나 우리의 임상 경험에서, 회피성 인성장애로 진단된 내담자들은 결국 회피성 병리를 설명하는 다른 인성장애로 증명되었다. 그 결과 우리는 임상적 실재로서 회피성 인성의 존재에 의문을 갖게 되었다. 이는 추가 연구가 필요한 논쟁적 질문이다.

격성 등 관련된 개념을 따라 고찰함으로써, 인성조직의 수준이나 정도를 개념화할 수 있다. 즉, 건강한 조직화에서 역기능적 조직화로 진행될 때, 이 수준은 정상에서 신경증적으로 그리고 다시 경계선 수준에 이른다(〈표 1-2〉).

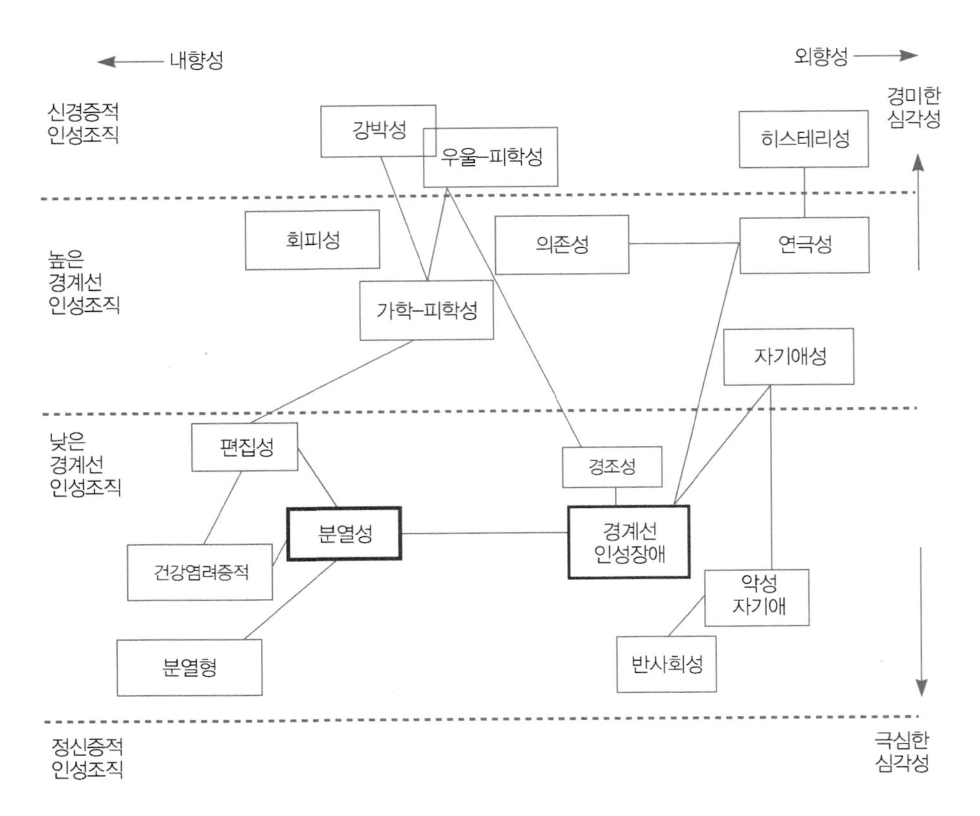

[그림 1-6] 인성장애 간의 연속성과 임상적으로 관련된 관계성

주. 회색선은 장애 간의 임상적으로 관련된 관계성을 나타낸다.

* 우리는 DSM-IV-TR에 따라 회피성 인성장애를 포함시켰다. 그러나 우리의 임상 경험에서, 회피성 인성장애로 진단된 내담자들은 결국 회피성 병리를 설명하는 다른 인성장애로 증명되었다. 그 결과 우리는 임상적 실재로서 회피성 인성의 존재에 의문을 갖게 되었다. 이는 추가 연구가 필요한 논쟁적 질문이다.

〈표 1-2〉 **인성조직 수준의 측면**

	경계선 조직	신경증적 조직	정상 조직
정체성	• 일관되지 않은 자기감과 타인감 • 일과 여가에 대한 빈약한 투자	• 일관된 자기감과 타인감 • 일과 여가에 대한 투자	• 통합된 자기감과 타인감 • 일과 여가에 대한 투자
방어	• 원시적 방어 사용	• 좀 더 발전된 방어 사용 • 경직성	• 좀 더 발전된 방어 사용 • 유연성
현실 검증	• 현실적인 사회적 기준에 대한 공감이 일정치 않음 • 미묘한 눈치의 결핍	• 자기 대 비-자기, 내부 대 외부에 대한 정확한 지각 • 현실적인 사회적 기준에 공감	• 자기 대 비-자기, 내부 대 외부에 대한 정확한 지각 • 현실적인 사회적 기준에 공감
공격성	• 자기 지향적 공격성 • 일부는 타인을 향한 공격성 • 심한 경우 증오	• 억제된 공격성 • 분노 폭발 후 죄책감이 뒤따름	• 분노 조절 • 적절한 자기주장
내재화된 가치	• 모순된 가치 체계 • 자기 자신의 가치에 따라 살지 못하는 무능력 • 어떤 가치의 중대한 부재	• 과도한 죄책감 • 자기를 대하는 데 있어서 약간 유연하지 못함	• 안정적이고, 독립적이고, 개인화됨
대상관계	• 문제 있는 대인관계 • 성관계의 부재 또는 혼돈 • 관계에 대한 혼란된 내적 작업 모형 • 사랑 관계의 심한 방해	• 약간의 성적 억제 또는 성과 사랑을 통합하는 데 있어서 어려움 • 타인과의 깊은 관계, 일부 타인과 특정 초점에 대한 갈등이 있음	• 타인과의 지속적이고 깊은 관계 • 다정함과 결합된 성적 친밀성 • 관계에 대한 일관된 작업 모형

1) 경계선 인성조직

경계선 인성조직 수준에는 DSM-IV-TR에 기술된 특정 인성장애가 포함되는 동시에(경계선 인성장애, 회피성 인성장애, 분열형 인성장애, 편집성 인성장애, 연극성 인성장애, 자기애성 인성장애, 반사회성 인성장애, 의존성 인성장애), DSM-IV-TR에서 구체적으로 언급되지 않은 다른 인성장애도 포함된다(경조성 인성장애,

가학피학성 인성장애, 건강염려증 및 악성 자기애 증후군)(Kernberg & Caligor, 2005).

경계선 인성조직을 지닌 개인들은 통합되지 않고 스스로 통제할 수 없는 원시적이고 강렬한 정서들의 영향 아래 있다. 이러한 정서들은 그것과 상응하는 인지적 체계와 함께 활성화된다. 이들은 분노할 뿐만 아니라 화난 이유가 충분하다고 생각한다. 이러한 종류의 반응은 정동 조절 실패뿐만 아니라 인지 조절 실패를 반영한다.

2) 경계선 인성조직의 구성요소

경계선 인성조직 내담자는 정체성 혼미, 원시적 방어 사용, 보통은 온전하지만 깨지기 쉬운 현실 검증력, 성과 공격성에서 정동조절의 손상, 비일관적인 내재화된 가치 및 장애가 있는 타인과의 관계에 의해 특징지어진다(〈표 1-2〉).

경계선 인성조직의 병리적 구조는 초기 대상관계의 원시적인 긍정적 (이상화된) 부분과 부정적 (박해적) 부분의 통합이 결여되어 있다. 이 초기 대상관계는 강한 정동 경험의 초기 과정에서 기억 흔적으로서 형성된다. 이러한 내적 통합의 결여는 정체성 혼미 증후군을 구성한다. 말하자면 정상적 정체성과 자기감의 반대다. 경계선 인성조직의 핵심인 이 증후군은 통합된 자기감의 부재와 의미있는 타인에 대한 통합된 개념의 부재가 특징이다. 임상적으로, 이러한 자기와 타인에 대한 내적 표상의 통합 결여는 내담자의 자기와 타인에 대한 비성찰적, 모순적 또는 혼란스런 기술에서 분명해지며 그리고 이러한 모순을 통합하지 못하거나 심지어 이를 알아채지 못하는 무능력에서 분명해진다. 이러한 통합 결여는 개인의 세상 경험에 근본적 영향을 준다.

이러한 경계선 심리구조의 행동적 상관물에는 정서적 불안정성, 분노, 대인관계 혼돈, 충동적인 자기파괴적 행동 및 현실 검증의 실패 경향성(즉 심리장애 진단 및 통계 편람 4판에서 기술된 증상 유형들)이 포함된다. 이와 관련해서 혼미하고 파편화된 정체성 경험이 전형적으로 나타나는 것은 굴종적인 무력감정신역동 접근을 포함한 다른 접근들은(Bateman & Fonagy, 2004; Buie & Adler, 1982/1983; Kohut, 1971; Masterson & Rinsley, 1975) 내생적 공격성의 역할을 기술하지 않은 채 공격성을 잘못된 치료에 대한 반응에서 오는 분노로 보기도 한다. 사실, 우리의 접근은 때때로 분노의 역할을 과잉 강조하고 경계선 개인을 나쁜 사람으로 기술하는 특징이 있다. 공격성에 대한 우리의 입장을 명확히 하자면 다음과 같다. 즉, 우리는 공격성을 모든 개인의 체질적 요소로 보며, 우리의 신경생물학에 새겨져 있는 진화의 산물이라고 본다(Pankseep, 1998). 더구나 공격성을 '나쁨'과 동등시하는 것은 지나치게 단순하다. 진화론적으로 공격성은 새끼의 보호, 자원의 공급 및 세력권에 기여한다. 좀 더 문명화된 장면에서 공격적 추동은 자기 긍정, 창조성 및 리더십 특성으로 숙달되고 적용될 수 있다. 공격성이 나쁘기만 하다는 단순한 개념의 필연적인 결과는 초기 심리 발달의 좋기만 한 면이 바람직한 상태라는 개념이다. 자기와 타인에 대한 좋기만 한 표상이 나쁘기만 한 표상만큼 현실적이지 못하기 때문에, 좋기만 한 표상은 또한 개인이 삶의 현실에 적응하기 위해서는 극복되어야만 한다. 내담자 치료에서 공격성을 작업하는 우리의 전반적인 입장에 대한 마지막 요점은, 사랑 역량에 대한 충분한 발달로 나아가기 위해서 내담자가 자신의 공격성을 인식하고 이해하고 통합하도록 종종 도와야 한다는 것이다. 이러한 발달은 소화되지 않고 통합되지 않은 공격성에 의해 차단되었을 수 있다.

정상 발달에서 분열된 마음의 좋은 부분과 나쁜 부분은 통합된다. 이러한 통합으로 인해 내적 세계가 발달되는데, 그것은 이제 더 이상 이러한 분열로 특징지어지지 않는다. 오히려 좋고 나쁜 특징을 모두 지닌 자기 표상과 타인 표상이 특징이 된다. 또한 인성이 유연해짐으로써 현실 세계의 복합성에 대해 좀 더 적응 가능해진다([그림 1-4] 참조). 이러한 통합이 일어나면서 개인은 이상적이고 완전한 양육자와 가학적인 박해자로부터 '충분히 좋은' 타인이라는 좀 더 현실적인 입장으로 나아간다. 이러한 내적 상의 통합은 두 가지 요인에 의해 추진된다. 첫 번째는 인지 발달이다. 즉, 극단적인 반대로 이루어진 분열 모델은 현실 사람들의 복합성에 맞지 않는다는 것을 지각할 수 있는 대부분의 개인의 능력이다. 두 번째 요인은 대부분의 개인이 지닌 개인적 발달에서 나쁘고 좌절을 주는 경험보다 좋고 만족하는 경험이 우세한 것이다. 이러한 좋은 경험의 우세는 개인이 극단적인 미움 없이 어떤 나쁜 것을 감내하도록 돕는다. 이러한 발달단계는 Melanie Klein(1957)의 우울 포지션에 해당하며, 그렇게 명명된 이유는 개인이 원시적인 이상적 양육자의 상실을 애도하는 한편, 불완전함에도 현실적인 인간 사랑의 가능성에 접근하기 때문이며 그리고 개인이 이전에 '나쁜 대상' 에 대해 지녔던 공격적인 미움에 대해 죄책감을 경험하기 때문이다. 이때 그 대상은 먼저 투사된 공격성의 수용자가 되었고, 이후 좀 더 복합적인 통합된 관계의 부분이 되었다. 우울 단계의 이러한 좀 더 복합적인 타인에 해당하는 정동은 또한 좀 더 복합적인 것이며, 이전의 분열된 심리구조와 관련되어 단지 사랑이기만 하거나 미움이기만 한 것은 아니다.

이러한 좀 더 원시적인 분열된 심리구조는 편집-분열 포지션이며, 여기서 개인의 내적 세계는 좋기만 하거나 나쁘기만 한 대상의 분열된 표상에 (그리고 상응하는 자기 표상에) 근거해서 조직화된다. 편집 포지션은 완전한 양육자라는 비현실적이고 이상적인 상이 불완전함이나 파괴로 오염되는 것을 막기 위해 '나쁘기만 한 것' 을 분열시켜 동등하게 비현실적인 박해적 대상에게 돌린다. 개인은 현실에서 결코 만날 수 없는 완전한 타인과 완전한 자기라는 내적 상을 유지하기 위해서 박해받는다고 느끼기 쉬운 세상에 살게 된다. 이 모델은 경계선 인성조직 내담자의 내적 세계와 일치한다. 치료에서 바라는 발전은 우울 포지션을 향해 가는 것이다. 이러한 발전과정에서 내담자는 원시적인 이상적 대상의 상실을 받아들이고 그리고 비록 불완전하지만 다른 사람들이 진정한 사랑과 관심을 줄 수 있고, 비착취적이고 서로 돌봐 주는 관계가 가능하다는 것을 알게 되면서 현실 세계에서 진정한 관계의 가능성을 지니게 된다.

만약 정상적인 인간 발달에서 우울 포지션으로 이끄는 심리적 통합이 일어나지 않는다면, 개인은 분열된 내적 구조를 지니게 되며, 이는 나중에 경계선 인성이 되게 한다. 정체성 혼미는 이러한 분열된 내적 구조의 파편화된 특성에서 유래한다. 다중적이고 통합되지 않은 자기-대상 이자관계는 특정 순간 개인의 주관적 경험을 다양하게 결정하며, 경험이 연속되지 않는다는 감각을 가져오며, 관계, 의미 있는 일, 목표 또는 가치에 헌신하기 어렵게 한다.

프로이트 학파 상위심리학에서 삶의 추동과 죽음의 추동인(Freud, 1920/1955) 리비도와 공격성은 감정 상태의 즐겁고, 보상적이고, 긍정적인 계열(리비도)이나 이와 상응하는 부정적이고, 혐오적이고, 고통스럽고 공격적인 계열(공격성)의 정동 통합을 구성한다. 이러한 공식화 내에서 성적 흥분은 유아 신체의 초기의 성애적 잠재력, 고양된 정동 및 신체 표면과 점막 연결부위의 즐거운 자극으로부터 유래된 기본적이고 점점 발전하는 정동이다. 이러한 성적 흥분은 추동으로서 리비도의 핵심 정동을 나타낸다.

이에 비해, 다른 초기 기본 정동인 격노는 공격성의 핵심 정동이다. 그러나 공격성이 병리적일 때 그것은 그 자체로 핵심 정동이 아니다. 오히려 병리적인 형태는 일시적인 정동인 격노가 만성적이고 구조화된 정동인 미움으로 전환된 것이다. 미움은 공격성의 정신병리에서 핵심 역할을 하는 특정 내재화된 대상관계를 포함한다. 격노의 원래 기능은 양육자에게 짜증의 근원이나 자기와 만족 간에 놓인 장애물을 제거해 달라는 기본 메시지를 전달하는 것이다. 이런 맥락 내에서, 미움은 나쁜, 좌절시키는 대상상의 공고화와 함께 등장할 수 있다. 좀 더 구체적으로는, 고통스런 자기와 일부러 그 고통을 유발한 대상 사이의 내재화된 대상관계의 공고화와 함께 등장할 수 있다. 가장 원시적인 수준에서, 미움은 나쁜 대상을 파괴시키려는 욕망을 반영한다. 좀 더 진전된 수준에서, 즉 성적 흥분과 미움의 초기 측면 간에 어떤 융합이 일어났을 때 미움의 목적은 그 대상에게 고통을 유발하는 것이다. 이 나중 사례에서, 대상과의 구조화된, 가학적 관계가 수립된다. 마지막으로, 훨씬 더 진전된 수준에서 미움이 좀 더 제한되었을 때, 그것은 자기의 안전을 위한 전제조건으로서 나쁜 대상을 지배하고 통제하려는 소망을 나타낸다.

미움은 항상 강한 고통, 나쁜 대상으로부터의 잠재적 공격 위험에 대한 두려움 및 원시적 투사 기제 특히 투사적 동일시를 포함한다. 투사적 동일시는 고통스런 정동을 감내하는 어려움을 다룬다. 즉 (이 경우) 공격성의 투사, 공격성이 투사된 대상에 대한 두려움의 증가, 대상으로부터 그러한 환상 속의 공격에 대한 대응 공격의 증가 및 대상에게 미워하는 반응을 유발하고 그러면서 미워한다고 지각된 대상을 통제하려는 무의식적 노력이라는 악순환이 형성된다. 임상 상황에서 미움이 활성화되면 보통 전능 통제 노력이 동반된다. 이는 암묵적이든 명시적이든 폭력에 대한 위협감과 연결되고 그 원천에 관한 내담자의 혼란과 연결된다.

정동과 추동 간의 관계에 관한 이러한 공식화는 한편으로는 공격적 정동의 활성화에 대한 발생기원적 및 체질적 기여와 그리고 다른 한편으로는 초기 외상 상황이 강하고 만성적이고 반복적인 격노와 미움이 지배하는 대상관계의 내재화라는 악순환을 유발하는 기제 간의 관계에 대해 예리하게 초점을 둔다. 어떤 사람들의 경우 아마도 신경호르몬 체계의 이상으로 인해 강한 공격성에 대한 발생기원적으로 결정된 타고난 소인을 갖게 되며 그 결과 병리적 정동 활성화가 초래된다. 도파민계, 아드레날린계, 노어아드레날린계, 콜린계, 특히 세로토닌계 신경전달물질의 이상과 그것들이 시상하부-뇌하수체-부신축에 미치는 영향에 관한 지식의 증가는 정동과 기질의 생물학, 즉 정동 활성화의 강도, 리듬 및 역치에 대한 타고난 소인에 대한 연구에서 현대의 발전을 반영한다(Kernberg & Caligor, 2005 참조).

동시에, 초기의 심한 만성적인 신체적 고통이 유아의 공격적 행동에 미치는 영향 그리고 유아와 아동에게 강하고 병리적인 공격적 행동을 발생시키는 유아와 어머니 간의 만성적으로 공격적이고 감질나게 하는 상호작용의 영향에 관한 지식이 축적됨으로써, 매 맞는 아이 증후군에 대한 초기 연구가 보강되고 매 맞는 아이가 때리는 부모에게 더 많이 의존하고, 어른이 되어서 때리는 행동을 재현한다는 것이 많이 발견되었다(Kernberg, 2004). 자기 표상과 대상 표상 간의 특정 정동이 실린 관계는, 그 관계 안에서 희생자와 공격자에 대한 동시적인 동일시가 역할을 교대하면서 활성화될 수 있는데, 종종 경계선 인성장애의 핵심이다.

1) 외상, 미움 및 시기심 간의 관계

임상 경험을 통해 외상, 미움 및 시기심 간의 관계가 명확해진다. 미움—특히 내담자의 모든 경험 측면에 스며든 강하고 원시적인 미움—은 삶에 대한 고통스런, 파괴적인 및 자기파괴적인 관계에 의해 통제되지 않은 모든 사람들에 대해 시기심을 일으키는 경향이 있다. 덜 극단적인 상황이라면, 외상은 시기심의 정신병리 없이 비교적 순수한 형태의 임상적 미움을 유발한다. 다른 경우에는 미움이 심한 초기의 혼돈된 경험으로부터 유래하거나 혹은 의도적, 가학적으로 주지 않는 것 같은 좋은 대상에 대해 강한 시기심을 일으키는 좌절에 대한 과민성으로부터 유래한다. 이런 상황에서 미움의 정신병리는 이차적 발생으로서 시기심에 의해 지배되며, 미움은 의식적이든 무의식적이든 시기 받는 대상을 향하는 동시에 만족을 제공하는 대상을 향한다.

자기애적 인성조직 자체는 과도한 시기심의 활성화에 대한 대규모 성격방어로 간주될 수 있다. 그러므로 미움은 가학적이고 외상적으로 지각되는 대상뿐만 아니라 감질나게 주지 않는 것으로 지각되는 좋은 대상을 향한 것일 수 있다. 시기심의 정신병리는, 즉 사랑과 좋음이 시기하는 대상으로부터 나오기 때문에 사랑과 좋음을 망치고 평가절하하는 경향은 언제까지나 계속되는 좌절과 미움을 일으킨다.

2) 반사회적 구조와 전이

만연되고, 지독한, 통제되지 않은 미움의 가장 심한 사례는 반사회성 인성장애 사례들에서 보게 된다. 그런 미움은 종종 이런 개인들에게서 보이는 대인관계에 대한 완전한 무관심과 무감각에 의해 감춰지며, 이러한 기질은 간헐적인 폭력으로 나타난다. 우리는 반사회성 인성장애와 덜 심한 악성 자기애 증후군을 구분한다. 반사회성 인성장애는 영국 문헌과 DSM-I과 DSM-II (American Psychiatric Association, 1952, 1968; Hare, 1986; Kernberg, 1992; Stone,

1993)에서 기술된 고전적 정신병질과 일치한다. 이 증후군은 반사회적 특징을 지닌 훨씬 덜 심한 자기애성 인성장애와도 구분된다. 반사회성 인성장애에서, 초자아 기능, 죄책감과 관심 역량 및 타인에 대한 비착취적 점유의 완전한 부재는 심리치료적 관계의 가능성을 실제적으로 배제하며, 현재 이 장애는 심리치료 접근에 의해 실제적으로 치료가 가능하지 않다. 반사회성 인성 내담자의 대인관계를 특징짓는 만성적인 기만은 치료상황에서 만연된 정신병질적 전이로 나타난다. 이는 치료자와의 관계에서 만성적이고 부단히 행해지는 정직하지 못함으로 나타난다. 정신병질적 전이는 기저의 심한 편집적 전이에 대한 효과적인 방어이며, 이 편집적 전이는 극단적인 경우 편집적-정신증적 전이 퇴행으로 나타날 수 있다. 이런 사례에서 일어나는 대상관계의 환상세계는 서로 조종하고 부정직한 것으로 만연되어 있으며, 완전히 무자비하고 폭력적인 원래의 세계에 대해 얇은 보호층을 구성한다. 이는 유일하게 예상할 수 있는 의미있는 인간 상호작용으로 보인다.

반사회성 인성장애 사례를 제외하면, 정신병질적 전이는 체계적 분석을 통해 기저의 편집적 전이로 결국 변화될 수 있다. 그 결과 방어되어 온 관계가 등장한다. 이것은 치료자에게 번갈아 투사되거나 내담자에 의해 상연되는 미움으로 가득찬 가학적 대상으로 특징지어지는 관계다. 치료의 진전된 단계에서, 편집적 전이는 우울적 전이로 변화되는데, 여기에서는 투사 기제의 감소, 좋은 대상을 향한 내담자 자신의 공격적 행동에 대한 죄책감과 관심, 양가감정의 감내, 그러한 공격성에 의해 야기된 것으로 추정되는 손상에 대한 복구 소망을 특징으로 한다.

3) 편집적 전이 분석

편집적 전이는 미움으로 가득 찬 대상관계가 우세하며 그 이상화된 대응물(내담자의 좋은 자기와 이상적인 양육 대상을 포함하는 이자관계)로부터 해리되거나 분열된 것이 특징이다. 이것은 경계선 내담자의 가장 보편적인 초기 전이

이며, 뒤따르는 절에서 기술된 병리 유형에서 발견된다. 편집적 전이에 대한 체계적 분석에는 내담자가 치료자를 경계해야 하는 잠재적으로 위험한 적으로서 보는 관점을 내담자가 언어화하고 명료화하는 것이 포함된다. 종종 이러한 관점을 초기에 바로잡지 않고, 치료자는 그것을 기법적 중립의 입장에서 탐색하여 이러한 위협적인 사람에 대한 내담자의 두려움을 감소시키게 되며, 그때 치료 상황의 일관된 구조는 점차 내담자에게 그러한 위험한 치료자에 대한 자신의 두려움이 근거가 없음을 보장하게 된다.

치료자가 내담자를 미리 안심시킴으로써 미움이 지배하는 대상관계가 지하로 들어가게 하지 않고 또 그 자신의 투사된 미움을 인식하는 것을 아직 감내할 수 없는 내담자에게 투사적 동일시를 너무 빨리 해석하지 않는 것이 중요하다. 명확한 치료 틀을 수립하고 유지함으로써 공격성이 통제될 수 없는 것이 아니며, 압도적으로 위험한 것도 아니며, 치료 상황에서 겁내지 않고 탐색될 수 있다는 안전감이 주어진다. André Green(1993)의 말을 기억하는 것이 의의가 있다. 그는 행동화와 신체화가 내담자 자신의 심리적 현실의 의식적 경험을 회피하는 수단이며, 그러므로 행동화와 신체화는 내담자의 정동을 치료 구조에 맞게 경로화함으로써 그리고 전이에서 그것을 해석함으로써 심리적 현실로 전환되어야 한다고 말했다. 실제에서 이것이 의미하는 바는 내담자가 정동을 이야기할 때마다(가령 "나는 불안해요"), 치료자는 그 정동이 내담자의 마음에서 특정한 이자적 대상관계가 활성화되는 것에 대한 반응으로 경험된다고 가정한다는 것이다. 치료자는 그때 내담자가 정동 경험 뒤에 있는 자기상과 타인상을 자각하도록 돕는다. 이러한 탐색은 보통 내담자의 치료자에 대한 지금여기에서의 경험, 즉 전이를 조사할 때 가장 효과적이다.

4) 악성 자기애 구조와 전이

악성 자기애 증후군은 임상적으로 자기애적 인성조직, 자아동질적 공격성, 편집증적 특징 및 반사회적 행동의 조합으로 나타난다. 이는 죄책감에 대한 역량이 있고 타인과의 관계에서 미움이 없는 점유를 할 수 있다는 점에서 반사회성 인성장애와 구별이 된다. 그렇지만 악성 자기애는 타인과의 관계에서 리비도적 정동보다 공격적 정동이 과도하게 우세한 특징이 있다. 그래서 미움과 시기심의 발현이 임상 상황을 지배한다. 매우 가학적인 원시적 대상뿐만 아니라 그런 대상의 희생양으로서 자기를 동일시하는 것은 격렬하게 공격적인 및 자기 공격적인 행동의 형태를 띤다. 이러한 반사회적, 자해적 및 자살 경향성의 조합은 치료 역량에 대한 유일한 긍정적 지표로서 치료자를 미운 대상이지만 생존에 필요한 대상으로 경직되게 점유한다는 것을 보여 줄 것이다.

5) 자기애적 구조와 전이

자기애성 인성에 반사회적 행동을 하지만 악성 자기애 증후군의 특성이 없는 내담자는 자주 여러 가지 특징적 증후군에서 공격성을 임상적으로 드러낼 수 있다.

가장 진단하기 어려운 패턴은 도착적 전이가 발생하는 것이다. 도착은 내담자 자신의 공격성을 상연하기 위해 대상으로부터 경험된 사랑을 동원하는 것이다. 그 반대는 피학적 증후군에서 전형적인 것으로 사랑에 사용하기 위해서 공격성을 동원하는 것이다. 도착은 보통의 가학성이 발현되는 것과는 다른데, 내담자가 치료자의 정서적 가용성과 도우려는 욕구를 활성화시켜서 사랑과 도움의 역량을 파괴한다는 점에서 그렇다. 이런 패턴은 악성 자기애 내담자에게서 가장 자주 볼 수 있다.

덜 심한 자기애성 인성 내담자에게서 무의식적 시기심과 연결된 미움이 행동화될 때 부정적 치료반응의 형태를 취한다. 이는 일반적으로 해석에 즉각 반응한다. 전형적으로, 내담자는 치료자에 의해 도움을 받은 이후 더 나빠진다고 느낀다. 예를 들어, 한 내담자는 진전을 보인 것 같았던 회기 이후에 공허감과 무기력감을 더 많이 나타낼 수 있다. 이런 반응을 분석하면 보통 치료자가 내담자를 도울 수 있는 것에 대해 무의식적 시기심이 드러나는데, 내담자는 이것을 자신의 열등감을 나타내는 지표로서 굴욕으로 체험한다. 이러한 시기심과 그것이 도움을 받아들이는 능력에 미치는 부정적인 영향에 대한 내담자의 자각은 그것을 극복하는 데 있어서 핵심이다.

6) 빠른 역할 반전을 동반한 미움

앞 절에서 언급한 전이에서 미움의 특정한 발현과 이에 대한 방어와는 대조적으로, 심한 인성 병리가 있는 전 범위의 내담자에 걸쳐 어떤 패턴이 나타날 수 있다. 이 패턴에는 빠른 역할 반전이 있는 미움에 의해 지배되는 대상관계의 상연이 포함된다. 즉 어느 순간 내담자는 가학적 대상을 동일시해서 치료자를 비난하고 공격하지만, 다른 순간 내담자는 자신을 치료자의 무기력하고 마비된 희생자로 체험하며 치료자를 가학적 대상으로 동일시한다. 이러한 교대로 인해 가학피학적 전이가 생겨나며, 이는 다양한 형태를 취할 수 있다. 주목할 점은 가학적 대상에 대한 내담자의 동일시는 일반적으로 내담자의 행동에서 발현되지만 내담자가 의식하지 못하는 반면, 희생자 역할에 대한 동일시는 일반적으로 의식된다는 점이다. 예를 들어, 한 내담자가 치료자가 5분 늦었다고 격노하였다. 그녀는 치료자에게 욕을 하면서 회기를 시작했고, 앉지도 않고, 위협적인 자세를 취하면서 치료자 의자 앞을 왔다 갔다 했다. 그녀는 치료자가 그녀를 기다리게 한 것이 자신을 비밀스럽게 미워해서 보고 싶어 하지 않은 증거이며, 또한 치료자의 행동이 전문적이지 못하고 치료자 스스로 면허증을 취소시켜야 하는 증거라고 말했다. 이 예에서, 내담자는 의식적으로는 공격적 행동의 희생자로서 동일시하지만, 행동에서는 공격적 박해자에 대한 무의식적 동일시로 빠르게 전환한다. 치료자가 이러한 반전을 주목하고 그녀의 내적 세계에 대한 자각을 확장시켜 주는 수단으로서 그것을 내담자에게 사실대로 지적해 주는 것이 중요하다.

이러한 패턴의 다른 발현은 내담자가 가학적 대상을 동일시하는 반면, 자신의 공격받은 자기를 자신의 신체로 투사하는 것이다. 예를 들어, 심한 자해, 유사자살, 또는 거식증과 같은 자기 파괴적 행동이다. 이런 행동에는 치료자를 공격하는 기간 또는 치료자가 내담자를 가학적으로 공격한다고 지각하는 기간이 동반될 수 있거나 또는 교대할 수 있다. 치료자의 핵심 기술은 부분 표상들을 추적하는 것인데, 왜냐하면 그것들이 내담자 안에서 반전될 수 있거나 치료자에게 또는 다른 외부 대상에게 투사될 수 있기 때문이다.

한 내담자가 자신의 삶의 모든 실수에 대해 무자비하고 혹독한 방식으로 자신을 비난하고, 치료자가 이러한 자기 공격의 가학적 특성을 지적하려고 노력하면 내담자는 치료자가 쓸모없고, 이해하지 못하며, 편협하다고 공격할 수 있다. 내담자가 공격 대상은 바꾸는 반면, 동일하게 심한 비판적 태도를 유지하고 있음을 치료자가 지적할 때, 내담자는 자기 자신이 치료자에 의해 매우 잔인하게 공격받고, 오해받으며, 학대받는다고 경험한다. 치료자와의 관계에서 내담자가 비판하거나 비판받는 역할 반전에 대해 치료자가 지적한 결과, 내담자는 결국 이러한 패턴을 만들어 낸 그녀의 부분에 대해 통찰하거나 통제할 수 있다.

공격자-희생자 관계는 일반적으로 리비도적으로 점유된 이자관계에서 분열되어 있다. 내담자는 이상화된 관계를 미움이 지배하는 박해적 관계로부터 분리시키며, 치료자는 오랫동안 박해자나 이상화된 보호자의 역할을 한다. 이전 상황에서, 이러한 만성적인 편집적 전이에서 치료자는 위험하고 가학적인 대상을 나타낸다. 이러한 전이는 내담자가 공격성으로부터 사랑을 분열시키는 것을 모호하게 만들며, 그래서 사랑 문제가 치료에서 부재한 것 같고, 이에 동반된 이상적 대상에 대한 내담자의 필사적 추구에 대한 분석을 막는다. 이에 비해 외관상 이상화된 관계에서는 내담자가 다른 박해자의 희생자로서 자기 자신을 경험하는 반면, 치료자는 공격성에 의해 훼손되지 않는데 위험은 내담자의 공격자와의 동일시가 '방 밖에' 머물러 있다는 것이다. 왜냐하면 공격적 대상 표상이 전이로부터 분열되어 한 전이외적(extratransferential) 대상으로부터 다른 전이외적 대상으로 전위되기 때문이다.

이러한 상황은 근친상간 사례의 경우 전형적일 수 있는데, 희생자는 근친상간의 가해자를 악의 화신으로 지각한다. 치료자는 친절하고 이해심 많은 구원자다. 내담자는 자신을 영속적인 희생자로 지각한다. 내담자가 희생자가 되는 상황을 반복하는 것은 지배적이고, 미움으로 가득 찬 관계의 두 참여자를 무의식적으로 동일시하는 것을 지속하는 것이다.

7) 전이에서 일어나는 미움의 완화된 형태

미움의 임상적 발현이 완화된 형태 쪽으로 옮겨가면서, 전이에서 미움은 많은 원천에서 비롯되는 폭넓은 범위의 부정적 전이와 혼합되고 또한 여러 가지 상이한 기능들과 혼합된다. 나쁜 대상을 파괴하고, 고통을 유발하거나 또는 통제하는 단호한 목적과는 대조적으로, 양가감정에 대한 방어와 발현은 훨씬 더 명확하며, 외관상 미움이 가득 찬 박해적 관계 뒤에 있는 이상적 대상관계를 복구하려는 욕망이 좀 더 강하게 나타난다. 치료자는 더 이상 내담자가 치료자의 작업 및 내담자에 대한 치료자의 중요성을 파괴하려는 의식적 및 무의식적 노력과 직면하지 못한다.

실제적인 관점으로부터, 내담자 전이에 초점을 맞추기 위해서 치료자는 항상 자기 자신에게 다음과 같이 물어야 한다. "왜 내담자는 이것을 이번에 말하려고 하는가?" "내담자가 나를 어떻게 보는가?" "내담자는 나를 어떻게 대하는가?" "내담자가 내게 무엇을 하고 있는가?" "내가 어떻게 내담자에 대해 반응하는가?" 이런 질문들에 대해 치료자는 자신의 역전이, 내담자에 대한 자신의 내적 반응 및 내담자의 원시적 방어기제, 특히 투사적 동일시의 사용이 미치는 영향을 주목할 필요가 있다. 전이를 지각하기 위해서 치료자가 명심해야 할 유용한 조작적 정의는 특정 상황에서 사람들에게 예상할 수 있는 보통의 반응과는 다른 내담자의 반응에서 전이를 볼 수 있다는 것이다. 예를 들어, 만약 치료자가 "좋은 아침"이라고 말했는데, 내담자가 놀림을 받은 것처럼 반응하거나 큰 선물을 받은 것처럼 반응한다면, 내담자의 반응은 전이를 포함하는 것이다.

Chapter 02

경계선 병리의 치료: 전이초점 심리치료의 방략

세상은 거울이니 모든 사람들에게 자기 얼굴을 비추어 준다. 거울을 보고 찌푸리면 거울 역시 너를 보고 찌푸릴 것이다. 거울을 보면서 함께 웃으면 거울은 유쾌하고 친절한 동반자가 될 것이다. 그러니 모든 젊은이들은 각자 선택할지어다.

– W. M. Thackeray, 『허영의 시장』

1. 치료의 대조적 모델

특유의 문제가 있는 경계선 인성조직 내담자를 치료하는 방식은 여러 가지가 있다. 이 내담자들에게 상식적으로 이렇게 설명할 수도 있다. "○○씨는 상황을 왜곡시키고 있어요. 논리적으로 볼 때 일이 이렇게 된 건데 ○○씨가 착각한 거예요. 잘 생각해 보면 ○○씨가 생각했던 것과 다르다는 것을 알게 될 거예요. 게다가 그런 식으로 하면 안돼요. 그렇게 하면 파괴적이에요. 이제 다르게 하는 법을 가르쳐 줄게요. 자신을 통제할 수 있고 다르게 반응할 수 있다면, 사는게 좀 더 낫고 즐거울 거예요." 인지행동 치료자와 지지적 심리치료자는 이렇게 한다. 그러나 많은 내담자들은 이러한 상식적 개입에 반응을 보이지 않는다. 왜냐하면 내적 압력이 너무나 강력하기 때문이다.

경계선 내담자를 치료하는 데 핵심 요소가 정서 조절을 좀 더 잘하게 하는 것이라는 점에 대해서 사람들은 일반적으로 동의한다. 정서 조절은 개인이 자신의 정서적 반응을 조정하는 것이다(Campos & Sternberg, 1981; Gross, 1998). 다섯 가지 유형의 정서 조절 방략이 있다(Ochsner & Gross, 2004). 첫째, 특정 상황에 들어갈지 말지를 선택함으로써 감정이 무르익기 전에 **평가 과정을 통제**(control the appraisal process)할 수 있다(즉 상황을 어떻게 지각하느냐). 이러한 방략을 통해 개인은 어떠한 정서를 일으키는 상황을 피할 수 있다. 두번째 방략에서는 상황의 영향을 조정하기 위하여 개인이 상황을 바꿀 수 있다(**상황 조정**, situation modification). 세 번째 방략은 **주의 분산**(attentional deployment)이라고 하는데 이는 어떠한 환경 단서에서 다른 것으로 주의를 옮겨 정서를 조정하는 것이다. 네 번째 방략은 **인지적 변화**(cognitive change)이다. 인지적 변화란 특정 단서가 평가 과정에 들어갔을 때 그 의미를 조정하는 것이다. 정서 조절의 다섯 번째 과정은 오직 재평가의 산물에만 작용한다. 즉 개인의 정서 상태를 행동으로 나타내는 것을 억제하거나 증폭시키는 식으로 통제한다. 이러한 방략을 **반응 조절**(response modulation)이라 한다.

정서에 대한 인지적 통제는 전전두엽과 피질하 및 피질 뒤쪽 영역의 상호작용과 관련된다는 경험적 자료가 점점 더 축적되고 있다(Silbersweig, 미발표 논문, 2005). 경계선 내담자에 대한 여러 가지 접근은 정서 조절 면에서 한 가지 이상의 방략을 제공하는 것 같다(〈표 2-1〉). 전이초점 심리치료는 다양한 방략을 활용하는데 그 중에서도 특히 주의 분산과 인지적 변화를 강조한다. 지금여기 치료자와의 상호작용에서 내담자에게 활성화된 복합적인 인지적, 정서적 과정을 깊이 살펴봄으로써, 전이초점 심리치료는 치료자를 포함하여 타인과의 관계에서 내담자의 인지적 자기 개념에 주목하고 이를 변화, 확장시킨다.

2. 전이초점 심리치료 모델

1) 안전한 치료 틀 내에서 대상관계의 활성화

이제까지 기술한 접근들과는 달리 전이초점 심리치료는 내담자와 치료자의 현재 관계 속에서 내담자의 왜곡된 내적 자기 및 타인 표상이 충분히 활성화되도록 한다. 기대되는 것은 원시적 대상관계가 치료 장면에서 활성화되는 것이다. 왜냐하면 이것이 내담자의 주된 동기 체계로서 내담자의 삶에서 끊임없이 활성화되기 때문이다. 치료는 내담자에게 이러한 대상관계가 전개되는 기회가 되고 치료자는 가장 깊은 수준에서 내담자가 무엇을 지각하는지 분석하고 인지적으로 명료화하려 한다. 이러한 시나리오는 과거에 일어났던 것을 단순히 문자 그대로 재생한 것이 아니라 과거에 일어났던 것, 내담자가 일어났다고 상상한 것, 이를 회피하기 위하여 내담자가 방어적으로 구성한 것이 결합된 것이다.

전이초점 심리치료에서는 정동이 치료자와의 의사소통을 완전히 폭발시키고 파괴하는 것을 방지하기 위하여 치료자와의 관계가 통제된 상황으로 구조화된다. 우리는 이러한 내적 병인적 관계를 안전하게 재활성화해 줄 치료 틀을 고안하였다. 이는 6장 '진단 평가 2단계: 치료 계약'에서 기술된다. 치료 환경이 안전하고 안정되어 있기 때문에 내담자는 현재 일어나고 있는 것과 과거에 일어난 것을 성찰하기 시작할 수 있다. 왜냐하면 내담자의 지각은 현재 실제로 일어나고 있는 것보다 좀 더 내적 표상에 근거를 두고 있기 때문이다. 치료자 편에서 **기법적 중립성**(Technical Neutrality)을 유지하는 것이 내재화된 과거 경험을 활성화시키고 이를 간직하게 도와준다.

전이초점 심리치료는 내담자가 정서 조절에 실패하는 행동을 했을 때 환경으로부터 그가 두려워하는 반응을 유발하는 악순환 없이 통제된 환경 아래 원시적 대상관계를 활성화시킴으로써 변화를 촉진시킨다. 이러한 방식으로 전이초점 심리치료는 심리장애 내담자에 대해 보통의 반응을 유보하면서 내담자로 하여금 자신의 내적 표상이 펼쳐지도록 한다. 이것이 전이의 진수다. 교육적 방법으로 이러한 행동을 중단시키려 하는 대신 치료자는 이해하려는 목표를 가지고 이것이 활성화되게끔 한다.

이러한 과정에는 몇 가지 한계가 있다. 첫째, 과거의 서로 다른 시점의 사건이 기억 속에서 응축되기 때문에 치료자는 여기에 활성화된 것이 과거에 일어났던 것이 그대로 재생된 것이라고 절대로 당연시할 수 없다. 왜냐하면 진전과 퇴행, 고착이라는 변형 과정(transformational process)을 겪기 때문이다.[1] 치료는 어느 시점에서의 특정 경험이 아니라 내적으로 구성한 것을 재생하는데 그것의 궁극적 기원은 정확하게 확인될 수 없다. 치료자는 무엇이 실제로 환상이고 무엇이 과거 사건에 대한 정확한 기술인지 관심이 없다. 내적 표상이 현재의 심리적 현실로서 내담자의 삶에 근본적인 동기 요인이다. 왜냐하면 그것이 심리구조를 반영하고 이 구조가 치료에서 수정의 초점이기 때문이다. 따라서 변화의 근본적인 기제는 해리되고, 억압되고, 또는 투사된 내재화된 대상관계가 통제된 상황하에서 재활성화되도록 촉진시키는 것이다. 이는 퇴행적 과정을 촉진시키는 것이다. 여기서 퇴행이란 시간, 기능 양식, 체험, 내성 또는 자기성찰의 발달이라는 점에서 그러하다. 내담자의 성찰 능력이 증가하는 것이 변화의 핵심 기제다.

치료자와 관련되어 내적 대상관계가 재활성화된 것을 **전이**(transference)라고 부른다. 이러한 체험을 치료자가 인지적으로 공식화하는 것을 **해석**(interpretation)이라고 부른다. 보호적인 치료 틀(치료 계약에 상술됨)이 근본적으로 컨테인하기(containment) 또는 버텨주기(holding)에 기여한다. **버텨주기**는 정동을 간직해 주는 것 또는 틀을 만들어 주는 것을 의미하는 것이지 치료자가 따뜻하거나 공감적인 것을 의미하는 것이 아니다(비록 치료자는 정신분석 치료자를

1 불어로 이것은 사후에(après coup)라고 부르는 경우의 하나다. 독일 문헌에서 이 개념은 외상에 대한 회고적 수정(retrospective modification)으로 지칭된다.

풍자하는 차가운 중립성이 아니라 정중하고 친절하게 내담자를 대하지만 말이다). **컨테인하기**는 처음에 인지적, 정서적으로 혼란스러워 보이는 것을 인지적으로 구조화하는 것에 좀 더 가깝다.

2) 생각하기의 파괴

내담자가 비조직화(disorganization)된다는 것은 자기와 타인 개념, 자기 및 타인과의 관계, 원시적 정동의 우세함뿐만 아니라 의식화되는 것을 저지하는 보호 과정까지 포함한다. 이러한 방어 과정은 자각과 생각하기를 없애고 왜곡시킨다. 좀 더 건강한 신경증 내담자들은 받아들일 수 없는 사고와 정동, 기억을 억압(repression) 과정에 의해 제거하려 한다. 좀 더 원시적인 내담자들은 사고의 연결(linking)을 공격함으로써 생각하기가 파편화되고 단절되어 그리하여 사고 과정 자체가 손상된다(Bion, 1967a). 사고 과정은 너무나 크게 손상되어 정동 특히 가장 부정적인 정동이 그 존재가 인지적으로 자각되지 않은 채 행동으로 표현된다. 다시 말해 이러한 내담자는 극도로 공격적으로 행동할 수 있으면서 이에 대한 능동적 자각이 없는 사람이다. 정동은 오직 행동에만 존재한다. 이는 강박적 내담자나 히스테리 내담자 같이 좀 더 높은 수준의 내담자와 대조적이다. 강박적 내담자는 느끼지는 못하지만 정동에 대해서 생각을 하고, 히스테리 내담자는 사고하지는 못하지만 감정을 느낀다.

전이초점 심리치료에서 치료자는 행동과 정동을 그것의 기저에 있고 행동화로 나타나는 대상관계로 재변형시키려고 한다. 이것이 전이초점 심리치료에서 또 다른 변화 기제다. 즉 행동을 이를 구성하는 내재화된 대상관계로 변형시키는 것이다. 내재화된 대상관계가 행동의 동기 체계를 구성한다. 치료는 성격 구조를 만들고 행동화의 기저에 있는 내재화된 대상관계를 전이에서 활성화시키고 설명하고자 한다. 기계적이고 자동적인 행동을 그것의 기원이 되는 내적 관계(들)로 재변형시킨다. 애착 이론가는 이를 가리켜 내적 작업 모델(internal working model)이라고 부른다. 내재화된 관계 시나리오라는 개념이 이자적 대상관계 및 애착의 내적 작업 모델에 공통적인데, 이 내재화된 관계 시나리오 안에 타인과 상호작용하는 자기상이 있고 대인관계 교류에 대한 기대가 있다.

정동, 그리고 정동과 인지적 과정의 연결이 원시적으로 혼란되어 있다면 이러한 원시적 시나리오의 윤곽을 그려 보려는 치료자의 노력은 정동을 간직하고, 또한 동시에 내담자가 정동을 표상할 수 있는 인지적 역량을 발달시키도록 촉진시킨다. 치료자는 내담자가 비정상적으로 해리되고 비조직화된 인지와 정동을 연결시킬 수 있도록 돕는다.

3) 치료의 진행과정

전이초점 심리치료에는 일정한 질서와 발달이 있다. 치료 틀은 전이에서 내재화된 이자관계를 재활성화시키면서 안전한 분위기를 제공함으로써 컨테인하기가 가능하게끔 한다. 내담자는 관계가 치료적 틀 안에서 전개되는데 저항하고, 정동의 강도를 흩어 버리는 식으로 행동화하려 하기 마련이다. 관계에 저항하는 내담자의 노력을 분석하면 관계에 대한 기저의 가정과 기대를 분명히 할 수 있을 것이다. 치료적 틀 안에서 자유로운 의사소통을 격려함으로써 치료자는 내담자의 삶을 특징짓는 관계의 혼란이 재활성화되도록 한다.

전이초점 심리치료에서 첫 단계는 내담자의 방어를 분석하는 것이다. 방어가 불안을 간직할 수 있으므로 이는 위험할 수도 있다. 그러나 치료 틀에 의한 컨테인하기가 상황을 통제하므로 내담자가 퇴행할 수 있는 열린 공간이 제공된다. 그다음 기제로 분석적 해석이 뒤따르고 내담자는 자기를 성찰하게 된다. 전이초점 심리치료는 반복 과정이다. 아무것도 단 한 번에 깨끗이 해결되지는 않는다. 반복적 순환과정을 통해 수정과 변화가 점차로 일어난다. 예를 들어, 정동 폭주가 처음에는 통제 불가능한 것 같지만 결국에는 조절되고 사라진다.

경계선 내담자 경우 부정적 정동은 위계적으로 조직화된다. 이는 고통과 괴

자는 자주 그러한 느낌을 준다. 혼란스러움 때문에 치료자는 무력감을 느낄 수 있다.

비록 내담자는 치료적 도움을 분명히 구하지만, 침묵으로 버티거나 마치 치료자가 나쁜 의도를 가진 것처럼 대들거나, 치료자를 욕하거나 이해할 수 없는 정동 폭주를 보일 수 있다. 내담자는 서로 모순되거나 현재 정동이나 행동과 모순되는 말을 주장할 수도 있다. 이러한 분위기가 초반에 경계선 내담자와 작업을 시작할 때 전형적으로 나타난다. 치료자의 첫 번째 과제는 자신의 감정을 자각하는 것이다.

혼란스러운 경험에 저항하거나 부인하기보다는, 또는 이런 일이 처음부터 일어나지 못하게 눌러버리기보다는 치료자는 이런 경험이 자연스럽게 일어나도록 할 수 있어야 한다. 특정한 역전이 감정을 주의 깊게 관찰하는 것은 그 순간에 내담자에게 일어난 감정과 같은 종류이거나 혹은 반대의 감정 상태에 대한 중요한 단서가 될 수 있다. 예를 들어, 협조는 하지 않으면서 급하게 요구해대는 내담자 때문에 치료자에게 유발된 무력한 분노감이 사실은 위험할 만큼 전지전능하게 느껴지는 치료자 때문에 궁지에 몰린 내담자가 주로 느끼는 경험을 나타낼 수도 있다. 아니면 치료자가 경험하는 무력한 분노감은 현재 내담자의 강력한 가학적 통제에 대한 상보적 반응일 수도 있다. 조기 종결로 몰아가지 않음으로써 치료자는 강하고 상반되는 감정 상태를 견딜 수 있는 능력을 보여 준다. 많은 경우 치료자에게서 이러한 자질을 지각하면 내담자는 안심하게 된다. 왜냐하면 치료자가 혼란을 참아낼 수 있으면 내담자의 내적 세계에 있는 정동 전체에 열려 있을 수 있기 때문이다.

다음에 제시한 C씨와의 첫 상담 회기는 치료자가 자신의 당황스럽고 모순적인 경험을 활용하여 원시적 자기 대상 이자관계가 활성화된 것을 알아차리는 것을 볼 수 있다.

> C씨는 자신의 치료자에 의해 컨설트에 의뢰된 뒤 약속시간에 와서는 시작하자마자 사실은 여기에 오고 싶지 않았고 아무 할 말도 없다고 딱 잘라 말했다. 그는 마

치 정신과 의사가 컨설트를 강요하기 위해 길거리에서 방금 끌어온 것처럼 거부적으로 굴었다. 정신과 의사는 이러한 모습에 당황스러웠다. 어쨌든 이 만남은 내담자가 요청한 것이고 그들은 방금 만났는데 내담자는 그와 싸우자는 것이다. 그는 시간 낭비하지 말고 뭔가 말을 하라고 하고 싶은 강한 충동을 자각하였다. 여기에 다툼이 예정되어 있음이 분명해 보였다. 정말 아무 말도 하고 싶지 않다면 그냥 가버리는 것이 제일 좋을 것이기 때문이다. 어쨌든 그는 지금 컨설트를 원하지 않는다고 하지 않는가. 이런 모든 것이 당황스러운 가운데 정신과 의사는 좀 유익한 행동을 하라고 내담자를 강요하고 싶은 강한 충동을 느꼈다.

그는 내담자에게 말을 하라고 하고 싶은 충동을 행동화하지 않고 계속하기로 결심한 뒤 C씨가 왜 컨설트를 받으러 왔는지 자기가 알지 못한다면 도와줄 수 없다고 설명하였다. C씨는 어느 정도는 자기도 컨설트를 원했던 것 같다고, 그렇지 않았으면 오지 않았을 거라고 대답하였다. 정신과 의사도 그런 것 같다고 동의하였다. 이어서 내담자는 지난 시간에 자신이 점점 더 우울해졌고 상태가 좋아질 수 있는 어떤 것도 거부했기 때문에 그의 치료자가 컨설트를 받아야 한다고 했다고 하였다. 그는 치료를 중단할까 생각했었다. 몇 달 전 비슷하게 우울했을 때 약을 먹었고 이로부터 상당한 도움을 받았다. 그는 이번에도 의사가 약을 권하리라고 예상하였다. 왜냐하면 전에 너무나 도움이 되었기 때문이다. 그러나 그는 지금 전혀 약을 먹으려 하지 않는다.

정신과 의사는 전에 도움이 되었으니까 다시 한 번 내담자에게 약을 먹도록 처방하고 싶은 마음이 드는 것을 강하게 느꼈다. 그는 왜 이러한 마음이 드는지 의문을 가졌다. 지금 내담자가 임상적으로 위급한가? 아니면 그가 대단한 치료 능력을 보여 주려고 하는가? 내담자가 이러한 충동을 유도할 수도 있는가? 이러한 여러 가지 가능성을 생각해 보면서 그는 점차 자신이 무언가를 권하게끔 내담자가 유도하고 있다는 것을 느끼기 시작했다. 그러나 그것은 결국 싸움이 되고 말 뿐인 것이었다. 이렇게 평소와 매우 다른 감정이 강하게 드는 것을 느끼고, 그는 원시적인 이자적 대상관계가 활성화되었음을 깨달았다. 내담자는 도움을 강요하도록 그를 자극하면서 자신을 궁지에 몰린 희생자로 느꼈고 화를 내며 어떠한 도움도 거부하였다.

이 시점에서 그는 내담자가 앞서 말했던 것과 비슷한 일이 일어나고 있음을 알아차렸다. 즉, 내담자는 좋아지기 위하여 아무것도 하지 않았기 때문에 그의 치료자가 좌절하였다고 하였다.

정신과 의사는 그들 사이에 뭔가 재미있는 것이 일어나는 것 같다고 하였다. 그는 내담자가 자신을 돕는 즉시 공격하려고 기다리기만 하는 방어 자세의 권투선수같이 느껴진다고 하였다. 그러자 내담자의 태도가 변하였고 정신과 의사가 무얼 말하는지 알겠다고 하였다. 그는 전에는 기분이 나쁘면 아내와 잘 싸운 것 같았다. 그럴 때마다 그의 아내는 그의 장점을 지적하며 도우려 했지만 그는 각각의 예를 성을 내며 반박하곤 하였다. 화가 난 희생자라는 자기 대상 이자관계의 한 변형된 형태가 내담자의 결혼 생활 동안 그렇게 나타난 것 같았다. 화가 난 희생자는 도와주는 사람이 마치 공격하는 사람인 것처럼 그와 싸운다. 이러한 자기 대상 이자관계는 내담자가 열등하고 아마도 무기력하게 느껴지는 자기 표상 부분을 은폐할 수 있도록 돕는다.

(3) 2단계: 지배적 대상관계를 확인하기

내적 대상 세계를 구성하는 표상은 직접적으로 관찰할 수 없고, 다만 내담자가 다른 사람, 특히 치료자와 상호작용하는 데서 나타나는 반복적인 양상을 살펴봄으로써 내재화된 대상에 대하여 추론할 수 있게 한다. 겉으로 보이는 내담자의 행동패턴을 이해하는 좋은 방법은 상호작용을 여러 연기자가 각각의 역할을 맡은 드라마의 한 장면으로 생각하는 것이다. 장면을 만드는 데 필요한 각 역할은 활성화된 부분 자기 및 부분 대상 표상이다. 지금 이 순간 내담자가 연기하고 있는 역할과 치료자에게 부여된 역할을 생각해 봄으로써 치료자는 내담자의 내적 표상 세계에 대한 생생한 상을 얻을 수 있다. 예를 들어, 어떤 경우에 역할은 엄격하고 지독한 부모와 진저리나고 못된 유아이고, 어떤 경우에는 애정 많고 관용적인 부모와 자율적이고 거리낌 없는 아동이다.

더 많은 역할 예가 〈표 2-3〉에 열거되어 있다. 여기에 결코 모든 역할이 망라된 것은 아니다. 치료자는 연기자를 가능한 한 정확하게 묘사하는 형용사를 골라서 각 내담자에 해당하는 역할을 기술해야 한다. 〈표 2-3〉에는 역할이 상보적 쌍으로 배열되어 있지만 각 내담자에 따라 연결은 달라질 수 있다.

내담자가 자신의 대인관계 드라마에서 상연하는 역할을 정의하기 위하여 치료자는 내담자의 그 순간 감정, 현재의 소망, 공포뿐만 아니라 치료자에 대한 내담자의 기대와 지각 등 많은 자료가 있어야 한다. 치료자는 내담자에게 지금여기에서 치료자와의 상호작용 경험을 정확하게 표현하도록 격려하면서 이러한 자료를 모은다. 이러한 과정은 명료화 작업의 일부로서 내담자의 즉각적 경험을 적극적으로 탐색하고 이를 교정하고 새롭게 하기 위하여 내담자와의 상호작용에 대한 치료자의 관점을 제시하기도 한다. 따라서 치료자는 다음

〈표 2-3〉 **내담자와 치료자간 역할 쌍에 대한 예**

내담자	치료자
파괴적이고 못된 유아[a]	벌주고 가학적인 부모[a]
통제당하고 화가 난 아이	통제하는 부모
원치 않는 아이	애정 없고 자기중심적인 부모
결함이 있고 가치 없는 아이	경멸적인 부모
학대받은 희생자	가학적인 공격자/박해자
돌봄을 못 받은 아이	이기적인 부모
통제되지 않는 성난 아이	무력한 부모
공격적인 아이	겁먹은, 비굴한 부모
성적으로 흥분한 아이	유혹적인 부모
성적으로 흥분한 아이	거세하는 부모
의존하고 만족하는 아이	완벽한 양육자
사랑에 굶주린 아이	좌절시키는 부모
통제적이고 전능한 자기	약하고 노예 같은 대상
우호적이고 순종적인 자기	애지중지하고 감탄하는 부모
공격적, 경쟁적인 자기	처벌적, 보복적 대상

주. 좌행은 일반적인 자기 표상이고 우행은 일반적인 대상 표상이다. 그러나 역할 쌍은 끊임없이 서로 바뀐다는 것을 명심해야 한다. 치료자와 내담자는 아주 빠르게 부분자기 및 부분대상 표상의 보관소가 된다.
[a] 종종 부모는 어머니와 아버지로 분명하게 구분되지 않고 하나의 부모 조각으로 융합되어 있다.

과 같이 말할 수 있다. "오늘 상담을 시작할 때부터 ○○씨는 뭔가 비밀이 있고 피하는 것 같아요. 마치 저를 위험하게 보는 것 같아요. 그런가요?" 내담자가 상담자의 말을 교정하면서 새롭고 중요한 점이 덧붙여질 수 있다. "왜 제가 선생님에게 말을 해야 되죠? 선생님은 제 질문에 절대 대답하지 않고 제가 한 말을 그냥 바꿔 말할 뿐이잖아요" 그러면 치료자는 원래의 가설을 다음처럼 수정할 수 있다. "○○씨가 비밀스러운 것은 제가 아무것도 해주지 않는 사람으로 느껴지기 때문이군요. 그게 좀 더 맞나요?" 이러한 과정은 치료자가 현재 어떻게 그려지는지 내담자와 치료자가 일치할 때까지, 혹은 그들이 서로 일치할 수 없다고 일치할 수 있을 때까지 계속된다. 내담자의 현재 자기 표상도 비슷한 방법으로 도출된다. 가끔 내담자와 치료자는 서로 일치하지 않는다. 그러면 치료자는 내담자에게 현재에는 그들이 상호작용을 다르게 보고 있다는 이해와 함께 그 관계를 가장 잘 기술하여 제시한다. 그들이 왜 서로 다르게 지각하는지를 이해하려고 노력하는 것은 종종 매우 생산적이다.

가끔 내담자는 치료자가 제안하는 모든 것을 거부한다. 아무 생각도 하지 않고 자동적으로 그렇게 한다. 치료자에게서 오는 모든 것을 이렇게 평가절하하는 것은 그 자체가 전이에서 활성화된 원시적 대상관계를 특징짓는다. 내담자는 여기에 직면해야 하고 그 의미가 해석되어야 한다.

치료자가 내적으로 느끼는 감정은 종종 내담자에 의해 치료자 안에 활성화된 대상 표상의 존재에 대해 단서를 준다. 따라서 치료자가 그의 내적 상태를 살펴보면 낯선 느낌, 치료자 역할에서 벗어나고 싶은 욕구, 강한 정동, 침투적 환상 또는 철수하고 싶은 마음 등을 알아차리게 된다.

(4) 3단계: 연기자를 명명하기

치료자가 그 순간에 활성화된 중요한 자기 및 대상 표상을 알아차리면 이러한 인상을 내담자에게 전달한다. 내담자가 치료자와의 상호작용의 질에 대하여 자발적으로 호기심을 갖고 또 일정한 거리를 둘 수 있을 때 그러한 것을 전달하면 내담자는 가장 잘 알아들을 수 있다(내담자가 정서적으로 그 시간에 참여하고 있지만 정동 강도가 줄어들고 있을 때 해석의 효과가 가장 높다). 치료자 또한 간결하고 뭔가 떠오르게 하는 해석을 하려면 상호작용의 강도로부터 일정한 거리를 필요로 한다.

치료자는 내담자의 개성을 반영하는 뉘앙스를 포착하려 하면서 가능한 한 그 순간에 정확하게 치료 과정을 특징지으려 해야 한다. 치료자는 전지전능하지 않고 치료 과정은 마술이 아니기 때문에 내담자가 자료를 제공해야 한다는 것을 보여 주기 위하여 치료자는 내담자에게 어떻게 그런 특징을 기술하게 되었는지를 설명해야 한다. 예를 들어, 치료자는 이렇게 말할 수 있다. "잘 들리지 않는다고 내가 계속 말했는데도 ○○씨는 점점 더 낮은 목소리로 말하네요. 그런걸 보면 ○○씨는 내게 화났나 봐요." 이때 자기 및 대상 표상뿐 아니라 연결 정동도 포함시키는 것이 중요하다.

내담자와 치료자가 복합적인 자기상 및 대상상에 대하여 이야기하는데 있어서 종종 내담자 자신의 언어에서 선정된 메타포가 매우 생생하고 간결하며 정서적으로 풍부한 도움을 줄 수 있다. 다음의 예는 은유와 직유를 사용하는 것과 치료 중에 활성화된 부분 자기 표상 및 부분 대상 표상을 구체적으로 특징지으려는 치료자의 노력을 보여 준다.

- 내가 보기에 ○○씨는 마치 내가 ○○씨에게 전권을 행사하는 적인 것처럼 반응하네요. 마치 나는 간수이고 ○○씨는 자기를 방어할 수 없어 웅크리고 있는 죄수인 것처럼요.
- 내가 인색하고 ○○씨에게 무엇을 빼앗는 적이라서 ○○씨가 유일하게 할 수 있는 것은 말을 극도로 아끼는 것인가요?
- 내가 ○○씨에게 복종하면 [○○씨에게는] 되는 건가요? …… 이런 이유로 마치 내가 지배적이고 고집 센 어머니에게 반항하는 고집불통의 아이처럼 되는 건가요?
- ○○씨는 마치 자기 행동에 아무런 책임을 지지 않는 아이가 될 권리가 있는 것처럼 행동하네요……. 어머니는 끊임없이 아이의 뒤를 좇아다니며

정돈하는 책임을 집니다.

치료자는 이렇게 역할을 이름 짓는 과정을 시작해야 한다. 그 과정은 내담자의 반응에 따라 검증되고 재고되어야 할 가정으로서 제시되어야지 받아들여야 할 진실로 제시되어서는 안 된다. 치료자는 이후 내담자의 연상을 보면서 내담자가 이에 동의하는지 그렇지 않은지를 주의 깊게 살펴보아야 한다. 명명된 역할이 정확하지 않거나 심지어 상당히 벗어나 있다는 것을 확인하면 허심탄회하게 이를 인정하고 가설을 수정하게 된다.

전이 주제의 유형 각 내담자의 전이 패턴은 주로 반사회적(정직한 의사소통의 결여와 속임수), 편집적(무서워하고 의심함), 또는 우울적(자기 비난과 죄책감에 짓눌린) 전이로 특징지을 수 있다. 나아가 이러한 주제에 자기애적, 성애적, 의존적 양상이 포함되면서 여러 가지로 변형된다. 경계선 내담자의 심리는 이론적으로는 무한한 이자적 대상관계로 이루어진 파편화된 구조라는 특성을 띠지만, 임상 실제에서 각 내담자는 일반적으로 일정한 수의 지배적인 이자관계를 나타낸다. 따라서 비록 경계선 내담자는 모습이 빠르게 변하지만 일반적으로 치료를 시작할 때 중심적인 기저의 전이 성향을 나타낸다. 경계선 인성 내담자는 내재화된 관계가 그 순간 어떻게 재경험되느냐, 그리고 관계에 내재되어 있는 어떠한 역할이 무의식적으로 내담자에게 부여되고 어떤 것이 치료자에게 부여되느냐에 따라 전이가 빠르게 변할 수 있다. 그러나 전이가 이렇게 빠르게 변하는 장면에서도 경계선 내담자는 지배적 기본 전이(predominant baseline transference)를 나타낸다. 치료가 효과적이라면 시간이 지날수록 이 기본 전이가 전개될 것이다. 빠른 전이 변화는 지배적 기본 전이의 변형일 수도 있고 또는 일시적으로 다른 전이가 표면으로 부상한 것일 수도 있다.

발달적 관점에서 보면 경계선 내담자에 대한 치료의 초기 단계에서 핵심 주제는 일반적으로 전오이디푸스적 발달 단계에서 유래한다. 여기에는 양육자와의 관계에서 경험한 만족과 좌절, 이러한 경험의 영향, 리비도적 및 공격적 추동 발달의 체질적 요인들이 포함된다.

(5) 4단계: 내담자 반응을 관찰하기

활성화된 부분자기와 부분대상의 이자관계를 명명한 뒤에, 치료자는 내담자의 반응을 세심하게 살펴보아야 한다. 겉으로 표현된 동의 또는 비동의보다 더 중요한 것은 이후에 내담자의 연상이 어떻게 나아가는지 그리고 치료자와 상호작용에서 어떠한 변화가 나타나는지다.

지배적 대상관계에 대한 정확한 특징묘사 후에는 여러 가지 반응이 뒤따를 수 있다. 첫 번째, 명명된 자기와 대상의 상호작용이 좀 더 뚜렷해질 수 있다. 두 번째, 갑작스러운 역할 교체가 일어날 수 있다. 여기서는 명명된 자기상이 치료자에게 투사되고 대상상은 내담자에게 재내사된다. 따라서 치료자를 버릇없지만 무기력한 아이처럼 취급하고 자신은 통제적 어머니로 기술했던 내담자는 이제 전지전능한 치료자-어머니에 의해 무기력하고 비난받는다고 느낄 수 있다. 정확한 특징묘사로 인한 세 번째 가능한 결과는 통찰의 증거다. 내담자는 정서적으로 확신하며 치료자가 말하는 것을 인정하고 비슷한 양상을 나타내는 다른 상호작용을 스스로 이야기할 수 있다. 특징묘사가 정확히 된다면 이전에 얘기하지 않았던 내용이나 기술된 자기 대상 이자관계와 연결된 새로운 기억으로 이어질 수 있다. 네 번째 결과는 갑자기 다른 이자적 대상관계가 활성화될 수도 있다. 마지막으로 정확한 역할 명명은 완전히 부인될 수 있다.

역할 명명을 부정확하게 할 때 내담자는 명백히 동의하지 않는다며 거부하거나 또는 치료자를 기쁘게 하기 위하여 동의할 수도 있다. 부정확한 특징묘사라도 이전의 혼란스러운 경험을 조직화한다면 내담자는 안심할 수 있다. 맞지 않는 공식화라도 내담자는 이를 치료자에게서 오는 선물, 즉 이해가 가능하다는 치료자 신념의 표시로 받아들일 수 있다. 반대로 내담자는 치료자가 항상 이해할 수 있는 것은 아니며 전지하지 않고, 따라서 나와는 다른 사람이라는 것을 깨달으며 실망할 수도 있다. 그러므로 개입의 정확성을 즉각적으로 평가할 수는 없을 것이다. 그러한 상황에서 치료자는 틀릴 수 있다는 가능성을 계속적으로 마음에 품으며 가설을 확증 또는 기각하기 위하여 추가 자료가 나타날 때까지 인내심을 가지고 경청해야만 한다. 때로 치료자는 이러한 불확실성을 오랫동안 견딜 필요가 있다.

치료가 진행될수록 정확한 개입은 종종 기술된 이자관계에서 벗어나 반대의 이자관계가 활성화되게 할 것이다. 따라서 서로 반대가 되는 자기상과 대상상이 한 회기 내에 나타날 수도 있다. 이러한 경우 분열을 해석하는 것이 가장 좋을 수 있다. 예를 들어, 회기 중 어느 때에는 내담자가 치료자를 마치 차갑고 거리가 있는 부모처럼 대하다가 또 다른 때에는 따뜻하고 다정한 부모처럼 대하였다면, 밉고 차가운 마녀 같은 치료자-어머니에 대한 감정이 다정한 어머니 같은 치료자에 대한 감정과 분리되어 있는데 이것은 사랑하는 사람에 대한 미움이 참을 수 없는 불안을 일으킬 것이므로 이를 피하기 위해서였음을 치료자는 지적할 수 있다. 대상관계를 정확히 해석했다고 해서 해석한 지 몇 번 만에 통찰이 일어나지는 않는다. 똑같은 양상이 일어날 때마다 반복적인 해석이 전형적으로 요구된다.

2) 방략 원칙 2: 내담자에게서 일어나는 역할 반전을 관찰하고 해석하기

앞서 기술하였듯이 내담자가 치료자와 상호작용할 때 상연하는 역할의 예는 다양하지만 알아차릴 수 있다. 왜냐하면 이는 각 내담자마다 반복적이고 특징적이기 때문이다. 치료자는 각 내담자에게 가능한 한 세부적으로 역할 연기자를 특징짓는 형용사를 선택하여 일련의 배역들을 확정하여야 한다.

이자관계를 구성하는 자기 및 대상 표상에서 가장 재미있는 특징은 회기 과정 중 (실제 생활에서처럼) 이것들이 종종 서로 교대하거나 자리를 바꾼다는 것이다. 그래서 처음에는 자기의 특징이었던 것이 대상에게로 가고, 또 그 반대도 마찬가지다([그림 2-1]). 내담자는 흔히 이러한 역할 반전을 자각하지 못하

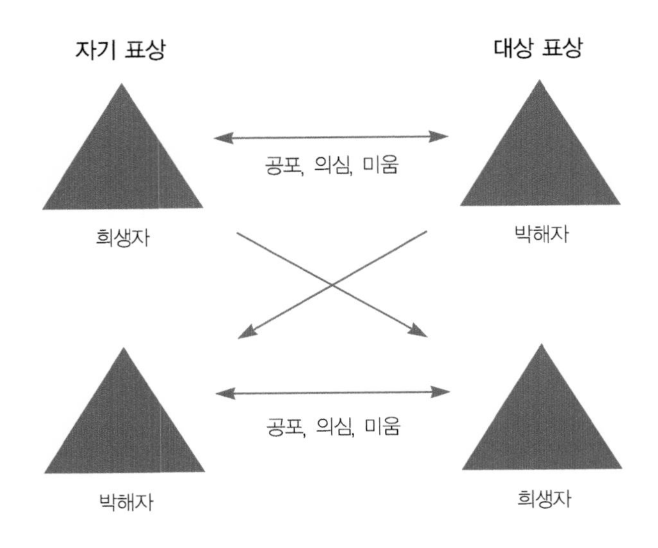

[그림 2-1] 대상관계 상호작용: 반전

주. 반전은 흔히 행동으로 나타나고, 의식되지는 않는다.

므로 치료자가 이를 자각하는 것이 몹시 중요하다. 따라서 자신의 내적 세계에 대한 내담자의 자각을 확장시키는 데 있어서 첫 번째 단계는 흔히 내담자가 보통 다른 사람의 것이라고 경험하던 역할을 상연하고 있음을 지적하는 것이다. 예를 들어, 회기 중 어느 때에는 치료자에 대한 내담자의 상호작용이 전능한 타인(치료자)에 의해 통제되고 있는 무방비 상태의 희생자인 자기 표상이 활성화된 것처럼 보인다. 몇 분 뒤에 내담자는 치료자를 맹비난하고 말을 끝낼 수도 없게 하면서 치료자를 공격하기 시작한다. 내담자는 이러한 변화를 알아차리지 못할 수 있다. 앞서 언급한 대로 내담자는 흔히 자신이 체험 또는 상연하는 역할을 의식하지 못한다. 그보다 내담자는 보통 자신이 단지 "합리적"이라고 믿는다. 이는 내담자의 행동이 그의 내적 세계와 관련해서는 합리적으로 보이기 때문이다. 이제 치료자는 내담자에 의해 통제당하고 부당하게 희생당한다고 느낀다. 반전이 일어난 것이다. 동일한 자기 대상 이자관계가 활성화되었지만 투사 및 내사 기제에 의해 내담자와 치료자가 상연하는 역할이 뒤바뀌었다. 이렇게 역할이 바뀌면 흔히 치료자는 갑자기 길을 잃은 느낌을 경험한다. 혼란감을 느낄 때 치료자는 자기와 대상의 역할 반전이 일어났을 가능성을 생각해 보아야 한다.

3) 방략 원칙 3: 서로 방어하고 있는 이자 대상관계의 연결을 관찰하고 해석하기

내담자에게 있는 일련의 이자 대상관계의 윤곽을 그려나가기 시작한 뒤 치료자는 내담자의 내부 세계를 한걸음 더 이해하려고 한다. 자기 대상 이자관계는 내담자의 심리에서 서로 완전히 독립되어 파편적이고 분열된 요소로만 존재하는 것은 아니다.

개인의 내적 세계는 각각의 이자 대상관계쌍을 포함하여 여태까지 기술한 것 이상으로 복합적으로 조직화되어 있다. 이제까지는 내적인 자기표상 및 대상표상의 분리되고 불연속적인 성격, 즉 표상들이 내적으로 서로 분열되어 있음을 강조하였다. 그러나 이 체계는 정지되어 있지 않다. 부분자기와 부분대상 표상은 서로 특정한 관계 패턴 속에 있다. 이 체계의 첫 번째 패턴은 방략 원칙 2에서 기술하였다. 어떠한 이자관계든 계속 반전될 수 있다. 따라서 자기에게 속한 특징이 갑자기 대상에게 가고, 대상에게 속한 것이 자기에게 온다. 이러한 갑작스러운 반전은 경계선 내담자의 주관적 체험에서의 혼란, 정동 조절의 장애, 대인관계를 어느 정도 설명해준다. 왜냐하면 많은 경우 이러한 역할 반전이 의식적으로 자각되지 못하기 때문이다. 예를 들어, 내담자는 자신을 무기력한 희생자로 느끼는데, 자신이 박해자로 지각하는 사람에게서 볼 수 있는 성나고 위협적인 특징을 띠는 행동을 할 때조차 계속 그렇게 느낀다.

두 번째 패턴은 비록 어느 하나가 다른 것보다 의식에 더 가깝다 할지라도 내적인 표상 체계가 서로 상반된 이자관계를 포함하는 것이다([그림 2-2]). 이것이 분열의 핵심이다. 분열은 하나의 이자관계 안에 좋은 자기표상과 나쁜

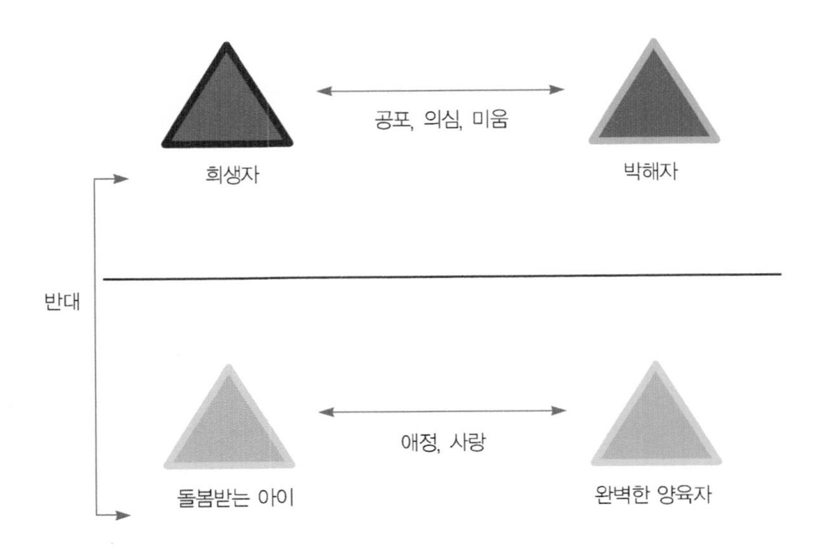

[그림 2-2] 대상관계 상호작용: 방어

대상표상이 완벽히 대조를 이룰 뿐 아니라, 온통 부정적이고 미워하는 정동으로 물들은 이자관계와 또 완전히 긍정적이고 사랑하는 정동으로 가득 찬 이자관계 간에 근본적으로 건널 수 없는 간격이 존재하는 것이다. 이러한 이자관계는 함께 존재하지만 서로 완전히 분리되어 있다. 이는 각 이자관계가 다른 것에 의해 오염 또는 파괴되는 것으로부터 보호하려는 방어적 목적에 기여한다. 분열은 사랑과 보호로 채색된 이자관계가 상반된 이자관계에서 나타나는 미움으로 파괴되지 못하게 막아준다. 마찬가지로 분열은 미움으로 가득 찬 이자관계가 어떤 긍정적 정동에 의해서도 오염되는 것을 막아준다. 왜 미움으로 가득 찬 이자관계가 보호되어야 하는지 처음에는 분명하지 않을 수 있다. 그러나 경계선 병리에서 분명하고 순수한 미움의 느낌은 정체감 혼미의 혼란을 일시적으로 유예해 줄 수 있고 좋은 대상에 대한 내담자 자신의 공격성에서 비롯되는 죄책감을 방어해 줄 수 있다.

경계선 내담자에 대한 치료에서는 보통 미움이 실린 이자관계가 치료 시작

단계에서 더 표면에 나타난다. 사랑과 돌봄을 받은 내적 체험은 좀 더 감추어져 있고 부서지기 쉬우며 어렴풋한 동경으로만 나타나는데 이를 알아보려면 치료자는 매우 주의해야 한다. 내담자가 미움 대신 사랑에 대한 이러한 내적 가능성을 어느 정도 자각하도록 치료자가 도울 수 있을 때, 미움이 큰 것은 사랑에 대한 부서지기 쉬운 동경을 유지하고자 하는 필사적 노력임을 내담자가 이해할 수 있도록 해준다. 사랑은 만약 햇빛 아래 드러나면 부서져버릴 수 있는 위험으로부터 숨겨지고 보호되어 있다.

앞 절에서는 경계선 내담자에게서 이자적 대상관계가 상반되는 이자관계를 방어하고 있는 가장 전형적인 예를 기술하였다. 그러나 내적 대상관계 체계에서 어떠한 것이든 특정 이자관계는 다른 이자관계를 방어할 수 있고 여기에서 각각은 심리내적 갈등의 한 축을 이루고 있다. 내적 이자관계는 각각 그것에 특유한 정동이 있는데 여기에서 리비도적 혹은 공격적 추동은 내적 금지와 갈등을 빚거나 또는 추동끼리 서로 갈등을 빚는다. 두 추동과 금지는 이자 대상관계에 의해 개인의 내적 세계에 표상된다. 예를 들어, 성적으로 흥분한 자기표상과 모성적 대상표상을 담고 있는 리비도적 이자관계가 무서워하는 자기표상과 위협하는 부성적 대상표상을 담고 있는 불안으로 가득 찬 이자관계와 갈등이 될 수 있다.

다른 예를 들면 수동적, 복종적 자기표상과 이와 연결되어 강력하고 거리가 있는 부성적 대상표상에 대한 동경을 담고 있는 리비도적으로 점유된 이자관계가 잔인하고, 경쟁적인 자기표상과 이와 연결되어 위협적이고 독재적인 부성적 대상표상의 분노를 담고 있는 공격적으로 점유된 이자관계와 갈등을 이룰 수 있다([그림 2-2] 참조). 개인의 인성에 따라 이 이자관계 중 어느 하나가 좀 더 의식에 가깝고 지배적인 것이 되어 일반적으로 억압된 다른 것을 방어할 수 있다. 경계선 내담자는 좀 더 지배적인 이자관계와 억압되고 분열된 이자관계를 동시에 의식적으로 자각하지 못한다. 비록 후자가 행동화로 표면에 나타나고 이를 자각하는 순간에도 그러하다. 의식 밖으로 밀려난 갈등은 1) 행동화를 통하여 행동으로, 또는 2) 신체화에서 신체적 증상으로 경험된다. 때때로 갈등에 대한 자각과 비자각 사이의 중간적 상태가 가성환각(pseudohallucination) 상태다.

분열은 하나의 이자관계가 그것이 방어하고 있는 다른 이자관계와 무의식적으로 한 쌍을 이루는 것이다. 각각은 내적 갈등에서 하나의 축을 표상한다. 이렇게 짝이 되는 것은 내적 추동과 이를 향한 금지가 마음 안에서 이에 상응하는 정동적으로 채워진 자기표상 및 대상표상 쌍에 의해 표상되기 때문이다.

예를 들어, 한 내담자는 종종 자신을 놀라고 마비된 피해자로 경험하였고 가학적인 간수 같은 치료자가 정한 인위적이고 자기 본위적인 규칙을 따르도록 강요당한다며 치료자를 맹렬히 비난하였다. 다른 경우에 내담자는 치료자를 완벽하고 모든 것을 주는 어머니같이 느끼면서 자신은 만족하고 행복하고 사랑받는 아이로서 어머니의 관심을 독차지하는 대상으로 느꼈다. 첫 번째 이자관계에서 간수는 나쁜, 좌절시키는, 감질나는, 거부적인 양육자/어머니를 표상하고 피해자는 복수하고 싶지만 자신의 분노를 어머니에게 투사하기 때문에 파괴될까 봐 두려워하는 성난 아이를 표상한다. 끔찍한 어머니와 고통받는 유아라는 관계는 이상화된 관계와 완전히 분리되어 있다. 이는 이상화된 관계가 박해적인 관계에 의해 오염될까 봐 그리고 나쁜 어머니에 대한 분노와 복수심에 불타는 공격에도 불구하고 이상적인 어머니와의 완벽한 관계가 회복될 수 있다는 모든 희망이 파괴될까 봐 그러하다. 추동 면에서 이상적인 어머니와의 이자관계는 리비도적으로 점유되어 있는 반면 피해자 아이와 가학적 어머니라는 이자관계는 공격성으로 점유되어 있다. 각 이자관계는 하나가 의식되면 다른 것을 자각하지 못하도록 방어한다.

이자관계가 추동 및 그에 대한 방어를 표상하는 기능을 한다는 점을 이해하게 되면 치료자의 과제는 새로운 수준으로 복잡해진다. 추동은 일차적 정동 상태에서 나온다. 실제적 관점에서 보면, 추동은 유사한 모든 정동 상태에 대한 상위의 공통된 동기적 힘으로 정의될 수 있다. 가장 기본적인 추동은 리비도적 추동과 공격적 추동이다. 내적으로 통합되어 있지 않은 경계선 인성조직 내담자는 일반적으로 추동이 분열되어 있고 서로를 방어한다. 이것은 앞서의 예에서도 볼 수 있듯이 압도적인 공격적 정동으로 점유된 이자관계가 그 반대의 리비도적 정동으로 점유된 이자관계를 방어하고 있다. 이 체계는 불안정하여 현재 의식되는 이자관계/정동/추동은 방어되고 있는 이자관계/정동/추동으로 갑자기 변한다.

요약하면 내담자의 내부 세계에 있는 파편화와 갈등을 온전히 이해하기 위해서 경계선 내담자와 작업하는 치료자는 이자관계를 구성하는 여러가지 캐리커쳐를 그려내고 이자관계 안의 자기표상과 대상표상 간의 반전을 파악해야 할 뿐 아니라 하나의 이자관계가 다른 이자관계와 관련하여 어떠한 기능을 하는지도 주목해야 한다. 이러한 수준의 이해에 도달하기 위해서 치료자는 우선 내담자가 경험 또는 상연하는 여러 가지 역할 및 역전이에서 유발되는 역할에 끊임없이 주의를 기울여야 한다. 그러고 나서 치료자는 이러한 역할 쌍 또는 이자관계가 여러 가지 추동 및 그에 대한 금지를 어떻게 전달하는지를 고려하여 이들을 통합해야만 한다. 그리고 치료자는 내적으로 파편화되어 그 요소들이 모아지고 통합될 수 없는 상태에 기초해서 초보적이지만 안정성을 시도해 보는 방식으로 이들을 조직화해야 한다.

4) 방략 원칙 4: 내담자가 관계를 다르게 경험할 수 있는 역량을 키우기

전이초점 심리치료에서 내담자는 치료자와의 관계를 탐색하고 자신이 이를 왜곡했을지도 모른다는 자각이 증가하면서 점차 이 관계를 좀 더 건강하고 현실적이며 균형 잡힌 방식으로 경험한다. 내담자가 치료자를 매우 극단적인 관계로 체험하다가 폭넓고 복합적인 관계로 경험하게 되면 이에 동반하여 내담자의 극단적인 정동이 조절된다. 이러한 변화가 치료자와의 관계에서 일어나면 내담자와 치료자는 복합적이고 미묘하게 관계를 경험할 수 있는 이러한 새로운 역량이 어떻게 다른 중요한 관계(예, 내담자의 배우자나 부모에 대한 관계)로 확장되기 시작하는지 살펴볼 수 있다.

4. 따로 떨어진 부분 대상의 통합

분열되어 떨어져 있는 자기 및 타인 표상을 통합하는 것은 반복적인 과정이다. 계속해서 치료자는 회기가 진행됨에 따라 내담자가 나타내는 모순된 자기 측면을 지금여기 상호작용에서 포착해야 한다. 몇 개월 지나고 나면 몇 주 안에, 마침내 한 회기 안에서 치료자는 두 개의 상반된 자기 및 대상 표상 쌍을 결합시킬 수 있다. 이것은 전형적으로 이상적이고 좋기만 한 자기 및 대상 표상 단위와 박해적이고 나쁘기만 한 자기 및 대상 표상 단위다. 이로써 내담자는 이러한 두 개의 단위가 방어적으로 분열되어 있는 이유를 이해할 수 있게 된다. 과정이 진행되면서 통합된 자기 개념 및 통합된 중요한 타인 개념이 나타날 것이다.

1) 통합의 표시

따로 떨어진 부분 자기 및 부분 대상 표상이 점점 통합됨을 나타내는 회기 내 내담자의 행동상 변화는 미묘하지만 점점 더 누적된다. 이러한 바람직한 변화는 비록 미묘하고 점진적이지만 치료자에게 도움이 되는 표시가 되며 치료의 전반적 방략을 결정하는 데 도움이 되기 때문에 우리는 여기에서 이것을 기술하겠다. 변화의 표시라는 이 주제는 9장에서 상세히 논의된다.

1. 치료자의 말을 내담자가 좀 더 확장시키거나 더 탐색하려 함: 문제는 여기에서 내담자가 해석에 동의하느냐 아니냐 또는 탐색에 제시된 주제를 따라가느냐 아니냐가 아니다. 문제는 치료자의 말을 내담자가 생각해 보느냐 아니냐 그리고 치료자의 말을 자동적으로 거부 또는 부인하느냐 아니냐 하는 정도다. 문제는 전이가 긍정적이냐 부정적이냐가 아니라 현재 진행되는 것을 명료화하는 데 있어 내담자가 협조하고 성찰하느냐다.

간 상호작용의 특성을 보면 그녀가 자각하지 못하는 듯한 측면 예를 들어, 그녀가 상대방으로부터 예상할 수 있는 전부라고 하는 차가운 비열함 같은 것이 드러난다고 하였다. A씨는 자기를 보호하기 위하여 해야 하는 것을 할 뿐이라고 하면서 이러한 개입을 거부하였다.

내담자의 반응에 주목하며 D박사는 그녀의 의식적인 자기 표상을 심화하는 것 같은 이러한 반응을 곰곰이 생각해 보았다. 그는 그녀가 무엇으로부터 자기를 보호하는지 의문을 가졌다. 아마도 투사적 과정이리라고 생각하면서 비록 그녀가 그를 위협적으로 느끼고 있지만 실제 위협은 그녀 내부에 더 깊이 숨겨져 있을 것이라고 생각하였다. 그는 이러한 위협을 어떻게 이해할 수 있는지 보여 줄 많은 자료를 기다렸다. 그녀가 겉으로는 의심, 불신에 차 있지만 안에는 이와 상반되는 감정이 있을 것이라고 생각하였다. D박사는 그녀가 가끔씩 남편을 가깝게 느끼는 것 같은데 때로는 D박사에게도 그렇게 느끼는 것 같다는 것을 주목하였다. 예를 들어 그녀가 회기 끝부분에 질질 끌면서 가고 싶어 하지 않는 것 같을 때다. D박사는 A씨에게 이러한 이야기를 하였으나 그녀는 D박사가 틀렸고 그가 이렇게 생각하는 것을 보면 얼마나 무능력하고 무관심한지를 알 수 있다고 딱 잘라 말하면서 그녀의 입장을 고수하였다. 그가 그녀라는 사람에 대해 최소한 만큼도 모른다는 것이었다!

치료 2개월에는 이러한 이야기가 주를 이루었고 다른 이야기도 회기에 등장하곤 하였다. 전형적인 다른 이야기는 그녀가 어머니로서 부적절하고 자신이 바보같게 느껴진다는 것이었다. A씨는 이러한 이야기가 좀 더 강해질 필요가 있다고 느낀다는 자신의 요구와 연결된다고 하였다. D박사는 이러한 이야기를 그녀에게 살벌한 부분이 있고 그녀에 대한 공격 뒤에는 이러한 살벌한 부분이 있다고 하는 그의 생각과 연결시켰다. 그녀는 이러한 개입을 거부하였다. 회기 밖에서 그녀는 계속해서 가끔씩 팔다리에 상처를 내곤 하였다.

치료 3개월째에 D박사는 A씨에게 자신이 다음 달에 1주일 정도 어디에 다녀올 것이라고 통보하였다. 그녀는 그가 가고 없는 데 대하여 무관심을 표현하였고 이를 큰 일로 만든다고 그를 비웃기까지 하였다. 그가 돌아왔을 때 A씨는 한 주가 똑같았고, 사실은 상담에 와야 되는 압력이 없었기 때문에 평소보다 더 좋았다고 하였다. D박사는 그가 어디 갔을 때 많은 내담자들이 나타내는 불안이나 공격성으로 그녀가 반응하지 않아서 속으로 안심하였다. 그가 돌아온 뒤 두 달은 이전과 비슷한 주제로 흘러갔다. 그리고 D박사는 또 한 주간 어디를 다녀올 것이라고 통보하였다. 이번에 A씨의 반응은 달랐다. 그녀는 마치 말로 하면 그를 통제할 수 있을 것처럼 "안돼요!"라고 소리쳤다. D박사는 A씨의 내적 갈등에서 따로 떨어진 부분이 뚫고 나오는 걸 본 것이다. 이로 인해 그는 방략 3 수준에서 좀 더 분명하게 작업할 수 있었다.

몇 달 동안 두 사람이 작업하면서 강한 애착이 발달하였다. A씨는 지금까지는 이를 부인할 수 있었다. 그런데 이러한 자료가 갑자기 나타나면서 D박사는 A씨가 애착을 맺고 돌봄을 받고 싶은 것과 독립적이고 무시하고 싶은 것 사이에서, 내적으로 심한 갈등을 겪는다는 그의 해석을 좀 더 지지하는 자료를 얻게 되었다. "지금 보면 ○○씨의 어떤 측면이 매우 중요한데 ○○씨는 그것을 견디고 체험하기가 매우 어려운 것 같아요. ○○씨가 이렇게 반응하는 것을 보면 다른 사람을 대부분 무섭고 위험하게 느낌에도 불구하고 애착할 수 있게 된 것 같아요. 그리고 제 생각에 ○○씨가 애착하게 된 것은 마음속 깊이 ○○씨가 그렇게 소망하는 좋은 것과 보살핌에 대한 갈망이 있기 때문인 것 같아요. 그러나 이러한 갈망이 무엇보다 가장 두려운 것이지요. 왜냐하면 결국 상처받고 속아 넘어갈 것이라고 예상하기 때문이에요. 아마도 누군가 ○○씨를 보살피고 친절할 수 있다고 생각하게 될수록 더 불안해지는 것 같아요. 다른 사람이 비열하고 착취적이라고 생각하는 것이 아주 나쁘기는 하지만 누군가가 ○○씨에게 관심이 있을 수 있다고 생각하는 것보다 실제로 덜 무서울 거예요. 왜냐하면 그러면 가장 심하게 상처받을 수 있기 때문이에요. 신뢰가 배신당하는 것 다시 말해 유혹당하고 나서 학대받는 것 말입니다."([그림 2-5]).

그러나 이러한 내적 분열에 대한 작업은 계속해서 힘들고 도전적인 일이었다. A씨는 그녀가 친해지고 싶은 소망을 어느 정도 느낄 수 있다고 인정하면서도 D박사가 어디에 가고 없는 것은 그러한 느낌을 없애 버리고 완전히 독립적이고 싶은 소망이 더 강함을 확인해 준다고 지적하였다. "보세요, 제가 맞잖아요. 아무도 믿을 수 없어요. 선생님은 가 버리잖아요. 그것도 제가 선생님을 믿기 시작한 바로 그때에요. 어떻게 그럴 수 있어요? 선생님도 다른 사람과 똑같아요. 선생님은 제가 선생님을 필요로 할 때까지 기다렸다가 가 버린 거예요."

D박사는 그녀가 어떠한 대상을 믿을 수 있다고 느낄 수 있으려면 완벽한 대상을 필요로 한다는 것을 작업하려 하였고 그녀가 버림받는다고 느끼는 데에는 공격성이 한몫을 한다는 것을 이야기하였다. "○○씨가 애착을 갈망하면서도 그것을 느끼기가 어렵다는 것을 좀 더 이해할 수 있을 것 같아요. 만약 조그만 결점, ○○씨에 대한 완벽한 관심에서 조금이라도 벗어나면 ○○씨는 다른 사람이 전혀 무관심하다는 증거라고 느껴요. 그런데 제가 보기에 여기서 무언가가 좀 더 일어나는 것 같아요. ○○씨가 실망과 분노와 노여움으로 반응한다는 거예요. 그래서 마음속에 있는 상대방의 이미지를 공격해요. 예를 들어 내가 어디 가는 게 사실이긴 합니다. 그러나 마음속에 있는 나에 대한 이미지를 간직하기보다는 분노가 그 이미지를 싹쓸어 가버려요. 그래서 외롭고 공허하게 되지요. 내 생각에 결국 ○○씨가 완전히 공허해지는 것은 내가 일주일간 어디 갔다 오기 때문이 아니라 마음속에 있는 나에 대한 이미지를 ○○씨가 공격하기 때문인 것 같아요."

위의 예에서 내담자와 치료자의 대화 속에 담긴 것 같은 종류의 작업이 치료에서 오랫동안, 몇 달에서 몇 년까지 계속될 수 있다. 물론 이야기는 변형도 되고 진전도 되지만 자기 및 대상에 대한 내담자의 내적 표상과 좀 더 현실적인 표상 사이에 있는 투쟁은 보통 매우 느리게 진행된다. A씨는 D박사가 그녀를 실망시키고 배신하기까지 하므로 "다른 사람과 똑같을 뿐"이라고 계속 비난하였는데 그러면서도 치료에 계속 열심히 오는 것을 보면 또 다른 면이 있음이 분명하였다. D박사는 자신이 진실하고 믿을 수 있는 사람이라고 설득하기보다는 그녀의 전이를 깊이 있게 탐색하려 하였다. 만약 그가 정말로 그녀의 신뢰를 얻어 그녀를 속이고 상처 줄 뿐이라면, 그렇게 하는 동기는 무엇인가? 그는 부정직하게 자신이 그녀를 돕길 원하는 치료자인 척하나? 혹시 그는 가학적인 사람이라 그녀가 괴로워하는 것을 보면서 즐거움을 느끼나? 가끔 내담자는 이러한 생각은 극단적인 것 같고 치료 초반에 밝힌 것처럼 D박사가 일관되게 그녀에게 가용하다는 현실과 일치하지 않는다고 스스로도 생각할 수 있었다. 그러나 또 어떤 때에는 실제 상황은 거의 중요하지 않았고, A씨는 회기를 마치는 것 같은 일이 D박사가 무관심하고 그녀를 부당하게 취급하는 증거라고 느꼈다. 이렇게 왜곡된 지각과 좀 더 현실적인 지각을 오락가락하는 것은 오랜 기간 동안 계속될 수 있으며 치료자 쪽의 인내와 숙련된 개입을 필요로 한다.

치료자는 어떻게 과거의 자료를 전이 초점에 통합시키는가? 내담자의 내적 표상이 전이에서 나타날 때 치료자는 이를 이끌어 내면서, 과거의 자료를 활용하여 내담자가 타인 표상을 어떻게 이해하는지 알려 줄 수 있다. 그러나 이 때 치료자는 그가 경청하고 있는 과거에 대한 기술이 내담자가 내재화한 것이지 과거 현실의 객관적 표상이 아니라는 것을 명심해야 한다. 이는 내담자가 기술한 것이 과거 현실과 관련이 없다는 말이 아니다. 그러나 경계선 내담자의 심리구조는 통합되어 있지 않기 때문에 부분적이고 모순적인 특징을 띨 수 있다. 따라서 치료자는 예를 들어 '○○씨 어머니가' 라고 하기보다 '어머니가 …… 하시면' 이라고 말한다. A씨의 경우에 치료자는 내담자의 어머니가 재발성 우울증이 있었고 우울할 때 치료를 받기보다는 술과 마약을 하곤 하였다는 것을 알고 있었다. 치료자가 무관심하다는 A씨의 확신을 논의할 때, D박사는 그 시점에 전이에서 활성화된 대상 표상을 기술하면서 내담자의 내재화된 과거에서 이 부분을 언급하곤 하였다. "○○씨는 마치 내가 앞에 있는 불쌍한 소녀에게 완전히 무관심하고 약에 취한 어머니인 것처럼 반응하고 있어요. ○○씨는 나를 마치 약을 먹은 것처럼 무표정하고 아무 말이 없으며 …… 상황이 극단적이어야만 반응하는 사람처럼 보고 있어요. 이것은 ○○씨가 약에 취한 어머니에게 수없이 겪었던 일의 반복일 수 있습니다."

내재화된 과거를 이렇게 언급하는 것은 대화를 확장시켜, 기억된 과거와 관련되고 또한 억제 혹은 억압되었을 수 있는 과거 요소와 관련된 내적 이미지를 더 상세화시킬 수 있다. 과거의 일부는 내담자가 의식적으로 기억하지 못하지만 전이에서 재생되어 나타날 수 있다. 전이에서 재생되는 것을 통해 내담자는 자신의 내적 세계의 일부를 자각하게 되고 이로써 그러한 부분을 좀 더 의미 있고 온전한 자기감에 통합할 수 있게 된다. 그러나 전이에서 자료를 과거의 내재화된 이미지와 연결시킨다 해도 그 자체로 통합이나 갈등 해소가 저절로 일어나지는 않는다.

예를 들어 A씨는 D박사가 '약에 취한 어머니'를 언급한 것에 동의하였으나, 그렇다 해도 이것이 그녀의 심한 부정적 전이를 즉각적으로 해소시켜 주지는 않았다. 그녀는 다음과 같이 반응하였다. "나는 하루에 24시간 그런 일을 수천 번 겪고 있어요. 도저히 벗어날 수가 없어요! 오직 교회에서 누군가가 나를 위해 기도해 준다면 잠시나마 제가 편해질 것 같아요." 그녀가 교회를 언급하자 D박사는 그녀의 내적인 분열을 언급하는 더 많은 정보를 얻게 되었다. "마치 순수하게 좋은 상황에서만 누군가의 보호와 관심을 믿을 수 있다는 것 같군요. 그리고 그런 때에도 좋은 기분은 아주 일시적이군요. 조금의 모호함이나 불확실함만 있어도, 지금도 그렇고 대부분의 상황이 그런데, ○○씨는 다른 사람을 차갑고 무관심하게 느끼는 '기본(default)' 위치로 가 버리는군요. '약에 취해 있다.' 고요."

전이를 내재화된 과거와 연결시켜도 반드시 통합이 일어나지 않는 이유 중 하나는 당연히 내재화된 상이 부분적이고 서로 분열되어 있기 때문이다. A씨는 다른 많은 내담자처럼 부정적인 어머니 상에서 이상화된 상으로 이동할 수 있다. "하지만 어머니는 환자였어요……. 어머니께 뭘 기대할 수 있겠어요? 어머니도 저에게 최선을 다하려고 하셨죠. 어머니를 행복하게 해 드릴 수 없었던 걸 보면 저한테 문제가 있는 게 틀림없어요. 저는 정말 너무 바보예요……. 예나 지금이나 저는 어린애예요." 치료자는 다시금 이자관계에서 자기 및 대상 표상에서의 역전과 반전이라는 방략 2를 따를 것이 요구된다.

마침내 치료 3년째에 A씨는 내적 세계에서 통합의 증거를 보였다. 실제로 그녀의 말은 편집분열 포지션에서 우울 포지션으로의 이동이라는 Melanie Klein의 개념을 비전문가가 표현한 것 같았다. "사람들이 완벽하지 않다는 걸 이제 알겠어요. 아마 저는 기준이 높았나 봐요. 그러나 나이가 들수록 완벽한 사람

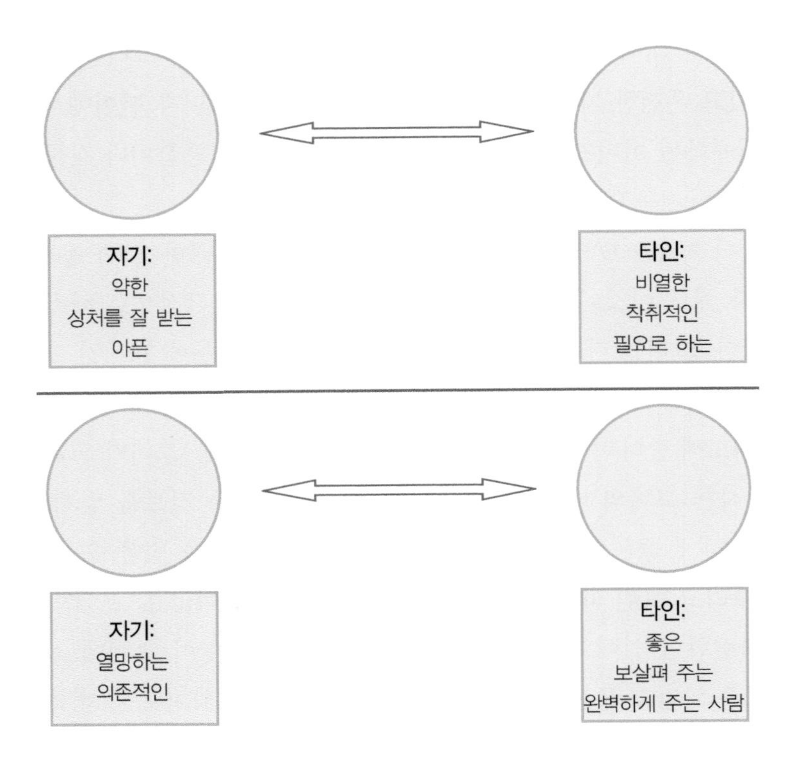

[그림 2-5] 치료 몇 달 뒤에 나타나는 A씨의 상반되는 이자관계. 각각은 서로를 방어한다

은 없다는 걸 깨달았어요. 저는 황홀한 동화 같은 사랑을 원했어요. 저는 항상 그런 것이 일어날 수 있다고 믿었죠……. 몇 번 그러기도 했어요. 그러나 그런 식으로 영원히 지속될 수는 없었죠. 그러면 제 마음이 찢어졌어요. 저는 가장 낭만적인 사람이에요……. 제가 좋아하면 500%이죠. 선생님은 치료하면서 제게 많은 것을 해 주셨어요. 이제 남편하고 잘 지낼 수 있는 것 말이에요. 우리는 서로 사랑해요. 그러나 선생님은 제게 무언가를 가져가 버리기도 했어요. 바로 완벽한 사랑에 대한 제 믿음을요." 이 인용문은 높은 수준의 깨달음을 전하지만 또한 이상적 대상을 잃어버리는 데 수반하는 슬픔도 전달한다.

행동이 단호하고 경쟁적인 추구에 근거한 것이 아니라 의존적 소망에 근거하기 때문이다. 이러한 소망으로 인해 내담자의 공격적인 자기주장은 무의식적으로 타협에 실패하게 된다. 타협 실패는 첫째로 도움을 직접적으로 요청하지 못하고 간접적이며 어색하게 요청하는 것이며, 둘째로 의존 욕구와 공격적 행동 둘 다에 대해 마땅히 받아야 한다고 무의식적으로 느끼는 처벌을 반복적으로 받게 한다. 치료자가 중립성을 유지하지 않았더라면, 이들 힘 간의 복합성을 이해하지 못하였을 것이다.

요약하면, 기법적 중립성은 치료자가 갈등의 한 면에 동조함으로 조망을 잃지 않고 객관성을 가진 입장에서 내담자의 무의식적 갈등, 특히 전이를 분석할 수 있게 한다. 고전적인 예는, 치료자가 "○○씨가 아내를 속이고 바람피운 것에 대해 많은 죄책감을 표현하고 있지만 ○○씨가 그럴 필요가 없다고 생각한다."라고 말하기보다는 오히려 죄책감과 욕구와 그것의 의미를 탐색하는 편이 더 낫다는 것이다.

기법적 중립성을 유지하는 것은 **단조롭고 덤덤한 방식으로 소통하는 것을 의미하지는 않는다.** 정확히는 경계선 내담자의 관찰하는 자아는 매우 약하기 때문에, 치료자는 때때로 매우 확고하게 말해야 하며 따뜻하게 관심을 가지고 자신의 견해를 진술해야 하는 의무가 부여된다. 치료자는 내담자의 건강하고 관찰하는 부분과 동맹을 맺으며, 때로 내담자의 건강한 부분이 파괴적인 부분에 의하여 압도되고 있을 때는 특별히 단호하게 말해야만 한다. (단호하게 말하는 것 그 자체가 중립성으로부터 벗어나는 것은 아니지만) 때때로 치료자가 기법적 중립성으로부터 벗어나도록 강요당할 수 있을 것이다.

1) 기법적 중립성으로부터 이탈

좀 더 건강한 내담자의 심리역동치료에서는 기법적 중립성이 상당히 일관적으로 유지될 수 있기는 하지만, 경계선 내담자가 그들 자신, 다른 사람 혹은 치료를 위험에 빠뜨릴 수 있는 방식으로 행동화하는 특징적 경향으로 인해 치료자가 때로는 방략적으로 중립성으로부터 이탈하는 것이 불가피하다. 그러므로 기법적 중립성은 이런 이탈이 일어날 수 있는 바람직한 기저선이다. 이런 이탈이 발생할 때, 중립성은 해석을 통해 항상 회복되어야만 한다.

중립성으로부터 이탈은 일반적으로 내담자, 다른 사람들 혹은 치료를 위협할 수 있는 행동화 방식을 통제해야 할 필요에 의해서 일어난다. 치료 상황에서 일반적인 지지적 측면(내담자를 이해하려는 치료자의 노력, 회기의 빈도와 규칙성 혹은 따뜻함과 이해)은 이런 내담자에게 항상 충분하게 버틸 수 있는 환경을 구성하는 것은 아니며, 사실상 경계선 내담자에게는 이런 지지적 측면이 침입적이며, 위험하고, 또 압도하는 것으로 경험될 수 있다. 그러므로 치료자는 이런 행동화를 통제하기 위하여 기법적 중립성으로부터 이탈할 수 밖에 없으며 구조화된 변형기법을 도입할 수 있다. "내 생각에는 ○○씨가 학교로 돌아가서 학업을 마쳐야만 할 것 같아요. 겉으로는 반항적인 것으로 보이는 것이, 실제로는 이런 반항에 대한 자기 파괴적 처벌이에요. ○○씨는 이런 유혹에 굴복해서는 안 돼요. 중퇴하는 것은 또한 ○○씨의 경제적 지원을 위협할 것인데, 이런 경제적 지원은 ○○씨가 지금 당장 살아가고 또 치료를 계속하는 데 필요해요."

이런 변형기법(특정한, 초점이 맞추어진, 일시적인 약정)이 효과적인 동안, 변형기법으로 통제된 무의식적 갈등에 대한 해석은 변형기법 자체에 초점을 둘 필요가 있으며 내담자가 치료자로 하여금 이와 같이 행동하게 만드는 의미에 국한된다. 치료자는 치료자가 취한 행동에 대해 내담자가 귀인하는 의미를 탐색하고 해석하며, 또한 이 상호작용에 대해서 이해한 것을 설명한다. 이 단계는 변형기법을 감소시킬 수 있는 과정을 시작하며 하나의 새로운 조망에서 찾아낸 원래 갈등에 대한 해석을 시작한다.

2) 기법적 중립성으로 복귀

기법적 중립성이 전이의 해석을 촉진하기 때문에, 치료자는 가능한 한 언제나 중립성의 입장을 회복하려고 노력하는 것이 매우 중요하다. '기법적 중립성으로부터 이탈'에서 제시된 예에서, 내담자가 학교로 돌아가려는 의향을 나타내자마자, 치료자는 드러내 놓고 자신이 갈등의 한 측면의 편을 들었다는 것을 인정하고 내담자에게 이렇게 편들었던 이유와 방식에 대해 설명하는 것이 필요하다. 이런 방식으로, 치료자는 좀 더 중립적인 입장으로 물러날 수 있다. "지난달에 내가 ○○씨에게 학교로 돌아가서 학업을 마치라고 조언했는데, 그 이유는 그때 ○○씨가 자기 자신에 대한 염려를 내게 맡긴 것 같았어요. 동시에 내가 ○○씨를 시궁창에 빠지도록 내버려두는지 시험하는 것 같았기 때문이에요. 이제 ○○씨가 학교로 돌아가려 하는데, 학교로 돌아가는 것에 대한 긍정적이고 부정적인 모든 감정을 이야기하는 게 중요하다고 생각해요. 그리고 ○○씨가 학교로 돌아가도록 권하는 입장을 내가 취했던 것이 ○○씨에게 무엇을 의미하는지 이야기해 보아야 한다고 생각해요."

기법적 중립성으로부터 이탈할 때, 치료자는 자신이 내담자에게 금지적이며 판단적이고 통제하며 가학적으로 보일 수 있고, 그리하여 내담자의 자기 표상 및 대상 표상의 투사 혹은 재내사의 악순환을 시작하게 하는 위험에 직면한다. 치료자는 이런 위험에 대응하기 위해 전이를 해석할 수 있고, 필요로 하는 구조화된 변형기법을 도입할 수 있으며 마지막으로 변형기법의 사용을 포기하지 않고 전이를 다시 해석할 수 있다. "나는 ○○씨에게, 사교 모임에서 사람들의 주목을 받고 있는 미묘한 입장에 있으면서, 사람을 선택하는 것의 위험에 대해 강조해야만 했어요. 내가 ○○씨에게 이것에 대해 경고해야 할 필요가 있었어요. 왜냐하면 ○○씨는 그 당시에 자기 자신에 대해 충분히 관심을 갖지 않았어요. ○○씨는 내가 ○○씨와 ○○씨의 치료에 대해 관심을 갖는 것이 진심인지 시험할 필요가 있었어요."

치료자가 내담자의 자료와 관련하여 자신의 정서적 반응과 환상 형성을 탐색하기 위해 내적 자유를 적정 수준으로 유지하려면, 치료자는 개입하는 데 특별히 주의를 기울여야만 하는데, 단지 내담자의 행동이 치료를 위협할 때에만 기법적 중립성으로부터 이탈하는 변형기법을 사용하도록 한다. 그렇지 않으면, 절제라는 일관적인 태도를 유지하는 것이 특별히 중요하다. 이는 전이 내에서 원시적인 의존적, 공격적 및 성적 욕구의 즉각적인 만족에 대한 내담자의 요구를 들어주지 않는다는 것을 의미한다. 그리고 이런 요구를 충분히 그리고 일관적으로 해석하는 것이 특별히 중요하다. 치료자의 인간적임, 따뜻함 및 관심은 전이에서 내담자의 어려움에 지속적인 관심으로 작업하면서, 그리고 내담자의 원시적 욕구부터 생긴 요구를 알아듣지만 그 요구에 따르지 않는 치료자의 능력을 통해서 자연스럽게 전해질 것이다.

만족을 주며 보호해 주는 속성으로 인해, 치료적 관계가 일상적인 생활을 대신하도록 허용해서는 안 된다는 것이 중요하다. 이는 내담자가 회기 중에서 그리고 회기 밖에서 전이를 행동화함(예, 의존성)으로써 원시적 욕구를 만족시키지 않게 하기 위해서다. 내담자는 일반적으로 변화하는 것을 명백한 목표로 하면서 치료를 시작하지만, 이들은 종종 반대 목표에 따라 행동한다. 즉 이들은 치료를 이용해서 치료 외부의 그들의 삶에서는 만족시킬 수 없는 욕구를 만족시키려고 한다. 이렇게 치료 목표로부터 벗어나는 것을 내담자에게 지적해야만 한다. "○○씨는 직업을 잃었고 살아갈 곳도 없다고 말하면서 회기를 시작했지만, 여기에서 지금 마치 ○○씨의 모든 불행이 지나간 것처럼 만족스런 모습으로 앉아 있어요. ○○씨는 치료의 주요 목표인 자율성을 증진하기를 그만 두고, ○○씨의 삶의 다른 장면에서는 자제해 왔던 그런 의존성을 나와의 관계에서 찾으려는 것 같아요."

치료자는 이러한 치료의 이차적 목표에 대해 경계하고, 이것을 기꺼이 해석해야만 한다. 또 외부적 제한이 필요하다면, 직접적으로 내담자의 외부 생활에 개입하여서 기법적 중립성을 잃는 것보다는 보조적인 사회적 지지체계(사례 담당자, 간호사, 직업 상담사 등)를 이용하도록 해야만 한다. 그런 다음에 치료자는 상황을 주시해야만 하며, 내담자가 자신의 의존 욕구를 만족시키기 위해 그 체계의 보조적 부분을 사용할 위험성에 대해 경계해야만 한다.

자기 파괴적 행동의 위험을 다루는 데 있어 중립성의 예를 아래에 제시한다.

사람으로 기술하였으며, 치료자가 내담자의 일상적인 고통을 변화시키려는 어떠한 것도 하지 않으므로 그녀의 어머니처럼 행동하고 있다고 넌지시 불평하였다. 치료자를 향한 내담자의 행동이 내담자 어머니가 그녀에게 행동했었던 것과 유사하다는 점을 치료자의 일관적이고, 강한 역전이를 탐색하면서 깨닫게 되었고, 또 이를 인식함으로 치료자는 주된 전이 상황에 대해 분석할 수 있었다. 이런 방식으로 치료자는 끝없는 불평의 연속을 가학적이고 오만하며 냉담한 어머니와 무기력하고 마비된 희생자 간의 관계에 대한 활발한 탐색으로 변형시켰는데, 내담자는 전이에서 두 가지 역할 모두를 번갈아 가면서 상연하였다.

1) 역전이에 대한 추가적 설명

내담자의 관찰하는 자아와 동맹하고자 노력할 때 치료자가 내담자에게서 뭔가 좋아할 만하고 진정한 인간적 면모를 발견하는 것이 중요하다. 이것은 자아 성장의 잠재적 영역으로 치료자가 내담자와 진정한 소통을 하는데 처음에는 미미하지만 근본적인 토대를 만들 것이다. 다른 말로 하면 기법적 중립성이라는 것은 항상 치료자가 희망과 기대를 스스로 지니고 있다는 것을 의미한다. 이것이 치료에서 그에 상응하여 내담자 안에 인간적인 핵심 대상관계가 발달할 수 있게 하고 그리고 이 핵심 대상관계는 성숙한 의존성을 가능하게 하고 그리하여 치료적 관계를 수용할 수 있게 한다.

치료자의 개입은 치료자라는 역할과 관계를 추구하는 내담자의 인성 측면 사이의 암묵적 동맹에서 시작한다. 이것은 전적으로 가학적이거나 이상화된 특징을 띤 자기와 대상에 대한 분열된 원시적 부분 표상들을 반영하는 내담자의 내적 삶의 측면에 대한 치료자의 확고한 해석과는 대조적이다.

처음에, 치료자는 악몽 같은 세계 안에 갇혀 있는 내담자의 어느 정도 정상적인 자기 표상의 존재를 가정해야만 할 것이다. 이렇게 가정하면 해석이 그러한 내담자에게 공격이 되지 않고도 내담자가 이런 세계에 갇혀있음을 체계적으로 직면시킬 수 있을 것이다. 이것은 내담자가 자신의 원시적 초자아 전조를 치료자에게 투사하며, 그 결과 치료자의 어떤 비판적인 언급도 저항해야만 하는 사나운 공격으로 지각함에도 불구하고 치료자는 다음 둘 다를 유지해야만 한다. 즉, 1) 도덕주의적으로 되지 않으면서 도덕적 자세를 유지하고, 2) 투사된 가학적 이미지와 동일시하려는 유혹에 넘어가지 않으면서, 혹은 내담자의 내적 세계에 뿌리를 둔 심한 공격성에 대한 부인을 강화하는 방어적인 소통 양식을 취하려는 유혹에 넘어가지 않으면서, 비판적이며 분석적 태도를 유지하는 것이다.

내담자의 도발적인 행동은 치료자가 기법적 중립성과 진정한 인간적 관심을 보이는 입장으로부터 내담자에게 가학적인 박해자가 되거나 내담자가 공격성을 부인하는 것에 굴복하는 희생자가 되거나, 내담자에게 전적으로 무관심해져서 정서적으로 철회하도록 몰아간다. 역설적으로 치료에서 치료자가 허위로 관여하는 것, 즉 외견상 우호적이지만 역전이에서 공격성을 부인하거나 기본적으로 내담자에게 무관심한 것은 내담자 행동에서 공격적 의미를 방어하는 부인과 분열 과정을 해결할 가능성은 없으면서 외견상 치료적 관계를 돋울 수 있다.

치료에서 치료자는 강한 정서적 힘에 노출되기 때문에, 진실하게 관여를 하기 위한 보호 장치로 치료자가 안전하게 느끼는 것이 필요하다. 치료자가 위협을 받는다고 느낄 때마다, 첫 단계는 치료자가 자신의 신체적, 정서적, 법적 안전을 확신할 수 있어야만 한다. 안전은 다른 어떤 고려사항보다 우선해야만 하는데, 왜냐하면 이것은 심리치료 노력에서 진정한 관여를 위한 전제조건이며 치료의 지속에 대한 기본적인 보장이기 때문이다. 적절한 치료적 관여는 무엇이 가능한지에 대한 현실적인 감각을 항상 유지하는 것을 필요로 한다. 반대로 불가능한 경우에 돕고 구원하려는 구세주와 같은 태도를 채택하는 것, 즉 내담자의 도발적인 행동에도 불구하고 이런 내담자에게 '교정적 정서 경험' 이라는 전적인 헌신을 제공하는 데 열중하는 것은, 치료자가 역전이의 부정적 측면들을 부인하게 될 위험을 만들어 내고, 경솔하게 치료를 끝내게 할 수 있는 부정적 역전이가 점차 무의식적으로 축적되게 하고 (결국에는 의식되

- "○○씨는 존이라는 사람에 대해서 얘기했는데 누군지 모르겠어요" (치료자는 이처럼 단순한 명료화조차도 망설일 수 있다. 왜냐하면 내담자가 이미 존에 대해 얘기한 것을 치료자가 잊어버렸을까 봐 두려워하기 때문일 수 있다. 치료자가 잊어버릴 수 있는 보통 사람일까 봐 두려워하는 것 자체가 이미 완벽한 대상에 대한 내담자의 무조건적인 요구와 치료자가 완벽하지 않은 것은 치료를 잘못하는 것이라는 내담자의 확신에 상응하는 것이다.)
- "○○씨가 '십대 평균'이라고 했는데 무슨 말인지 좀 자세히 설명해 보실래요?"
- " '사교적 음주자(social drinker)' 라니 무슨 말이에요?"
- "○○씨가 얘기하는 클럽이 뭐하는 데에요?"
- "어머니가 '성녀'였다고 했는데 무슨 뜻이죠?"

2) 직면

명료화와 마찬가지로 직면은 해석의 전 단계의 하나이다. 명료화와 더불어 직면도 치료의 초기 단계에서 해석보다 더 자주 활용된다(위기 시에는 예외로 치료의 중단을 막기 위해서 치료자가 상황에 따라 더 빨리 더 깊은 해석으로 들어가야만 할 수도 있다). 직면의 목표는 내담자가 한 말이 서로 모순된다는 것을 자각하게 하는 것이다. 해석 과정의 두 번째 단계로서 직면은 내담자가 따로따로 경험하는 의식적, 전의식적 혹은 무의식적 자료를 결합시키는 것이다(무의식적 자료의 경우에는 경험하는 것이 아니라 행동화한다). 왜냐하면 이 자료의 다른 요소들이 각각 서로 분열되어 있기 때문이다. 직면은 내담자가 지금까지 자각하지 못했던 정보 혹은 완전히 자연스럽다고 생각했으나 그의 다른 생각과 태도 혹은 행동과 모순되는 정보에 대해서 주의를 환기시키는 것이다.

직면은 많은 사례에서 여러 가지 소통 경로를 통해 전달되는 정보에서 발견되는 불일치를 가리키는 것이다. 상용 영어에서 *confrontation*, 직면은 적대적 대결이라는 뉘앙스가 있지만 치료적 기법으로서 직면은 정중하고 감각있게 활용해야 한다. 그럼에도 불구하고, 심지어 감각있는 직면이라도 때로 내담자에게는 적대적으로 경험될 수 있는데 왜냐하면 이런 개입은 갈등하는 이미지와 정동을 분열시키는 내담자의 방어 체계를 문제 삼기 때문이다. 명료화가 순전히 명확히 밝히는 것인 반면, 직면은 어떤 관찰된 사실이 역동적으로 또 치료적으로 특별히 의미가 있으리라는 치료자의 결정을 함축한다. 직면은 전이, 외부 현실 및 내담자의 과거 혹은 현재의 방어를 포함하는 자료와의 관련성 속에서 가능하다.

직면의 두 가지 예는 다음과 같다.

- ○○씨는 고통을 덜기 위해 자신의 몸을 그어야 할 만큼 어려웠다고 얘기하면서 분명 웃었어요. 어떻게 그럴 수 있나요?
- 이 시간 시작하면서 ○○씨는 내가 ○○씨의 치료자가 되어주어 고맙다고 했는데, 지금은 내가 ○○씨에게 쓸모없고 여기 오는 것은 시간 낭비라고 말하고 있어요. 이 둘을 어떻게 연결할 수 있나요?

3) 해석

해석은 명료화와 직면에서 얻어진 정보를 활용하고 통합하는 것이다. 해석은 내담자의 동기와 행동에 영향을 미치는 것으로 간주되는 가정적인 무의식적 자료와 의식적 자료를 연결한다. 치료자는 그가 내담자의 말과 행동에서 관찰하고 있는 것을 설명할 수 있는 내담자의 무의식적 혹은 해리된 심리내적 갈등에 대한 가설을 수립한다. 해석의 목표는 자료에서 드러나는, 특히 경계선 내담자의 경우에는 분열된 심리내적 부분 간의 갈등에 뿌리를 둔 행동에서 드러나는 갈등을 해소하는 것이다. 이 과정은 기저의 무의식적 동기와 방어를 내담자가 이해하면 이전에는 분명히 모순된 사고와 부적응적인 행동이 이해 가능한 것이 될 것으로 가정한다. 치료자는 지금여기에서의 전이, 내담자의 현재나 과거의 외부 현실 혹은 내담자의 특징적인 방어기제에 대하여 해석할 수 있다. 해석에서 치료자는 이런 요소와 가정된 무의식적 과거를 연결시킨다(이러한 발생기원적 해석은 대체로 치료의 후기 단계에서야 사용된다).

효과적인 해석을 하는 것은 치료의 성공에 중심이 되며, 유능한 치료자는 이런 기법을 숙련해야만 한다. 전이초점 심리치료에서 치료자의 능력은 다음의 요소를 포함한다. 1) 해석의 명확성, 2) 해석적 개입의 속도 혹은 템포, 3) 해석의 적합성(pertinence), 4) 해석의 적절한 깊이.

해석을 준비하는 데 있어서 치료자는 내담자의 의식적인 소통을 고려하고, 내담자의 내적인 세계에서 감당하기 어려운 모든 것과 감당하기 어려운 것으로부터 보호하기 위한 방어기제를 고려해야 한다. 치료자는 다른 소통 경로, 즉 내담자의 비언어적 행동과 치료자의 역전이에 주의를 기울임으로써 내담자가 감당하기 어려운 것이 무엇인지 깨닫게 된다. 이 과정에서 치료자는 자신의 역전이를 분석함으로써 내담자의 무의식적 자료에 접근하게 된다. 충분한 자료가 종합되고 치료자가 충분히 확신을 느낄 때 정확하고 자세한 해석은 가능해진다. 해석이 항상 가설적인 특징을 가지지만 치료자는 해석을 할 때 확신을 가져야 한다. 왜냐하면 해석이 자료에 대한 신중한 분석에 근거하였기 때문이며, 또한 해석이 자주 내담자의 원시적 방어에 근거한 저항에 맞닥뜨릴 것이기 때문이다.

해석을 시작할 때 치료자가 내담자의 내적 분열과 문제인식에 저항하는 마음을 공감한다는 것을 표현하는 것이 도움이 될 수 있다. 예를 들면 다음과 같이 시작할 수도 있을 것이다. "내가 지금 얘기하려고 하는 걸 ○○씨는 비판으로 알아들을 수도 있을 거예요." 하나의 해석이 내담자의 분열된 내적 세계(예, 공격성)를 다루고 내담자가 그 사실을 의식하게 되면 아마도 그는 거부하기 쉬울 것이다.

(1) 숙련된 해석의 특징

해석이 적절한지는 경제적, 역동적 및 구조적 준거에 따라 정의된다(4장 참조). 치료자의 능숙함, 해석을 수립하고 소통하는 능력의 수준은 앞에서 언급했던 명확성, 속도, 적합성, 깊이라는 네 가지 부가적 준거에 따른다.

해석의 명확성 해석의 명확성은 치료자가 정확하고 직접적인 소통을 하는 것을 말한다. 해석이 비록 내담자의 심리내적 기능과 이와 관련된 외부 행동 및 관계에 관한 가설이지만, 해석은 직접적이고 분명하게 진술하는 것이 가장 좋다. 치료자는 해석에 항상 확신을 가질 수는 없다. 그것은 음성과 얼굴 표정으로 나타날 수 있다. 머뭇거리면서 하는 해석은 보통 특별한 역전이 감정의 상연이다. 해석이 들어맞지 않을 때 그것은 치료 과정에서 분명해질 것이다. 주저하고 조심스러운 해석은 보통 치료 과정을 더디게 한다.

■ 명확성이 부족한 예

치료의 어떤 시점에서 내담자는 점점 더 우울해지는 느낌과 자살하고 싶은 생각이 다시 나기 시작했다고 하였다. 치료자는 내담자에게 약물 치료를 할 수 있는 정신과 의사를 추천했다. 의사를 방문한 후 회기에서 내담자는 그 의사를 바보라고 하면서 의사의 권고를 평가절하 하였다.

치료자는 다음과 같이 말했다. "내 생각에는 ○○씨가 S박사에 대해 말하는 것은 나와 관계가 있어요. ○○씨도 알다시피, 그와 나는 한 팀이에요. ○○씨가 그에게 부정적인 감정을 표현하는 것은 내게도 부정적 느낌을 가지고 있는 것 같아요. 이것은 ○○씨의 우울한 기분과 자살 사고와도 관계가 있을 수 있어요. 때로 사람들은 자기를 도울 수 있는 사람을 시기해요. 아마도 그것이 ○○씨가 분노하는 이유가 될 수 있어요. 왜냐하면 ○○씨의 한 부분은 정말로 도움을 원하기 때문이에요."

■ 명확성을 갖춘 동일한 해석

"○○씨는 자신을 도우려는 S박사의 노력에 대해 경멸하고 있어요. 게다가 ○○씨의 자살 사고가 다시 시작된 것은 ○○씨가 좋아지도록 돕는 나의 노력에 대한 경멸의 표현일 수 있어요. ○○씨가 우울한 것은 ○○씨 안에 바로 지금 진행되고 있는 갈등에 대한 현실적인 반응일 수 있어요. 이 갈등은 한편으로는 필사적으로 도움을 원하고 또 다른 한편으로는 의심하고 시기하며 화내고 도움을 제공할 수 있는 사람을 공격해요. 실로 이것은 대단한 딜레마예요."

해석의 속도 해석의 속도는 내담자의 말과 치료자의 해석의 템포와 관련된다. 해석 과정이 내담자에게 최대한 영향을 미치려면, 해석은 시기적절하게 전달되어야만 한다. 적절한 속도가 필요한 주요 이유는 경계선 내담자의 언어적 소통의 파편화된 특성 때문이다. 이러한 파편화는 외상적 경험에 대한 방어적 회피[Andre Green(2000)의 중심적 공포 포지션(central phobic position)] 또는 연결하기(linking)를 공격하는 것(Bion, 1967b)을 반영할 수 있다. 우리의 연구에 의하면 어떤 치료자들은 해석하기까지 너무 오래 기다리는 것으로 나타났다. 기다리는 것에 대한 치료자의 일반적인 설명은 해석의 정확성을 보증하기 위해서 더 많은 자료를 모을 필요가 있다는 것이다. 그러나 우리가 보기에 많은 치료자들이 해석을 반복적으로 미루고, 때로는 수 주 동안 미루는데 이는 내담자의 반응에 대한 불안 때문이다. 이런 경향성을 반영하는 것은 많은 치료자들이 치료자가 내담자의 삶에서 중요한 대상이며 치료가 진행되려면 회기에서 내담자의 가장 강한 정서가 드러날 필요가 있다는 사실을 일반적으로 받아들이기를 꺼려한다는 것이다.

해석을 지연할 때 일어날 수 있는 이러한 위험을 유념하면서, 다음의 경우에만 해석할 수 있다. 1) 내담자가 보고한 것, 그리고 치료자와 내담자 간의 상호관계에서 치료자가 관찰할 수 있었던 것을 근거로 하나의 명백한 가설을 세울 수 있을 때, 2) 내담자가 그 해석에 동의할 때 그의 자기 인식의 수준을 확대하게 되고 혹은 해석이 맞지 않았을 때는 치료자 편에서 더 잘 이해하는 데 기여할 것이라고 어느 정도 확신이 있을 때, 그리고 3) 치료자의 도움 없이는 내담자 스스로 이 가설에 도달할 수 없을 거라고 판단될 때. 이런 세 가지 조건에 맞지 않는 한(아래에서 논의되는 바와 같이 초기에 심층해석이 요구되지 않는 한), 치료자는 침묵을 유지하거나 명료화와 직면 기법을 사용해야 한다.

세 가지 조건 중 하나에 해당되면 해석은 가능한 한 빨리 행해져야 하는데 해석이 치료적 가치를 넘어서 아래와 같은 관점에서 내담자의 반응을 평가할 수 있는 가능성을 제공하기 때문이다. 1) 내담자가 들을 준비가 되어 있는가. 2) 그렇다면 내담자가 해석을 듣고 거기에 대해서 뭔가 표현하거나 아니면 계속 연상을 펼치는 등 뭔가 할 수 있는가. 3) 내담자가 치료자와의 관계 맥락에서 해석을 어떻게 경험하는가(예를 들어, 이해의 풍부한 확장으로, 치료자의 마술적 힘에 대한 증거로, 자기애적 상처로, 선물로, 보잘 것 없는 것으로 등등). 이 마지막 고려사항, 즉 내담자가 해석을 어떻게 경험하는지는 내담자의 전이와 관련하여 무엇이 진행되고 있는지에 대한 정보를 제공한다.

해석의 적합성 해석의 적합성은 현재 활용할 수 있는 자료에서 가장 지배적인 정동에 적절한 초점을 두는 것을 말한다(해석의 경제적 원칙).

■ 예: 부적합한 해석

한 내담자는 회기 시작에 화를 내면서 꿈 얘기를 한다. 치료자는 꿈의 내용에 초점을 맞추고 내담자의 화난 정동과 관련시키지 않고 꿈에 대한 해석을 한다. 적절한 해석은 내담자의 정동을 다루는 것이며 꿈의 내용을 꼭 다루어야만 하는 것은 아니다.

■ 예: 부분적으로 적합한 해석

철수되고 억제된 경계선 내담자와 몇 달간 작업하고 있는 치료자는 그에 대한 내담자의 무관심한 정동에 대해 언급했다. "○○씨는 나에 대해서 아무 감정도 없는 것 같이 보여요. 나에 대해서 실제로 무엇을 느낄까 봐 두려운 것은 아닌가 생각이 드는데요."

■ 예: 적합한 해석

"○○씨는 나에 대해서 마치 아무 감정도 없는 것처럼 보여요. 이런 무관심은 ○○씨가 나에 대해 가지고 있는 깊은 관심과 또 내가 ○○씨를 돌보아주리라는 깊은

자는 모순적인 내재화된 대상 표상을 점차 자각하게 된다. 전체적이고 삼차원적으로 내재화된 자기 표상 및 대상 표상이 형성될 때, 내담자는 좀 더 진전된 치료 단계로 들어간다.

수준 2: 현재 활성화된 대상관계를 해석하기 해석의 이 수준은 치료 방략I에 기반을 둔다. 이 단계에서 치료자는 그냥 보기에는 분명하지 않은 자기 표상과 대상 표상을 정확하게 기술한다. 이 단계는 무엇보다도 다음과 같은 상황에서 유용하다. 1) 전이에서 상연되고 있는 역할이 위장된 것 같은 경우(밖으로 드러난 역할 상연이 기저에 있는 것을 덮을 때), 혹은 2) 내담자는 자신의 내적인 상상의 세계가 외적 세계를 체험하는 데 어떻게 영향을 미치는지를 자각하기가 어려운 경우. 말하자면 티끌만큼의 진실을 내세워 자신의 지각이 객관적인 현실이라고 고집을 부린다. 이 수준에서의 해석은 내담자가 왜 이런 역할분배로 상호작용을 경험하는지를 제시한다.

수준 2에서 해석을 준비하는 한 예

치료자: 대부분의 사람들에게 지금 ○○씨는 속수무책인 어린아이같이 보일 거예요. 사실 나도 그런 인상을 받았어요. 그러나 ○○씨는 밖으로는 잘 드러나지 않지만 줄곧 아주 강해요. 스스로 마치 가망이 없는 것처럼 하고, ○○씨의 상황을 더 잘 이해해 보려고 하는 나의 모든 노력을 거절하며, 아예 내가 말하는 것을 듣지 않는 것 같아요. 이 모든 것이 단순히 ○○씨가 무기력하다는 것을 나타내주는 것이라고도 할 수 있겠죠. 그러나 내 경험으로 보아 보통 무기력한 사람은 도와주려는 사람에게 어느 정도 개방적이에요. 무기력한 상황을 유지하려는 ○○씨의 고집은 내가 얘기하는 모든 것을 줄곧 거절하는 것과 연결해서 하나의 재미있는 상황을 만들고 있어요. 그 상황에서 ○○씨는 강한 사람이고 제가 약하고 비효과적으로 일하고 결국 무기력하죠. 이러한 상황을 좀 살펴보는 것이 의미가 있을 거예요.

다음 대화는 또 다른 예다.

치료자: 내 비서에게 들었는데 비서가 그 때 바빠서 좀 나중에 다시 한 번 전화해 달라고 부탁한 것은 맞아요. 그런데 내가 그 비서를 해고하지 않으면 치료를 중단하겠다고 하는데 그런 반응에 대해서는 좀 생각해 봐야겠죠?

내담자: 못 믿는 사람한테 어떻게 치료를 계속해요? 나는 선생님의 비서가 무책임하다고 말씀드렸어요. 그런데도 아무 조처를 안 한다면 선생님도 마찬가지로 똑같이 무책임하게 되는 거죠.

치료자: 내 비서가 무책임한지 아닌지 그것도 하나의 문제죠. 그렇지만 이 일 때문에 ○○씨가 무슨 일을 벌이는지 살펴보는 것은 아주 중요해요. ○○씨가 전에 비난했듯이 이번에도 내가 무책임하고 무심한 인간이라는 것이 증명됐다는 거죠. 나는 ○○씨가 죽든 살든 상관안하는 괴물이란 말이죠. 우리 둘 다 내 비서가 무슨 말을 했는지는 알고 있어요. 그런데 ○○씨는 이것을 아무래도 이유가 다른 데 있는, 나에 대한 ○○씨의 생각을 방어하기 위해서 끌어오는 거죠. 이제 우리는 그것을 이해하기 위해서 함께 작업해야 되겠죠.

그리고 수준 2에서 해석은 다음 예와 같다. "흥미로운 것은 ○○씨가 나를 괴물로 취급할 때 ○○씨는 좀 이완이 되는 것 같아요. 오히려 전번 시간에 ○○씨가 시간을 바꿔달라고 했을 때 ○○씨가 원하는 대로 해드렸을 때는 불편해 보였어요. 우리가 아직 이해하지 못한 어떤 이유 때문에 ○○씨는 친절해 보이는 누군가를 대할 때보다 ○○씨가 매 순간 불신하는 확실한 괴물을 상대하고 있을 때 더 편안하게 느끼는 것 같아요. ○○씨는 나를 괴물로 보는 그런 상황을 익숙하게 느끼는 것 같아요. ○○씨는 행복하지는 않겠지만 불안하지도 않겠죠. 내가 ○○씨를 돕기보다는 이용하거나 착취하고 있다는 ○○씨의 깊은 확신이 이것을 설명할 수 있을 거예요. 내가 친절한 것으로 생각되면 ○○씨의 기대에 맞지 않고, 또 이것을 마치 앞으로 오게 될 홀대에 대한 예고로 경험할 수 있을 것 같아요. 혹은 내가 ○○씨에게 친절하면 ○○씨는 그동안 나에게 화를 내고 나에게 잘못한 것 때문에 양심의 가책을 느끼겠죠."

수준 3: 방어하고 있는 대상관계를 해석하기 이 수준의 해석은 가장 포괄적인 수준이다. 치료자는 내담자가 방어하고 있는 (표면 수준에서는 직접적으로 보이지 않을 수 있는) 관계가 어떤 유형인지 이해하는 데 충분한 정보가 있다고 느꼈을 때, 치료자는 이 수준의 해석을 하게 된다([그림 2-2]와 [그림 2-5] 참조).

예를 들면 치료자는 다음과 같이 말할 수 있다. "○○씨가 어떤 종류이든 좋은 느낌, 얼마나 미묘한지는 상관없이 언제나 나와 좋게 만나고 간 날은 둘 중의 하나가 생기더라고요. ○○씨는 내게 전화메시지로, 더 이상은 치료를 참을 수가 없고... 치료가 소용이 없고, 치료를 끝내고 싶다는 말을 남기거나, 다음 상담시간에 와서 화를 내고 모멸스럽게 나를 쳐다보면서 할 말이 없어요라고 해요. 흥미로운 질문은 ○○씨 안에 무엇이 이런 반응을 유발시키는가 하는 것이죠. ○○씨는 ○○씨가 나를 믿을 수 없고 내가 ○○씨를 도울 수 없다는 사실이 '현실' 이라고 말했어요. 그러나 내가 보기에는 ○○씨가 이렇게 반복해서 부정적으로 반응하는 것은 ○○씨에게 큰 불안을 일으키는 것과 마주친 것을 의미하죠. ○○씨가 그렇게도 동경하고 원하던 것, 누구를 믿고 누구로부터 도움을 받는 것, 이번 경우에는 내가 그 사람이죠. 그렇게 되면 ○○씨는 화를 내지는 않지만 머뭇거리면서 불안해하는 것처럼 보여요. 그리고 양육하고 돌봐주는 부모와의 관계처럼 진정한 관계를 동경하는 것 같아요. 이러한 동경은 ○○씨한테 익숙한 부분, 그러니까 화내고 경멸하는 것으로 되돌아가면 사라지죠. 그러면 한 인간에 대한 실제적이고 진실된 관계를 맺을 가능성은 파괴되지만 안전하다고 느끼게 되는 거죠."

위에서 개관한 해석의 어느 수준에서 작업을 하든, 치료자는 해석하는 데 필요한 자료를 얻기 위하여 세 가지 소통 경로를 항상 살펴보고 있어야 한다. 어떤 수준에서 해석을 하더라도 보통 그 이전에 명료화와 직면이 선행된다. 때로 적시적소에 정확히 이루어진 직면에는 해석이 불필요할 수도 있다. 이는 내담자가 직면을 통해 그 자신을 통찰할 수 있는 경우다. 그렇기 때문에 치료자는 내담자가 도움 없이는 통찰에 이를 수 없다는 것이 명확해지면 그 때서야 해석해야 한다. 우선 내담자가 지금까지 정보를 어떻게 이해하는지 치료자는 내담자에게 물어보아야 한다.

> 치료자: ○○씨는 지난 두 회기에 늦게 왔고 그리고 동시에 사람들이 ○○씨를 홀대한다고 불평했는데 그 사실에 대해서 어떻게 생각하세요?
>
> 내담자: 제가 남에게 불평하는 일을 저도 똑같이 하고 있다는 말씀이지요?

여기서 내담자는 이자관계 내에서 역지사지를 통해 어떤 통찰에 이르는 것을 보여주고 있다.

개입은 내담자가 현재 자각한 것에 더하여 한 단계 더 통합하도록 자극해야만 한다. 직면을 통해 내담자가 그 단계에 이르도록 돕는 것이 충분하지 않다면, 그다음에 치료자는 해석으로 진행해야만 한다.

6. 해석 과정에서의 어려움

경계선 내담자와 작업하는 데 있어서 필요한 해석의 깊이는 자주 어떤 특별한 문제가 된다. 일반적 원칙, 내용 이전에 방어를 해석하는 것(깊이 이전에 표면)은 무엇이 표면이고 무엇이 그 기저에 있는지를 구별하는 문제로 어려워진다. 이 과정의 어려움은 분열의 특성 때문이다. 분열로 인하여, 이자관계 쌍 중 하나가 표면에서 더 가깝고 이자관계에서 상응하는 쌍에 대해 방어할 뿐 아니라, 이자관계 쌍은 번갈아 나타나서 더 심층적인 것이 더 표면에 가까운 것이 되고 처음에 표면에 있었던 것이 방어해야할 것이 될 수 있다.

예를 들어 내담자는 화내고 미워하며 치료자와 상호작용할 수 있는데, 주로 말(경로 1)과 비언어적 행동(경로 2)으로 소통한다. 그런데도 치료자는 다른 비언어적 부분에서 내담자가 가까워지고 싶은 동경을 표현하고 있다는 것을 감지한다. 치료자는 또한 역전이 반응을 감지하는데, 이 역전이는 화내며 공격하는 대상으로부터 벗어나기를 원하는 것(일치적 역전이)과 취약하고 어린아이 같은 사람을 보호하기를 원하는 것(상보적 역전이) 둘 다를 포함한다. 이용할 수 있는 모든 정보를 함께 사용해서, 표면에 가까운 이자관계 쌍, 즉 화난 사람이 자신을 학대했던 사람에 대해 증오를 경험하는 것이 더 깊은 이자관계 쌍의 경험을 방어하고 있는 것이라고 결론지을 수 있다. 이 이자관계에는 양육자에게 사랑과 돌봄을 동경하는 깨지기 쉽고 불안정한 자기 표상이 포함될 것이다. 이것은 해석으로 이어질 수 있을 것이다.

그러나 이 상황은 좀 더 어려워질 수 있는데, 표면에 더 가까운 이자관계와 방어되고 있는 이자관계가 뒤바뀔 수 있기 때문이다. 어떤 내적 혹은 외적 자극에 반응하면서, 내담자는 갑자기 결핍과 양육자에 의해서 돌봄을 받고 싶은 동경을 표현하기 시작할 수 있다. 이 상황에서 비언어적 소통과 치료자의 역전이는 믿을 수 없는 대상과의 관계에서 증오에 찬 자기 자신을 포함하는 현재의 더 심층적인 이자관계와 관련된 정보를 제공한다.

현재의 방어와 더 심층적인 내용이 교대로 나타날 수 있는 것, 즉 표면과 심층이 번갈아 일어날 수 있는 것이 치료자를 혼란스럽게 한다! 이것이 분열의 특성이다. 경계선 내담자와 작업하는 치료자는 내담자의 마음에 고정된 방어-충동 구성(defense-impulse constellation)이 없고, 대신에 자꾸 상황이 교체된다는 것에 익숙해져야만 한다. 여기서 핵심은 모든 부분이 관찰되어야 하는 것인데, 이는 각 분열된 것의 의미가 내담자에게 분명해지기 위해서다. 위의 예에서, 두 가지 반대되는 이자관계들이 교대로 나타나는 것을 관찰한 후에, 치료자는 다음과 같이 해석을 할 수도 있을 것이다. "때로 ○○씨는 나를 파괴해야 하거나 파괴되어야만 하는 원수같이 대해요. 다른 때는 내가 전적으로 돌봐주기만을 바라는 것 같은데요. 짚고 넘어가야 할 두 가지가 있어요. 첫째는 어떻게 이 두 가지가 공존하면서 ○○씨가 앞으로 나아가는 것을 방해하는지예요. ○○씨가 나로부터 돌봄을 받고 싶다고 느끼면 ○○씨 안의 불신하는 측면이 내가 믿을 수 없는 원수라고 말할 거예요. ○○씨 마음에 나를 파괴하고 싶은 마음이 생기면 나로부터 돌봄을 받을 가능성이 없어지게 되는 거죠. ○○씨는 이길 수도 앞으로 나아갈 수도 없어요. 이 양쪽 측면이 ○○씨가 나를 현실적으로 체험하고 내가 ○○씨를 위해서 노력하는 것을 무기력하고 의존적이라는 감정없이 받아들이는 것을 방해하는 거죠."

7. 해석 과정의 부가적 요소

1) 치료 초기에서 전이에 대한 깊은 수준의 해석

원시적 전이 성향은 깊은 수준의 경험으로 빠르게 전환하는 것을 의미하므로, 경계선 내담자와 작업하는 치료자는 현실적인 지금여기에서의 대상관계로부터 전이에서 활성화된 좀 더 비현실적이고 환상에 의한 대상관계로 초점이 바뀌는 것에 대비하여 준비되어 있어야만 한다. 이 대상관계는 적지 않게 아주 극적이고 원시적인 특성을 가진 것이므로 치료자가 이해하는 만큼 이를 분명히 알게 해주어야 한다. 이런 전이에서 대상관계는 자주 극적이고 원시적인 특징을 포함하므로 치료자가 이해한 것을 분명히 설명해야만 한다. 이런 해석이 치료 초기에 행해지는 경우는 내담자의 내적 경험이 내담자, 다른 누군가, 혹은 치료를 위험에 빠뜨리는 방식으로 행동화될 때다.

예를 들어, 치료자가 "우리가 치료하기로 계약하고 함께 작업하기로 한 지 이제 겨우 두 번째 시간인데, ○○씨는 이번 시간의 반을 이 치료를 그만두는 것에 대해서 생각하고 있다는 것 외에는 침묵하고 있어요. 많이 진행하지는 않았지만, 내 주의를 끄는 것은 ○○씨의 표정이에요. ○○씨는 머리를 한쪽으로 젖히고, 거만한 태도로 나를 바라보고 있어요. 그것은 마치 ○○씨가 침묵을 나에 대한 승리로 경험하고, 말하는 것을 나와 작업을 하는 것이라기보다는 내게 복종하는 것으로 여기는 것 같아요. 마치 여기에서 유일한 현실은

가 왜 그렇게 어려운지 이제 알겠어요. 우리의 관계가 그냥 누가 누구를 통제하느냐 투쟁하는 거라면 도대체 우리가 함께 일해서 뭐 좋은 게 나올 수 있을까요?

4) 해석의 영향을 평가하기

경계선 내담자는 무엇보다도 치료 초기에 자주 치료자가 내담자를 지배하고 박해하거나 부끄럽게 하고 싶어한다고 지각한다. 이런 내담자들은 의심이 많고 겉으로는 협업을 하는 것 같지만 치료자의 노력을 내치려고 한다. 이런 이유에서도 내담자가 해석을 어떻게 받아들이는지 평가하는 것은 중요하다. 생산적인 해석은 내담자를 자극하여 내담자로 하여금 스스로 작업을 계속하게 한다. 이런 경우가 아니고 내담자가 피상적으로 혹은 건성으로 수긍했지만 곧 침묵하거나 주제를 바꿔버릴 때, 치료자는 다음과 같이 반응할 수 있을 것이다. "○○씨가 그렇다고 말은 하는데 지금 우리가 방금 얘기한 것에 대해서는 더 이상 얘기하고 싶어하지 않는 것 같아요."

8. 치료자의 적극적 역할

우리가 여기서 기술하는 치료 기법은 정신분석적 이론에 근거한 것이지만 치료자가 능동적으로 활동하기 때문에 정신분석적으로 훈련받은 상당수의 치료자들을 놀라게 한다. 그리하여 아래에서는 치료자의 적극적 역할에 대하여 자세히 살펴보고자 한다.

1) 명료화와 직면에 대한 적극적 태도

내담자가 무슨 말을 하는지 잘 모르겠을 때 그것을 확인하는 것을 주저해서는 안 된다. "지금 한 말이 이해가 잘 안 되는데 예를 하나 들어보실래요?" 이렇게 하여 치료자는 자신이 전지(omnicient)하지 않다는 것을 이해시킨다(이로써 내담자가 이미 자주 나타나는 대상 표상에 직면하도록 한다). 나아가 치료자는 내담자가 자신에 대해서 이야기하고 정보를 제공해야 할 책임이 있다는 것을 재삼 확인하고 더 잘 이해하기 위하여 탐색하는 분위기를 조성하려고 돕는다.

직면에 대한 우리의 이해는 대부분의 정신분석적 심리치료에서 핵심 규칙과 맞닿아 있다. 즉 내담자의 연상이 이끄는 어디로든 따르는 것이다. 이 원칙은 경계선 내담자 치료에 관한 우리의 모델에 적용되지만 다음 전제가 붙는다.

1. 내담자의 연상은 다른 표상과 분열된 자기 혹은 대상 표상의 표현일 수 있다. 이렇게 분열된 부분을 어느 정도까지 발달하게 두는 것은 의미가 있을 수 있다. 그렇지만 분열의 지속을 막기 위하여 다음 단계에서 직면이 이루어져야 한다.
2. 자유연상은 또한 저항으로써 쓰일 수 있다. (4장의 '주요 주제를 선택하고 작업하기' 참조). 이런 경우에는 다음과 같이 직면해 볼 수도 있다. "이틀 전에는 병원에 가야 할지도 몰라서 오늘 못올 거라고 메시지를 남겼는데 오늘은 ○○씨의 여형제에 대해 화가 난 것을 길게 아무런 감정 변화도 없이 얘기하네요. 그게 뭐죠? 아마도 여기서 말하기 어려운 어떤 감정이 있는 것 같아요. 하지만 거기에 대해서 제대로 아는 게 중요한 것 같은데. ○○씨가 여기서 그것에 대해 이야기하지 않고 집에 돌아가면 뭣 때문에 그러는지 이해할 수 있는 기회도 놓친 상태에서 전번처럼 그렇게 느낄 수도 있어요."

2) 해석 과정에서 융통성

경계선 내담자들은 분열기제를 항상 쓰기 때문에 다른 사람들도 자신들처럼 경직되게 모든 것을 흑백으로 지각한다고 여길 수 있다. 이러한 경향은 내담자가 (투사적 동일시가 지배하기 때문에) 자기 상과 치료자 상을 분리할 수 없는 상태에까지 가게 할 수 있다. 그러므로 융통성은 치료자와 내담자를 구별하는 데 도움이 되고 대안적 방식으로 지각하고 사고하는 모델을 제공하는 데 기여한다. 치료자는 한 사람 혹은 한 사건에서 다른 관점이 있을 수 있다는 것을 보여주면서 내담자에게 모호함과 복합성을 관용하는 모델을 제공할 수 있다. 예를 들면, 치료자가 내담자의 행동에 대해서 두 가지 다른 설명을 할 수 있다고 생각할 때 그는 두 가지 가능성을 다 전할 수 있고 어느 것이 더 맞는지 잘 모르겠다는 것도 얘기할 수 있다. "오늘 오기가 힘들었던 이유는 아마도 내가 ○○씨에게 화가 나지 않았나 겁이 나서였지 않았을까요? 그렇지만 다른 한편 전번 시간에 우리가 얘기했던 것에 대해서 그 이상 다루고 싶지 않아서일 수도 있다는 생각이 들어요. 어느 것이 더 맞는지 지금은 모르겠네요. 아마 우리가 함께 찾아낼 수 있지 않을까요?"

즉 이러한 개입은 결국은 치료자의 가정이 맞는지 결정하는 것은 내담자의 책임이라는 사실을 강조하는 것이다. 치료자는 내담자의 반응에 따라 얼마든지 해석을 바꿀 수 있다는 것을 보여준다. "○○씨 말을 들으니까 내 원래 생각이 그렇게 맞지는 않은 것 같은데요. ○○씨가 지금 얘기한 것을 감안하면 아마도 이럴 것 같아요."

3) 특정 기법을 적용할 때 지켜야 할 순서

경계선 치료에서 우선적으로 다루어야 할 특정 주제가 있듯이 거기에 걸맞는 특정한 개입 기법에도 우선되는 순서가 있다. 일반적으로 전이초점 심리치료의 가장 핵심적인 개입 기법은 해석이다. 이는 명료화와 직면에 의해 준비된다. 그렇지만 앞에서 이미 기술했듯이 내담자의 행동이 치료의 진전을 위협할 때 치료자는 더 빨리 깊은 수준의 해석으로 들어가야 한다. 내담자가 행동화하는 것을 억제하기에 이 해석이 부족하거나 시간이 없다면 치료자는 한계를 설정해야만 한다. 그러나 여기서 내담자의 행동화를 다잡는 한도 내에서 최소한의 제한적인 개입을 하는 것이 기본이다.

9. 전이초점 심리치료에서 활용되지 않는 기법

전이초점 심리치료에서는 활용되지 않는 거의 유사한 치료 기법(경계선 내담자에 대한 심리역동적으로 지향된 지지치료와 같은)을 기술함으로써 전이초점 심리치료를 정의하고 한계를 정할 수 있다. 지지치료와는 달리 전이초점 심리치료[1]는 심리구조를 변화시키고자 하므로 내담자 마음의 깊은 수준에 초점을 두고, 직접적으로 안심시키고 용기를 북돋우고 충고를 한다든지 제안을 한다든지 하는 사회교육적인 방법이나(심리교육적인 기법이 어떤 때는 의미가 있고 필요할 때에도) 강점이나 재능을 강조한다든지 가족 혹은 환경 특정적인 개입(Rockland, 1992)을 피한다.

전이초점 심리치료에서 왜 지지적인 기법(인지적 지지, 정동적 지지, 재교육적 방법, 내담자의 환경에 직접 개입)을 포기하는지에 대한 이유는 여러 가지가 있다. 지지적 기법을 사용함으로써 기법적 중립성에서 벗어나는 것과 긍정적 전이를 강화하는 것 외에도 내담자가 치료자에게 지지를 이끌어낸 후 그것을 거부함으로써 치료자를 화나게 하고 적대적으로 되도록 유발하기 때문이다. 그러므로 이 모든 이유로 인해 이러한 상황에서는 전이를 해석하는 것이 훨씬 더 어려워진다.

물론 내담자의 현재 전이 요구에 대한 상보적 역전이 충동과 반응이 치료자 쪽에서 일어나는 것은 피할 수 없다. 그런데도 기법적 중립성을 고수하려는 노력이 그러한 상연을 인식할 수 있도록 하고 그것을 해석하면서 문제를 풀 수 있게 해준다. 이러한 과제는 지지적인 기법으로는 훨씬 더 어렵다.

기법의 명칭(즉, 표현적 혹은 지지적)을 그 기법의 영향 혹은 효과와 구분하는 것이 중요하다. 구체적으로 '탐색적' 혹은 '표현적'[2] 심리역동치료는 '지지

1 [역주] 원문에서 'psychodynamic treatment'는 위의 문장과 혼돈이 되므로 번역서에서는 '전이초점 심리치료'로 한다.

치료자의 태도는 전이 감정이 통제되지 않고 행동화되는 것에 의해, 그리고 때로는 역전이 감정이 행동화되는 유혹에 의해 언제나 위협받을 수 있다. 경계선 내담자는 다른 사람의 반응에서 볼까 봐 두려워하는 것을, 그리고 원치 않는 특성(분노, 공격성 등)이 다른 사람에게 있는 것이지 자신에게 있는 것이 아니라고 안심하기 위해 자신이 확인하고 싶은 것을 무의식적으로 치료자에게 유발하려고 한다. 역설적으로, 내담자가 더 병리적일수록, 그리고 심리치료적 관계에서 전체 대인관계적 상호작용이 더 왜곡될수록, 전이에서 원시적인 대상관계를 진단하는 것이 더 쉬운데, 이런 관계가 기대할 수 있는 반응에서 더 '벗어나기' 때문이다. 이 아이디어를 확장하면, 경계선 조직의 측면에서 더 건강하거나 높은 수준의 내담자는 상호작용을 더 미묘하게 왜곡한다. 그러므로 치료자는 종종 낮은 수준의 경계선 내담자보다 높은 수준의 경계선 내담자의 역동을 파악하는 것이 더 어려울 수 있다.

1. 기략 1: 치료 계약의 정착

전이초점 심리치료에 들어가기 전에, 치료자와 내담자는 치료 계약을 해야 한다. 계약은 치료에서 일어날 수 있는 변형기법(틀)을 확립하고 탐색적인 치료가 가능하도록 필요한 조건을 명명하는 것이다. 이는 스케줄과 시간 조정, 상담비, 내담자와 치료자에게 기대되는 역할, 치료를 방해하거나 지장을 줄 수 있는 내담자의 행동을 다루는 치료적 요소에 관한 것이다. 이러한 조건들은 일반적으로 장애가 적은 내담자보다 경계선 내담자의 치료에서 더 구체적인데, 원시적인 방어기제가 탐색될 때 경계선 내담자는 행동화하는 경향이 있기 때문이다. 치료 계약은 치료자가 치료의 틀을 유지하도록 돕는 조건들을 설정하며 치료자의 탐색적 작업을 돕는다. 일단 양 참여자가 치료 조건을 결정하고 이해하면 계약을 위반하는 행동은 내담자의 내적 세계를 알려 주는 정보로 이해될 수 있다. 만일 설정된 틀을 위반한 것이 치료자라면 그것은 치료

〈표 4-2〉 치료에 특정한 위협이 되는 예

• 자살 및 자기파괴적 행동
• 살인 충동 또는 행동, 치료자를 위협하는 것
• 거짓말을 하거나 정보를 주지 않는 것
• 치료 회기에 잘 오지 않는 것
• 물질남용
• 변경된 의식 상태에서 치료에 오는 것
• 통제되지 않는 섭식장애
• 과도하게 전화를 거는 것, 또는 그 외 치료자의 생활을 침해하는 것
• 치료비를 내지 않는 것, 또는 치료비를 낼 수 없게 조정하는 것
• 한 사람 이상의 치료자를 동시에 만나는 것
• 회기에서 시간을 낭비하기, 사소하게 만들기
• 회기 밖에서 생긴 문제로 치료의 진행이 방해받는 것
• 만성적으로 수동적인 생활 양식. 이것이 즉각적으로 위협적인 것은 아니나, 장애의 이차적 이득을 계속 추구하기 때문에 변화를 위한 어떠한 치료적 노력도 패배시킬 수 있다.

자의 역전이일 수 있다.

치료의 일반적인 조건에 더해 계약은 한계 설정을 필요로 하는 특정한 형태의 행동화를 다루는데, 여기에는 자기와 타인에 대한 심한 공격, 치료 경계에 대한 (신체적, 시간적 혹은 공간적 경계이든 간에) 공격이 포함된다(〈표 4-2〉 참조).

2. 기략 2: 주요 주제를 선택하고 작업하기

심리치료 작업 특히 경계선 내담자와의 작업에서 치료자들이 직면하는 가장 흔한 문제는 동시에 제시되는 모든 자료들 가운데 어떤 이슈를 다룰지 결정하는 것이다. 경계선 내담자와의 회기는 종종 혼돈스러워 보인다. 내담자 마음속의 수많은 전혀 별개의 부분 자기 표상과 부분 대상 표상이 활성화되면서 회기 내에서 다양한 주제가 나타날 수 있다. 때로 치료자는 동시에 진행되는 것처럼 보이는 너무 많은 정보들이 넘쳐나는 것으로 느끼거나, 그 회기에서 내담자가 분명한 관심을 보이는 것이 별로 없는 것 같아서 어찌할 바를 모를 수도 있다. 결과적으로 치료자는 종종 길을 잃었다고 느끼거나 어떻게 진행해야 할지 단서가 없다고 느낄 수 있다. 이러한 곤경에서 치료자를 돕기 위해서는 회기 내에서 무엇을 다룰지에 관한 분명한 우선순위에 대한 감각이 필수적이다. 이 장의 시작에서 언급한 바처럼, 주제의 우선순위를 선택하는 데에는 다음과 같은 것이 포함된다. 1) 소통의 세 가지 경로를 살펴보고, 2) 개입의 세 가지 (경제적, 역동적, 구조적) 원칙을 따르며, 3) 내담자가 가져오는 자료 유형에서 우선순위를 지킨다.

1) 소통의 세 가지 경로

소통의 세 가지 경로는 1) 내담자가 말하는 언어적 내용, 2) 내담자의 비언어적 소통, 즉 내용을 어떻게 말하는가(목소리 톤, 목소리 크기 등), 신체 언어의 형식에서 비언어적 소통(자세, 몸가짐, 제스처, 눈맞춤 등), 그리고 치료자에 대한 내담자의 전반적 태도, 3) 치료자의 역전이다. 물론 주제를 선택하는 데에 역전이의 도움을 받을 수 있는데, 이렇게 역전이를 사용하는 것은 충분히 독립된 기법으로 간주할 만큼 중요하며, 이는 3장('치료 기법: 특수한 개입들')에서 논의된 바 있다.

물론 경계선이 아닌 내담자를 치료할 때도 치료자는 세 가지 경로를 자각할 수 있어야 한다. 그러나 일반적인 규칙으로 병리가 더 원시적일수록 두 번째와 세 번째 경로 즉 비언어적 소통과 역전이가 더 중요한데 이는 경계선 내담자의 내적 세계가 본질적으로 분열되었기 때문이다. 일반적으로 내담자는 그 순간에 자신이 말하는 것을 이미 자각하고 있지만, 내적 모순이나 분열된(split-off) 부분은 자각하지 못하고 이러한 부분은 의식에서 스쳐 지나가 오직 행동이나 신체화를 통해서만 표현된다(Green, 1993). 이것은 극히 중요한 점인데 내담자의 연상을 주의 깊게 듣도록 훈련받았지만 내담자가 치료자에게 보이는 상호작용과 역전이를 예민하게 관찰하는 것이 익숙하지 않은 치료자는 치료에서 어떠한 진전도 없이 오랜 기간 갈 수 있다.

2) 개입의 세 가지 원칙

경제적, 역동적, 구조적 원칙은 마음속에 작용하는 역동적 힘에 대한 정신분석적 개념, 즉 추동, 정동, 내적 금지 및 외부 현실과의 상호작용에 근거를 두고 있다(〈표 4-3〉). **경제적 원칙**은 내담자의 정동이 어떤 자료에 우세하게 투여되는 것을 가리키며, 이 원칙에 따라 치료자는 내담자가 가장 많은 정동을 투여하는 자료에 초점을 두게 된다. 이 원칙의 이론적 근거는 강력한 정동이 전이에서 우세한 대상관계를 가리키는 깃발과 같다는 것이다. 정동적으로 우세한 것으로 간주될 수 있는 주제는 의미 있는 정동이 내용에 동반되는 경우이거나 또는 놀랍게도 내용에 걸맞는 정동이 없는 경우인데 이것은 정동이 억압되었거나 억제되었거나 전치되었거나 분열된 것을 나타낸다. 무엇이 정동적으로 우세한가 하는 것은 때로 자명하게 드러날 수 있는데, 가령 어머니가 암 진단을 받은 것에 대해 내담자가 강렬한 정동으로 말할 때다. 그러나 내담자는 어머니가 암 진단을 받았다고 말하지만 그 시간에 그날 직장에 늦은 것에 대해 더 큰 정동으로 이야기할 수 있다. 치료자는 우선 정동을 묻고 탐색해

〈표 4-3〉 적절한 해석을 하기 위한 세 가지 원칙

1. 경제적 원칙: 치료적 주의와 해석은 우세한 정동과 관련되어야 함을 강조한다.
2. 역동적 원칙: 마음속에서 갈등관계에 있는 힘들을 고려하고 이러한 힘이 이자적 대상관계에서 어떻게 표상되는지를 고려한다. 해석의 순서를 결정한다. 표면에서 심층으로, 방어기제에서 동기를 거쳐 추동으로 해석한다.
3. 구조적 원칙: 방어와 추동 둘 다에 포함된 구조를 해석하는 것에 초점을 두면서, 내담자 마음의 주요 이자적 대상관계의 관계들을 개관하는 것을 강조한다. 신경증 내담자의 경우 이러한 구조는 원초아, 자아, 초자아다. 경계선 내담자의 경우 이런 구조는 덜 분명하게 형성된 주요 이자적 대상관계들이다.

야 한다.

정동이 치료자가 기대하는 것과 상치할 경우, 겉으로 드러나는 불일치를 명료하게 하기 위해 내담자에게 물어야 한다. 예를 들어, "○○씨가 지금 계속 살아야 할지, 죽어야 할지 이야기하지만 자신의 이야기에 관심이 없는 것처럼 보이네요." 이렇게 하면 지배적인 주제가 발견될 수 있다. 내담자의 행동이 말과 불일치하고 우세한 정동이 분명치 않을 때, 행동이 언어적 내용보다 더 중요할 가능성이 있으므로 먼저 탐색되어야 한다. 내담자의 정동을 따르는 것은 상식에 지나지 않을 수 있지만, 그럼에도 불구하고 이것은 다음과 같은 상황에서 매우 유용한 지침이 될 수 있다. 예컨대 논리적으로 우선순위 주제가 될 수 있는 것(예, 배우자의 질병)과 가장 많은 정동을 수반하는 것으로 보이는 것(예, 치료자의 태도에 대한 내담자의 지각)이 불일치할 수 있다.

만일 정동적으로 우세한 영역을 결정하기가 어렵다면, 치료자는 다음 번으로 내담자가 언급한 내용이나 행동에서 다른 어떤 전이의 지표를 조사해야 하며(전이는 이후에 역동적 원칙과 관련된 부분에서 더 논의될 것이다), 그러고 나서 역전이를 조사해야 한다. 그래도 의미 있는 주제가 드러나지 않는다면, 치료자는 계속 나오는 자료들을 평가하면서, 정동적으로 우세한 주제가 나타나기를 기다린다. 정동적으로 우세한 주제가 없다는 것은 내담자가 중요한 자료를 의식적으로 억압한다는 것을 시사할 수도 있다. 만일 그렇다면 응급상황 우선순위를 위한 지침이(다음 절에서 '주제의 우선순위 지키기' 참조), 특히 소통의 사소화에 대한 것이 치료자의 초점을 도울 수 있다. 중요한 정동적인 주제가 없다는 것은 거부적인 자기애적 내담자의 특성이 될 수도 있다.

어떤 자료가 가장 정동이 투여되었는지 확실해지면, 치료자는 **역동적 원칙**의 관점에서 생각해야 한다. 이 원칙은 마음속에서 충돌하고 있는 힘들과 관련되며, 고조된 정동이 있다는 것은 방어된 추동과 관련된 무의식적인 갈등을 나타낸다는 가정에 근거한다. 2장에서 논의된 바와 같이, 추동과 그에 대한 방어는 모두 각 이자적 대상관계에서 심리내적으로 표상된다. 내담자의 내재화된 이자관계는 전이에서 가장 분명히 관찰될 수 있으므로, 역동적 원칙은 전이에 대한 치료적 초점과 밀접하게 연결된다. 역동적 원칙은 치료자에게 표면에서 관찰할 수 있는 방어에서부터 작업을 시작하여, 자각 밖에 있는 더 깊은 수준의 추동으로 작업할 것을 권고한다.

회기 내에서 치료자가 가장 흔히 관찰할 수 있는 것은 더 깊은 자료에 접근하는 것에 대해 **저항**의 역할을 하는 전이다. 저항은 방어 작용의 임상적 표현이다. 조작적 정의에 의하면, 치료 계약에 동의해서 치료에 참여하는 내담자가 보이는 어떠한 어려움도 더 깊은 자료에 접근하는 것에 대한 저항으로 작용할 수 있다. 한 사람의 내적 세계를 충분히 검토하는 과제는, 특히 내적 세계가 강렬하고 통합되지 않은 부분들로 특징지어지는 내담자의 경우에 분명히 겁이 나는 일이다. 그리고 이러한 과제의 어려움에 대해 내담자에게 공감하는 것은 적절하지만, 치료자는 저항과 공모할 위험성을 항상 경계해야 한다. 대상관계적 관점에서 보면, 저항과의 공모는 상연되는 이자관계를 검토하지 않고 치료자가 내담자의 내적 대상 표상 중 하나의 역할을 상연하는 것으로 이루어지며, 그것은 다른 내적 이자관계를 보지 않고 그것에 대해 방어하는 역할을 한다. 이러한 예는 내담자의 내적 세계에서 다른 측면이 관계에 어떻게 들어가는가를 검토하지 않고 치료자가 긍정적인 전이, 즉 인정 많은 조력자의 역할을 허용하는 것이다.

저항은 치워져야 하는 벽과 같은 것은 아니며, 그보다는 그 정보적 가치가 평가되어야 하는 심리구조의 일부다. 방어적으로 활용되는 이자관계는 해석되어야 한다. 즉 저항이 방어하는 것이 무엇인지와 관련해서 저항이 존재하는 이유가 이해되어야 한다. 이러한 해석의 간단한 예는 다음과 같다. "○○씨는 나를 가혹한 판단자로, 협박하는 비판자로 경험하고 있는데[방어], 내가 ○○씨를 보살피고 돌보아 주기를 바라는 소망[방어되고 있는 리비도적 추동]을 경험하는 것이 너무 두려운 것이 될 것이기 때문일 겁니다." 표면에서 심층으로 해석하는 것은 3장에서 더 논의되었다. 역동적 원칙이 여기 언급된 것은 어디에서 개입해야 하는지를 아는 데 도움이 되도록 하기 위해서다.

치료자는 해석 시 자료를 다루는 순서를 결정하는 데 역동적 원칙을 사용한다. 실제적인 표현으로 치료자는 자신에게 이렇게 물을 수 있다. "무엇이 무엇을 방어하는가?" 그리고 대개 방어되는 추동을 다루기 전에 방어 수준을 다루는 개입을 선택하는 것이 좋다. 다른 예는 다음과 같다. "○○씨는 내가 차갑고 거절하는 가학적인 사람이라고 고집부리고 있어요. 심지어 ○○씨가 월요일에 올 수 없을 때 다른 시간을 내드렸을 때조차 내가 편한 시간을 내줬을 뿐이라고 사납게 반응했어요. 내가 보기에 ○○씨는 지난 몇 주 동안 점점 더 나를 차갑고 허용하지 않는다고 보는 것 같아요. ○○씨가 나를 그렇게 보는 게 맞죠?" 이러한 개입은 방어 기능을 하고 있는 이자관계를 기술하는 것이다. 내담자가 동의한다면 치료자는 계속 다음과 같이 말할 수 있다. "○○씨는 나를 점점 더 그렇게 보면서 자기 안에 있는 불편하고 불안해지는 감정을 감출 수 있는 것 같아요. 미묘하지만 가끔 눈빛을 보면 ○○씨는 나를 다르게 보는 것 같기도 해요. 이런 미묘한 신호를 보면 ○○씨는 나한테 긍정적인 것도 느끼는 것 같아요. 그러나 어떠한 이유 때문인지 그러면 ○○씨는 불안해져서 나를 더 비난하는 것 같아요. 마치 ○○씨와 나 사이에 긍정적인 것은 아무것도 없다는 것을 확인하려는 듯이 말이에요." 치료자는 내담자가 방어하고 있는 정동과 추동을 다루기 시작한다. 이 과정의 마지막 단계는 이러한 감정에 대해 방어해야 할 필요성을 이해하는 것이 될 것이다(3장 '치료 기법: 특수한 개입들' 에서 '해석' 참조).

치료자가 경제적 원칙을 사용하기 어렵다면, 즉 치료자가 내담자 정동의 초점을 잡지 못한다면, 전이에서 상연되어 나타날 수 있는 역동적 원칙의 측면에서 생각해 보길 치료자에게 권고한다. 조작적 용어로 이것은 전이의 증거가 있는 자료에 개입하는 것을 의미한다. 사실, 정동적으로 우세한 것이 전이에서 우세한 것과 대부분 일치하지만, 우세한 정동이 전이를 중심으로 일어나지 않는 경우도 있다. 그러나 대부분의 경우 전이가 시사하는 바는 상당히 분명하다. 예를 들어, 치료를 시작하고 처음 10분간 내담자가 다양한 주제에 대해 아무 감정 없이 계속 이야기하면서, 치료자에게 전혀 주의를 두지 않는다면 우선 초점이 되는 것은 내담자가 치료자를 어떻게 느끼고 어떻게 대하는지를 탐색하는 것이다. "오늘 내가 여기 없는 것처럼 말하는군요." 전이의 이러한 측면은 치료자 개입의 초점이 되며, 그리고 전이에서 활성화되는 이자관계의 본질을 파악해 나가면서, 치료자는 또한 내담자가 방어하는 더 깊은 이자관계가 무엇인지 이해하려는 노력을 해야 한다.

정동과 전이가 다르다면, 즉 지배적인 전이 패러다임이 있는 것 같지만 다른 이슈에 더 정동적으로 무게가 실린다면, 후자를 초점으로 선택해야 한다. 전이와의 관련성은 대개 나중에 어떤 시점에 드러날 것이다. 치료자에 대해 직접 언급한 것이든 또는 다른 중요한 사람에 대해 간접적으로 논의한 것이든, 미묘한 전이를 작업하도록 하는 것이 항상 말을 통해 소통되는 것은 아니다. 종종 전이는 미묘한 행동 제스처나 전반적인 태도를 통해 소통된다. 그 예는 다음과 같다.

- 내담자가 언급하는 내용에 초점을 두기보다, 내담자가 얘기하면서 가볍게 모순적인 웃음을 보였다는 사실에 초점을 맞추고, 이에 대한 전이적 함의를 따라가는 것이 치료자에게 더 중요할 수 있다.
- 치료자는 먼저 내담자의 눈에서 관찰된 불신에 초점을 맞추고 그리고 나서 이것이 내용과 어떻게 관련되는지 의문을 던지는 것이 중요할 수 있다.

구조적 원칙 또한 치료자의 개입에 대한 지침으로 유용하다. 이 원칙을 통해 치료자는 내담자의 특정한 갈등 구조를 점점 더 이해하게 되는데 이는 치료자가 한걸음 물러나 전이에서 활성화된 특정한 이자관계들이 더 큰 패턴 속에서 서로 잘 들어맞는지 조망하면서 얻어진다. 신경증 내담자의 구조 분석에서는 원초아, 초자아, 자아와 외부 현실과의 갈등을 다루거나 평소에는 안정된 정체성에서 불완전한 요소를 다룬다. 신경증 내담자의 경우처럼 원초아, 초자아, 자아가 통합되지 않은 경계선 내담자의 경우, 갈등은 가장 우세한 내적 이자관계들과 이들 간의 관계를 둘러싸고 구조화된다. 비록 여러 가지 가능한 이자관계의 수는 끝이 없지만, 임상 실제에서 우리가 발견한 것은 각 개인 내

조). 전이 해석은 종종 먼저 거짓말이 치료자뿐 아니라 내담자 자신을 향한 공격성의 표현이라는 것에 초점을 둔다. 내담자의 절망에 대한 더 깊은 해석은 오직 공격적이고 편집적인 요소가 해석된 뒤에만 가능하다. 일반적인 원칙은 다음과 같은 방식으로 요약될 수 있다. 즉 정신병질적 전이를 먼저 해석한 후에 편집적 전이를 해석한다. 그러고 나서 우울적 전이를 해석한다.

다음은 정직하지 못함이 여러 가지 기능을 하는 상황에서 직면 또는 해석의 예다.

- 거짓말이 자신을 향한 공격성의 표현일 때: "○○씨는 무엇이 일어났는지에 대해 이야기를 계속 바꾸는군요. 이렇게 하면 ○○씨를 도울 수 없게 되고 결국 실패하게 됩니다. 한편으로는 ○○씨가 절박하게 필요로 했던 도움을 얻지 못하도록 방해하는 것 같아요."
- 거짓말이 치료자에 대한 공격일 때: "○○씨는 이 모든 것이 꾸며 낸 이야기라는 데에 우리가 동의한 후에도 나에게 같은 이야기를 계속하네요. 그러니까 ○○씨는 내가 존중 받을 만하지 못하고, 나의 노력을 무력하게 만들려는 것처럼 나를 대하는군요."
- 거짓말이 보복에 대한 두려움의 표현일 때: "○○씨가 대기실에서 잡지를 가져간 사실을 말하는 것을 두려워하는 것 같군요. 내게 말한다면 내가 화를 내고 ○○씨를 보지 않을 것이라고 생각하기 때문에요."
- 거짓말이 희망이 없음의 표현일 때: "○○씨가 위기를 면하는 단 하나의 방법은 자신에게 무엇이 일어났는지에 대해 소설을 쓰는 것이군요. 내가 ○○씨를 진짜로 알게 된다면 좋은 일이 일어날 거라고 믿지 않는 것처럼 느껴지네요."

내담자가 정직하지 않다는 것을 희미하게 느끼면서도 그러한 인상의 근거를 정확하게 지적할 수 없는 상황이 일어날 수 있다. 이러한 경우, 내담자에게 다음과 같이 말하는 것이 적절할 것이다. "○○씨가 나에게 솔직하지 않다는 느낌이 있습니다. 이것이 나의 문제인지 ○○씨의 문제인지 함께 탐색해 봅시다." 내담자가 정보를 숨기는 것 같다고 감지한다면 그러한 주제를 검토하는 것이 가장 우선사항이 될 것이다.

(2) 정보를 주지 않음

정직하지 않은 것의 변형으로, 정보를 주지 않는 것은 치료에 대한 직접적인 위협으로 다루어야 한다. 치료자는 정직하지 않음과 정보를 주지 않는 것에 대해 종종 다르게 반응하는데, 정보를 주지 않는 것은 내담자 편에서 어려움이나 당황을 나타낸다고 간주하는 반면, 정직하지 않음은 더 심각한 반사회적인 표현이라고 간주하기 때문이다. 그러나 역동적인 견지에서 보면, 정직하지 않음과 정보를 주지 않음은 똑같이 치료과정을 공격하려는 자기의 파괴적인 내적 부분에 의해 동기화된 것일 수 있다. 이는 탐색으로부터 자기를 보호하고 내담자의 경험을 조직화하는 분열을 유지하기 위해서다. 결과적으로 정보를 주지 않는 것 또한 치료에 대해 심각하고, 적극적이며, 공격적인 위협이다.

정보를 얘기하지 않는 것의 증거는 내담자가 보고하는 것과 다른 정보의 원천 간의 불일치에서 나타날 수 있다. 예를 들면, 치료의 개인력 탐색 단계에서 "○○씨가 밤중에 Smith 박사에게 전화하는 것이 그 선생님과의 치료에서 문제가 되었다는 것을 말하지 않았지요. 그런데 ○○씨 치료에 대한 견해를 듣기 위해 그 선생님과 이야기했을 때, ○○씨가 갈수록 더 자주 전화한 것이 다른 사람과 치료하도록 권고한 주요 이유라고 하셨어요."와 같은 경우다.

내담자가 정보를 주지 않을 수도 있다는 것에 치료자가 주목하는 것은 또한 내담자가 보고하는 것과 치료자가 다른 때 내담자에게 들었던 것 간의 더 미묘한 차이를 지각하는 데서 올 수 있다. 치료의 계약 설정 단계의 예는 다음과 같다.

치료자: 이제 우리가 치료에서 함께 작업하는 데 필요한 조건을 살펴보았습니다. ○○씨는 이러한 조건에 주저 없이 동의했습니다. 저는 ○○씨가 이 치료

에서 진정한 노력을 하려 하는 걸 압니다. 그러나 한편, ○○씨가 이러한 조건에 아무런 주저함이 없는 데 놀랐습니다. 이전 치료자는 언제나 연락이 가능했고, ○○씨한테는 이런 것이 극히 중요했다고 말했는데도 말입니다.

내담자: 선생님이 말씀하시니까……. 제가 선생님께 좋은 인상을 주려고 그러는 것 같습니다. 그래서 다른 것들은 말하지 않으려고 했고요.

깜박 잊거나 정직하게 충분히 소통하지 못하는 것의 본질을 연구할 때 치료자는 몇 가지 왜곡의 형태를 구별할 수 있어야 할 것이다.

1. 임시로 하는 억제(occasional suppression): 어떤 한정된 영역에 대해 의식적으로 정보를 주지 않는 것이다. 내담자는 일반적으로 가장 비밀스러운 것을 억제하고 싶어 할 것이지만, 긍정적인 동기로 이러한 유혹을 극복할 것이다.
2. 지속되는 억제(ongoing suppression): 상당한 기간 동안 자료를 체계적이고 의식적으로 내놓지 않거나, 대부분의 치료시간에 또는 여러 시간에 걸쳐 말하는 것을 오랫동안 거부하는 것이다. 지속되는 억제는 치료(또는 치료자)를 통제하려는 노력, 치료자와의 적극적인 경쟁, 심한 편집적 두려움(만연된 정신병질적 또는 편집적 전이 유형에서 볼 수 있는), 또는 어떤 행동에 대한 죄책감을 반영할 수도 있다.

내담자가 말하기 어려운 게 있다는 것을 알아차린다면, 치료자는 즉시 명료화를 해야 하며, 말하지 않으려는 특정한 내용을 다루기 전에 비밀을 드러낸 결과에 대한 내담자의 가정을 탐색한다. 이것은 내용(무엇을 말하지 않는가) 이전에 방어(즉, 말하지 않는 이유)를 탐색할 필요에 대한 예다. 내담자의 환상을 탐색하는 것에 더해서, 치료자는 내담자가 솔직한 소통을 해야 한다는 기본 규칙에 동의한 것과 그리고 나서 어떤 것을 말하지 않거나 거짓말하는 것 간의 갈등을 직면하고 탐색해야 한다. "○○씨가 솔직하게 말한다고 약속하고 그렇게 하지 않는 것을 이제 살펴보아야 할 것 같군요." 치료자를 향한 이러한 행동의 의미는 치료자에 대해 내담자가 가정하는 것에 다른 수준의 이해를 더할 수 있다(예를 들어, 내담자는 치료자가 화가 나서 비판적인 방식으로 반응할 것이라고 가정할 수 있다. 그러나 정보를 주지 않음으로써 내담자는 화와 비판을 불러일으키는 행동을 하는 것이다). 정보를 주지 않은 것 뒤에 있는 경쟁심, 두려움, 죄책감은 자주 오랜 기간에 걸쳐서만 작업될 수 있다.

내담자가 정보를 억제한다는 것을 의심할 때, 치료자는 망설이지 말고 그러한 증거를 제시해야 한다. 억제 또는 거짓말의 유무에 대해 내담자와 치료자가 때로 동의하기 어려울 수도 있다. 이러한 경우 치료자는 이 주제를 해결되지 않은 것으로 표시하고 치료가 계속됨에 따라 이러한 것이 다시 나타나는지 예민하게 살펴야 한다. 치료의 주요한 측면과 관련해서 정직하지 않은 것이 몇 달에 걸쳐 다루기 힘들다면 치료가 불가능하게 될 수 있다.

(3) 치료에 규칙적으로 오기 어려움

치료자는 내담자가 이전 치료 동안 규칙적으로 치료시간에 오지 않은 전력이 있다는 것을 알게 되거나 평가 기간 동안 내담자가 약속시간에 오지 않는 것을 관찰할 수 있다. 두 사람이 모두 있어야 치료가 가능하기에, 문제는 자명할 수 있지만, 치료자가 이를 다루는 것이 쉽지만은 않다. 내담자는 종종 정기적으로 오는 것이 **불가능**하다는 근거를 내세울 수 있다. "제가 하는 일은 상사가 급한 일을 언제 갑자기 맡길 지 알 수 없거든요" "저는 보모에게 의지할 수 밖에 없는데, 언제 올 지 알 수 없어요." "남편이 여기까지 태워다 주는데요. 남편은 정각에 와야 하는 중요성을 이해하지 못해요" "대장염(또는 편두통, 월경전 증후군 등)이 심해서 나갈 수가 없어요." 치료자는 단지 치료시간에 오라고 요구하는 것이 가혹하고, 엄격하며, 또는 심지어 가학적인 요구로 느끼기 시작할 수 있다. 치료에 오는 것과 같은 치료의 기본적인 필요 요건을 치료자가 요구로 생각하기 시작한다면, 이것은 전이와 역전이에서 무엇이 발달하는 이 행동의 잠재적 의미를 해석한다. 여기에는 치료자가 내담자에게 그것을 멈추도록 하는 의미도 포함된다. 다른 말로 하면, 치료자는 자신을 기법적 중립성에서 벗어나게 한 상황을 탐색하고 해석해야 하며, 해석 과정이 진행되고 행동화가 해결됨에 따라 기법적 중립성을 회복하게 한다.

여러 유형의 행동화가 있다. 행동화는 치료시간 사이에 혹은 치료시간 내에 일어날 수도 있다. 치료실 밖의 충동적이고 자기파괴적인 행동에 포함되는 것은 자해, 다른 사람에게 공격성을 유발하는 것, 충동적으로 혼란스러운 성적 관계에 아무 생각 없이 자기 자신을 내던지는 것이다. 치료시간 중의 행동화에 포함되는 것은 고함치는 것, 집어던지는 것, 늦게 오는 것, 일찍 가는 것, 자신을 말로 표현하는 대신 문을 쾅 닫는 것이다. 행동화는 치료시간 중에 때로 1분이나 그보다 짧게, 아주 잠깐의 행동 형태를 취할 수도 있는데, 내담자가 한 어떤 것이 치료자를 완전히 방심했다고 여기게 만들고 마비되는 느낌을 갖게 할 수 있다. 내담자는 전체 상황을 완전히 바꾸는 어떤 말을 갑자기 할 수 있다. 예를 들어, 내담자는 "아, 선생님께 말하는 걸 잊었는데 저 임신한 지 3개월 됐어요."라고 말하고 나서 다른 어떤 것을 계속 말할 수 있다. 이 예에서 두 가지 유형의 행동화가 있다. 첫 번째는 치료실 밖에서 어떤 일이 장기간 계속되었다는 것을 숨긴 것이고, 두 번째는 치료에 강한 영향을 미칠 수 있는 말을 대수롭지 않게 했다는 것이다.

다른 예는 내담자가 갑자기 치료자에게 "저는 메가비타민 전문가인 X 선생님께 자문을 받기로 했는데요, 치료에 대한 그분 견해는 선생님하고 완전히 정반대예요."라고 말하는 경우다. 이러한 유형의 행동화는 화나게 하는 특성이 있고 종종 치료자에게 상당한 어려움을 야기하는데, 치료자의 과제는 우선 이런 행동의 의미를 조용히 분석하고 그러고 나서 자신의 생각을 내담자와 나누는 것이다. 이러한 과정은 시간이 걸린다. 즉 결국 내담자의 행동은 그 치료시간의 남은 시간에 충분히 정교화할 필요가 있다. 이러한 행동화를 작업하는 기법적 접근은 치료관계에서 무엇을 경험하였는지 치료자가 말로 기술하는 것으로 이와 같은 초압축적인 행동화를 전환하는 것이다. "○○씨 말이 여러 가지 점에서 나를 당황하게 해서 지금 이야기해 볼 필요가 있는데요. 그러한 중요한 결정을 가볍게 한 것은 아닐 테고 상당히 고려한 결과일 텐데요. 그래서 이것을 처음 언급한 것이 무엇을 의미하는지 의문입니다. 다른 한편으로, 신중하게 생각한 계획이 아니라면 이런 중요한 문제를 이처럼 급하게 결정하는 이유가 뭔가요? 나는 다른 사람에게 자문하는 것을 반대하지 않으며, ○○씨는 언제나 그럴 권리가 있지요. 그러나 내가 의아한 것은 왜 그런 생각을 했는지, 여기서 그 이야기를 하는 이유가 무엇인지입니다. 문제는 사전 의논도 없이 자문을 구하려 하고, 이 얘기를 갑작스럽게 꺼내면서, ○○씨가 나와 치료에 대해 무엇을 말하고 있다는 것입니다. 거기에 또한 여러 가지 또다른 주제가 있다고 봅니다. 그리고 어쨌든 이것을 천천히 주의 깊게 살펴볼 필요가 있습니다. 여기에는 ○○씨가 우리가 함께 일하는 방식에 대해 왜 이런 식으로 도전하는지와 ○○씨가 한 다른 폭탄 선언에 대해 이해하는 것도 포함됩니다."

치료시간 내의 비슷한 행동화는 내담자가 말하지 않는 것인데, 이것은 당황함을 나타낼 수도 있지만, 또한 시간, 관심, 정직, 인지적인 이해를 파괴하려는 시도를 나타내는 것일 수도 있다. 내담자가 말하기를 거부하는 것에 대해 관망하는 태도는 여러 가지 이유로 위험스러운 치료적 자세다. 즉 이것은 내담자가 저지당하지 않는 통제와 저항을 실행할 권리가 있다는 전능한 견해를 지지하는 것이다. 또한 치료자가 좌절해서 분노하는 것을 더 이상 컨테인할 수 없는 지점에 이를 위험이 있다. 그리고 이것은 치료자와 내담자 모두 아무것도 하지 않는 태도에 동참할 것임을 시사함으로써 내담자가 치료자를 평가절하하는 것에 공모하는 것이다. 그러나 계속해서 내담자를 직면시키는 치료자는 시간과 작업을 진지하게 간주한다는 것을 입증한다. "그렇게 앉아 나를 빤히 쳐다보며, 아무 말도 하지 않는군요. 마치 ○○씨가 할 일은 치료에 오는 것뿐이라는 걸 내가 인정하라는 것처럼 말입니다. 아니면 ○○씨가 나에게 위험을 느껴 경계하는 것 같기도 합니다. 어떻게 생각하십니까?"

내담자가 치료과정에 도전하는 것에 직면시킬 뿐 아니라, 특히 시간에 대한 왜곡을 관찰할수록 치료는 진전이 있다. 또 한편으로, 현실에서의 관찰에 대해 내담자가 치료자와 동의하지 않는 한, 무의식적 자료는 해석되지 않을 수 있다. 유일하게 해석될 수 있는 현실 왜곡은 자아이질적으로 인식되는 것이다. 따라서 목적은 내담자의 주관적 경험이나 신념을 정교화하고, 그러고 나서 내담자가 자신의 신념이 일반적으로 공유된 현실에서 벗어나 있는 정도를 자각하는, 또는 자각하도록 만들 수 있는 것이다. 내담자의 내적 대상 세계에 근거한 왜곡을 정교화하고 질문을 던지는 것 간의 이러한 균형을 이루려면 어느 정도 John Steiner(1993)의 권고를 따라, 치료 초기에 치료자는 내담자가 갖는 치료자의 이미지를 거부하지도 받아들이지도 말고 검토하는 것이 바람직하다. 이러한 접근에서 치료적으로 기대하는 것은 내담자가 투사된 표상을 자각해 갈수록 결국 이러한 이미지를 만드는 데 있어서 자기 자신의 내적 세계가 한 역할에 대한 인식이 촉진된다는 것이다. 내담자는 치료와 내담자의 관심에 대해 치료자가 일관된 입장을 취하면 자신이 치료자에게 투사한 이미지에 의문을 가지게 된다. 그러나 내담자의 왜곡된 관점이 치료의 진전이나 지속에 위협이 될 때, 치료자는 이러한 왜곡에 도전하고 공동의 현실을 작업하도록 노력하는 데 더 적극적인 역할을 해야한다(다음 절에서 '양립할 수 없는 현실의 탐색' 참조). 아래 제시된 것이 그 예다.

- 한 내담자가 자신이 치료를 그만둔다면 치료자가 심하게 동요되어 개인적인 공격이나 패배로 간주할 것이 두렵다고 말했다. 이러한 가정에 대해 지속적으로 탐색한 후에도 내담자는 계속 자신이 그만두는 것이 치료자의 생활을 망가뜨릴 것이라고 절대적으로 확신한다면, 치료자를 파괴하고 싶은 무의식적 소망을 해석하는 것은 불가능하다. 내담자는 이것을 단순히 실제 어떤 행동의 결과로 이해해서, 마치 치료가 너무 느리다고 불평하는 것과 같은, 좀 더 다른 피상적인 이유를 생각하는 것만을 자각할 수 있기 때문이다. 내담자의 무의식적 파괴적 소망을 해석하기보다, 이러한 시점에서의 과제는 내담자의 현실 검증을 증진하도록 작업해서(이 절의 뒷

부분 참조) 자신이 그만두는 것 때문에 치료자가 파괴되지는 않을 가능성을 생각해 보기 시작할 수 있게 하는 것이다. 그러고 나서야 내담자는 자신이 떠나는 것이 왜 치료자에게 그와 같이 파멸적인 영향을 미칠 수 있다고 상상하는지를 탐색하고 해석할 수 있다.

- 한 내담자가 '죽지 않을 정도로 약을' 먹을 수 있다고 자신한다고 하였다. 치료자는 다음과 같이 말할 수 있을 것이다. "약을 먹어도 ○○씨는 괜찮을 거라는 거죠?" 내담자는 이렇게 답했다. "아니요. 내가 잘못 판단해서 너무 많이 먹을 수도 있지요. 그럴 것 같지는 않지만요." 약을 먹어도 괜찮다는 망상은 없다는 것을 확인한 후에, 치료자는 이렇게 말할 수 있다. "아마 ○○씨는 상황을 매우 잘 통제하고 있다고 확신해야 하는 것 같아요. 왜냐하면 실제로는 ○○씨가 자신을 통제할 수 없다고 느끼고 자제할 수 없을까 봐 두려워하기 때문이지요."

명료화, 직면 그리고 해석은 내담자의 현실 검증 능력을 치료자가 평가하는데 사용하는 탐구적 도구다. 이 과정은 다음 예에서 보는 것처럼, 여러 단계를 거칠 수 있다. 한 내담자는 치료자가 자신과 성관계를 갖고 싶어 한다고 생각한다고 했다. 치료자는 먼저 내담자가 정서적 경험을 표현하는지, 머리로 하는 추측인지, 환상인지 또는 망상적인 신념을 표현하는 것인지를 명료화해야 한다. "내가 ○○씨와의 성관계를 상상한다고 단순히 생각하는 건가요? 아니면 내가 정말 실제로 ○○씨와의 성관계에 관심이 있다는 건가요?" 내담자가 후자를 시사한다고 가정하면, 치료자의 그 다음 개입은 내담자의 사고에 대한 근거를 명료화하는 것이다. "내가 한 말이나 행동에서, 어떤 점이 내가 ○○씨와 성관계를 하고 싶어 한다고 보였나요?" 다음 과제는 내담자에게 치료 경험에 근거해서 이러한 신념을 돌아보도록 요청하는 것이다. "이제까지 우리가 만나면서 그렇지 않을 수도 있다는 점은 없었나요?"

그리고 치료자는 이러한 관점에 대한 내담자의 확신 정도를 평가해야 한다. 어떤 왜곡된 신념에 내담자가 부여하는 확신의 정도는 다양하다는 것을 기억하는 것이 중요하다. 예를 들어, 치료자는 이렇게 말할 수 있다. "내가 ○○씨와 성관계를 할 생각이 없다고 믿을 어떠한 말이나 행동도 없다는 건가요?" 그리고 이런 말을 더할 수 있다. "그것은 내가 ○○씨를 납득시킬 수 있는 다른 어떤 방법도 없다는 건가요?"

그다음 단계로 치료자는 대개 현실 검증이 향상될 수 있는지를 보기 위해 방어적인 측면을 해석할 것이다. "○○씨가 나를 그렇게만 보는 것은 아닐까요? 왜냐하면 그것은 남자는 믿을 수 없고 오직 ○○씨를 이용하는 데만 관심이 있다고 굳게 믿고 있는 것을 나타내는 것이니까요. 남자를 그와 다르게 생각하는 것은 ○○씨가 현재 남자와 친밀한 관계를 피하는 것을 어렵게 하고 스스로 친밀감을 포기한 것에 직면하게 될 것이니까요." 이러한 해석은 내담자의 관점이 어쨌든 자아이질적이라는 명백한 증거가 없더라도 할 수 있다. 즉 이 해석은 내담자의 지각이 다소 자아이질적일 가능성을 (비록 이전의 노력이 실패한 것처럼 보이더라도) 명료화 하기 위해 더 노력하는 것이다.

앞서 기술한 이 모든 접근이 실패했더라도, 치료자는 내담자의 신념이 자아이질적일 수 있는 지점을 찾도록 계속 노력해야 한다. 이렇게 하는 데 있어서, 치료자가 내담자보다 더 논리적이면 결국은 내담자의 그런 신념 체계가 더 이상 버틸 수 없는 지점에 도달할 수 있을 것이다. 내담자의 논리에서 치료자는 다음과 같이 논박할 수 있을 것이다. "○○씨는 정말 내가 ○○씨와 성관계를 해서 전문가로서의 위신을 떨어뜨릴 거라고 믿으세요?" 혹은 "○○씨가 얘기하는 게 100% 맞다면 왜 여기 있는거죠?"

따라서 표면에서 심층으로 진행하면서, 내담자의 현실 이해의 한계를 먼저 검증하고, 다음에 현실을 정확하게 지각하지 않으려는 추정된 방어를 해석한다. (이 경우 치료자가 내담자와 성관계를 갖는 데 관심이 없다는 것, 그리고 그녀의 신념은 치료자와 성관계를 갖는 것에 대한 방어된 환상이 투사된 것이라는 것이다. 치료자와 성관계를 갖는 것은 내담자에게 어떤 리비도적 만족을 주는 타협을 제공할 수 있으면서, 남자가 자신에게 관심을 갖는 것이 착취적이라는 자신의 신념을 확인할 수 있다.) 치료자에게 관심을 갖는 것에 대한 방어적인 부인이라고 치료자가 해석하는 것을 내담자는 치료자가 조종하려는 미묘한 시도로 지각할 위험이 있다. 따라서 해석을 하려는 치료자의 동기에 대한 내담자의 가정 또한 해석되어야 한다. "○○씨가 나에 대해 좋은 감정이 있는 것을 받아들이기 어려운 건 아닌지 생각해 보라고 했어요. 내가 그렇게 말한 진짜 이유가 ○○씨가 나를 좋아하게 만들려는 것이라고 생각하나요?"

이러한 모든 단계를 거치고도 내담자가 망상적인 신념을 가진 것이 분명하다면(즉 아주 독특하고 동기화된 잘못된 신념이고, 일반적인 추론 방식에 반응하지 않는다면) 전이에서 정신병적 퇴행을 다루는 기법을 적용해야 한다.

다음은 이를 설명하는 예다. 치료자는 예정된 시간보다 5분 늦게 치료시간을 시작했고, 내담자의 첫마디는 이러했다. "선생님이 나를 좋아하지 않고 나를 만나고 싶어 하지 않는다는 것이 점점 더 분명해지네요. 매번 그런 게 보였죠. 이렇게 기다리게 하는 것을 보면 내가 가기를 바라는 것이 분명해요. 나는 거의 그럴 뻔 했어요. 만일 1분만 더 기다리게 했다면 여기를 나가 버렸을 것이고 다시는 나를 볼 수 없었을 거예요." 대개 치료자들은 방어적이 되면서 내담자를 안심시키고 싶을 것이고, 변화하려는 내담자의 노력을 지지하면서 이러한 문제의 근원을 다루지 않으려 할 수 있을 것이다. "여기서 ○○씨가 보이는 태도를 살펴보는 것이 좋겠네요. ○○씨는 자기나 남에게 너무 고지식하고 요구가 많아 여유가 없는 것 같아요. 5분 늦는 것은 보통 있을 수 있는 일이죠."

전이초점 심리치료 치료자들은 그렇게 하기보다 다음과 같은 방식으로 반응할 것이다. "지금 나를 어떻게 보는지 더 이야기해 보세요. 내 방문이 5분 늦게 열린 것이 내가 ○○씨를 좋아하지 않는 이유라는 거지요. 내가 ○○씨를 어떻게 생각한다고 보는지, 그리고 내가 ○○씨를 좋아하지 않는다고 생각하는 그 이유를 더 말해 주시겠어요?" 치료자는 이후 개입에서 다음과 같은 언급을 할 수 있다. "내가 ○○씨를 좋아하지 않는다고 믿는다면, 내가 왜 ○○씨를 만난다고 생각하세요?" 많은 경우 내담자는 이러한 상세한 설명을 따라가면서 자기 자신에 대해 어느 정도 통찰을 얻을 수 있다. 내담자는 자신에 대한 치료자의 태도를 기술하는 것이 너무 극단적이어서 자신이 비현실적인 만

회기 정도 이루어지는데, 치료자에게 증상, 역기능 영역, 인성조직의 수준에 관한 정보를 제공하는 것이다. 전이초점 심리치료(TFP)의 치료 계약에 대한 이후의 상세화와 가장 관련된 것으로, 임상가는 이전의 치료 시도에 대한 정보를 이끌어 내야 하는데, 내담자가 이전 치료자와 발전시킨 관계의 질과 이전 치료가 어떻게 끝났는지에 대해 특별한 관심을 기울인다. (내담자의 허락을 받고) 이전 치료자와 통화하는 것은 유용한데, 특히 치료가 어떻게 중단되거나 단절되었는지, 그리고 다른 기회가 생긴다면 치료자가 어떻게 다르게 할 것인지에 관해서다.

1) 구조적 면접

구조적 면접(Kernberg, 1984)은 내담자의 현재와 과거 증상, (자기 개념 및 타인 개념을 포함하는) 내담자의 인성조직, 내담자와 면접자 간 지금여기에서의 상호작용의 질에 초점을 두고, 내담자의 가족사와 개인사를 강조하는 임상적 평가 방법이다. 면접자가 내담자의 주요 갈등에 초점을 두고 방어, 정체성 갈등, 사회적 현실 검증을 적절히 평가하며, 정동적이고 인지적인 갈등에 초점을 두면 충분한 긴장이 생겨나서 내담자의 심리 기능에서 두드러진 방어적이거나 '구조적인' 조직화가 나타날 것이라고 가정된다. 구조적 진단은 구조적 면접에서 내담자의 어려움 영역을 탐색할 때 내담자가 이것을 어떻게 다루는지에 주로 달려 있다.

연구에서 사용되는 구조화된 혹은 반구조화된 정신의학적 면접과는 달리, 구조적 면접은 전적으로 사전에 결정된 순서를 따르지 않는다. 이 면접의 목표가 내담자의 내적인 심리구조를 평가하는 것이기 때문에 구조적 면접이라고 부른다. 시작과 끝이 분명하지만, 면접이 전개되고 진단적 요소가 드러나는 방식은 덜 경직되게 정해지고, 내담자의 자기 표현에서 드러나는 것과 이러한 표현에 대한 진단가의 반응에 의해 좌우된다. 순환적인 과정은 구조적 면접에서 중요한 특징이다. 순환형으로 정리된(anchoring) 증상 개념은 면접자에게 결국 출발점으로 되돌아와서 새로운 탐색의 순환을 다시 시작할 수 있게 해 주는데, 면접자는 하나의 중요한 증상에서 다음 증상으로 진행하게 된다. 이것은 탐색에 있어 고정된 진행 패턴을 보이는 의사결정 모델과는 대조적이다. 정리된 증상을 따라 재순환하는 것은 면접자에게 필요할 때마다 상이한 맥락에서 동일한 주제로 되돌아올 수 있게 해 주는데, 면접 단계에서 이전의 발견들을 재검증하면서다. 앞으로 보겠지만 정리된 증상이 언제나 체계적으로 탐색되어야 한다는 것은 아니다. 초기 발견에 따라 이러한 탐색의 순환에 대해서 상이한 접근이 권고된다.

구조적 면접은 세 부분이 있는데, 각각은 중요한 선도적 질문으로 되어 있다. 첫 부분에서 면접자는 내담자의 증상과 치료에 대한 접근을 탐색한다. 두 번째 부분에서 면접자는 내담자에게 자기 개념과 타인 개념을 명확히 표현하도록 요구한다. 이것은 정체성이나 정체성 혼미의 평가에 필수적이다. 마지막 부분에서 현재의 어려움과 관련 있는 과거에 대한 간단한 탐색이 있다. 면접의 각 부분에서 면접자는 내담자 대답의 내용에만 관심이 있는 것이 아니라(예를 들어, 내담자는 우울하거나, 자신은 친밀한 관계가 없다고 기술한다) 대답하는 사람의 형식(방식), 내담자가 대답하는 데 어떤 어려움이 있는지, 그리고 자신의 문제에 대한 내담자의 태도에도 관심을 가진다.

(1) 초기 단계

구조적 면접의 초기 부분에서 면접자는 내담자의 현재 증상에 대한 정보를 모은다. 면접은 다음과 같이 시작한다. "지금 나는 ○○씨에 대해 아는 것이 없지만, 다음과 같은 질문을 염두에 두고 있습니다. ○○씨는 어떻게 해서 이 면접을 받게 되었나요? ○○씨는 어떤 어려움을 겪고 있고, 어느 정도 어려운가요? ○○씨는 치료에서 무엇을 기대하나요?"

이렇게 시작하는 것은 내담자에게 자신의 증상, 치료에 오게 된 주된 이유, 내담자가 자신의 현재 생활에서 경험하고 있는 다른 어려움들에 대해 논의할 기회를 제공한다. 내담자의 반응을 경청하면서, 면접자는 내담자의 병리에 대녀와 오빠들은 아버지를 기쁘게 할 만큼 결코 잘하지 못했다는 것을 덧붙였다. 그녀는 학교에서 항상 이방인처럼 느꼈다. 그녀가 학교에서 유일하게 남자에게 매력을 느낀 것은 그녀가 드러낸다면 창피하게 여길 수 있는 비밀 패거리 집단이었다. 그녀의 어머니는 아이들을 돌보는 데 일관적이지 않았는데, 기분이 들락날락했기 때문이었다. 내담자는 똑똑해 보였지만, 2년이 지나 대학교를 그만두었는데, 사람들과 지내기 어려웠고, 방에서만 지냈으며 공부를 하지 않았기 때문이었다. 그녀는 아버지의 영향력으로 그럭저럭 직업을 가졌지만 항상 해고되었으며, 이번의 평가 이전에 일하지 않고 지낸 시기가 있었다.

정체성을 평가한 이후에, 특히 심각한 정체성 혼미의 경우, 면접자는 내담자의 행동, 사고 과정과 내용, 그리고 정동 측면을 탐색하는데, 면접자가 보기에 이상하거나 기이한 것 혹은 내담자와의 상호작용의 일반적인 방향에서 맥락을 벗어나는 것들이다. 이러한 행동, 사고 혹은 정동에 주목하게 되면, 면접자는 이에 관한 퍼즐에 솜씨 있게 내담자를 직면시켜야 하는데, 진단하는 사람의 마음에 있는 이러한 퍼즐에 대해 내담자가 이해할 수 있는지, 그리고 면접자에게 좀 더 이해 가능한 표현으로 설명을 제공할 수 있는지에 관한 의문을 제기하면서 해야 한다.

진단하는 사람에게 이러한 설명을 제공할 수 있는 내담자의 역량—달리 말하자면, 이 시점에서 면접자에 의해 표현된 사회적 현실의 일상적인 준거에 공감하는 역량—은 양호한 현실 검증력을 나타내고, 인성장애의 진단을 확증시켜 준다. 면접자에게 이상하게 보인 내담자의 행동, 사고 혹은 정동에 대한 적절한 직면에 공감하는 역량이 결핍되어 있다면, 이것은 현실 검증력의 상실을 나타내고, 내담자는 정신증이나 기질적인 정신의학적 장애가 있을 가능성을 나타낸다. 이것은 좀 더 심각하고 퇴행적인 상태와 경계선 인성조직을 구분하는 실제적이고 비교적 단순한 방식이다.

임상 사례를 계속해서 보면, 치료자는 현실 검증에 관한 문제를 반영한다고 생각되는 언급으로 돌아갔다.

치료자: ○○씨가 버스를 타면 모든 사람이 쳐다보고 ○○씨에 대해 이야기한다고 말했어요. ○○씨는 이것을 전적으로 확신합니까? 아니면 그것이 일어날 수도 있지만 일어나지 않을 수도 있다고 생각하십니까?

내담자: 그들이 나에 대해 이야기하고 있는 것 같아요. 하지만 내가 그것을 어떻게 알겠어요? 선생님은 내가 마음을 읽을 수 있다고 생각하나요?

다소 공격적이기는 하지만, 이것은 대안적인 관점을 고려할 수 있는 내담자의 역량을 반영하고, 적어도 이 시점에서 그녀가 현실 검증력의 완전한 붕괴를 나타내지 않는다는 것을 보여 주었다.

(3) 마지막 단계

면접자는 과정의 마지막 단계에서 구조적 면접을 하게 된다. 이때는 과제를 마친다는 것을 인식하면서 내담자가 제공하고 싶은 정보가 있는지 혹은 지금까지 다루지 않았던 주제가 있는지 질문하게 된다. 한 가지 도움이 되는 질문이나 주제는 "○○씨가 보기에 내가 ○○씨에게 물었어야 했지만 아직 묻지 않았다고 생각하는 것은 어떤 것이 있나요?"다.

(4) 진단 과제

진단 과제에서 면접자는 동시에 1) 내담자의 주관적인 경험과 세계를 탐색하고, 2) 내담자의 행동과 면접자와의 상호작용을 관찰하며, 3) 내담자가 면접에 가져오는 기저의 활성화된 대상관계를 이해하기 위해 내담자에 대한 치료자 자신의 정동적 반응을 활용해야 한다. 면접자는 내담자가 자신에 대한 이미지(자기 표상)와 자신에 관한 그러한 견해를 자각하고 소통할 수 있는 정도에 관한 모델을 구성한다. 마찬가지로 면접자는 내담자 삶에서 의미 있는 타인에 대한 모델과, 자기와 타인의 상호작용 표상에 관한 모델을 세운다. 이러한 의미에서 면접은 전이초점 심리치료 과정의 전단계(precursor)다.

대한 행동치료를 포함한다(Koenigsberg et al., 2000).

1) 전이초점 심리치료와 약물치료

심리치료와 약물치료의 병행은 경계선 내담자의 치료에서 상당한 상승 작용을 일으킬 가능성이 있다. 약물치료는 내담자가 심리치료를 더 잘 활용할 수 있는 정동적인 분위기를 만드는 것을 도울 수 있는데, 해석이 전달되는 시점에서 해석의 충격이 내담자의 정동 상태에 의해 영향을 받을 수 있기 때문이다. 경계선 내담자의 경우, 정동적인 강도와 불안정성은 종종 내담자가 언어적인 개입에 반응을 보이지 않는 기간이 있게 한다. 극단적인 경계선 정동을 완화하는 약물치료는 (과도한 약물이 내담자의 접근 가능성을 감소시킬 수 있지만) 내담자의 접근 가능성을 증가시킬 수 있다. 현실 왜곡이나 혼란된 사고와 같은 일시적인 정신증 현상 또한 심리치료 과정을 방해할 수 있다. 낮은 용량의 항정신증 약물은 이러한 상황에서 잠재적인 도움이 될 수 있다. 충동 통제를 증가시키는 약물은 치료 자체를 붕괴시킬 수 있는 행동화를 감소시킬 수 있다.

경계선 인성조직이나 경계성 인성장애에 대해 특정한 약물 처치 방법은 없기 때문에, 가장 최근의 치료 기준하에서 약물치료에 대한 의문은 내담자가 보이는 특정 표적 증상을 고려하고, 어느 정도의 증상 경감을 이루려는 시도에서 약물을 사용함으로써 접근하고 있다. 약물치료와 이에 반응하는 경계선 증상 간 특정 관계의 요약과 이것의 조심스러운 평가는 〈표 5-1〉과 〈표 5-2〉에 제시되었다. (연구 간 피험자 선택 준거에서의 차이로 부분적으로는 설명이 가능한) 어느 정도 상이한 결과가 있지만, 많은 증상 반응 패턴이 나타난다.

Soloff(2005)는 표적 증상을 세 영역으로 분류하였다. 인지 지각 증상, 정동 조절장애-기분, 충동 행동 통제장애 등이 그것이다(〈표 5-2〉). 그는 정신약물학이 인성장애를 치료하지는 못하지만, 적절한 약물의 사용은 스트레스와 관련된 탈보상(decompensation)을 감소시키거나 심지어는 예방할 수 있다는 것을 강조하였다.

〈표 5-1〉 경계선 인성조직 내담자의 약물치료에서 잠재적 표적

증상 표적	평가 고려사항
우울	변덕스러운 기분, 성격적 우울, 자율신경적인 증상이 있는 생물학적 우울 간 구분
정신증	정신증적 전이와 가성 정신증(예, 가성 환각)으로부터 진짜 정신증 구분
경조증 / 조증	변덕스러운 기분, 조적 방어, 진짜 조증 에피소드 간 구분
변덕스러운 기분	경조증, 조증 혹은 우울로 나타날 수 있음. 변덕스러운 기분은 기분 변화의 급속함에 의해 구분

〈표 5-2〉 증상 구성과 약물 선택

증상 구성	약물 선택
인지 지각 증상	낮은 용량의 항정신증 약물
정동 조절장애	첫 번째 선택: 선택적 세로토닌 재흡수 억제제(SSRIs) 두 번째 선택: 모노아민 옥시다아제 억제제(MAOIs) 세 번째 선택: 기분 안정제(리튬, 디발프로엑스 나트륨, 카바마제핀)
충동 행동 통제장애	첫 번째 선택: SSRIs와 관련된 항우울제 두 번째 선택: MAOIs(신중하게) 혹은 탄산리튬 세 번째 선택: 디발프록스 나트륨, 카바마제핀 네 번째 선택: 클로자핀

출처: Soloff(2005)에서 발췌

경계선 인성장애의 특정 증상이 약물치료에서 표적일 수 있지만, 주어진 증상에 대한 치료 선택이 분명하지는 않다. 게다가 경계선 인성장애 내담자의 약물치료 효과는 약하고 전반적으로 특정적이지 않으며, 시간에 걸쳐 감소할 수 있다. 임상가가 경계선 인성장애 내담자에게 약물치료가 적합하다고 생각한다면, George Alexopoulos(개인적인 교신, 2003)는 한 번에 단지 한 약물씩 체계적이고, 연속적이며, 반응에 근거해서 시도할 것을 권고한다. 임상가에게 빨리 경감시켜 달라는 압력을 주고 증상의 경험과 보고가 빠르게 변화할 수 있는 내담자 경우에 이러한 계획을 고수하는 것이 항상 쉬운 것은 아니다. 초기 약물 반응이 시간에 걸쳐 감소하는 패턴이 자주 나타나기 때문에, Alexopolous는 내담자가 3개월이 더 지난 후까지 계속해서 좋아지는 분명한 증거가 있는 경우에만 약물을 유지하는 것을 권고하였다.

약물이 성격 병리에 대한 치료를 제공하지 않기 때문에, 임상가는 이 접근의 한계를 알고, 약물 처치 방략을 단계적으로 올려서 치료하고 싶은 유혹을 피하는 것이 중요하다. 약물에서 많은 것을 기대하는 임상가는 계속 약물치료를 시도함으로써 심리역동적 초점을 상실할 수 있는 위험이 있는데, 심지어 약물을 중심으로 한 상호작용에서 중요한 역동이 다 없어질 때까지 그럴 수 있다.

많은 내담자들은 약물(항우울제, 항정신증제, 불안완화제, 리튬 혹은 항경련제)을 복용하면서 심리역동치료를 한다. 우리의 일반적인 견해는 내담자가 치료에 참여하는 한 약물을 지속하는 것은 임상적으로 유용할 수 있지만, 일반적으로 내담자가 치료에 참여할 때 치료 목표는 약물을 점차로 줄이려는 시도다. 이것은 성격적 우울과 주요 우울증 에피소드 기간 가능성 간 조심스러운 진단적 구분을 포함한다.

(1) 심리치료 과정에서 생겨나는 증상들

치료과정 동안에 심한 인성장애 내담자는 주요 우울증 에피소드, 조증 에피소드, 정신증 에피소드 혹은 공황 발작을 경험할 수 있다. 이러한 공존장애 상태(comorbid conditions)는 일반적으로 적절한 생물학적 개입이 필요하다. 그러나 우울한 기분, 일시적인 정신증 증상, 공황, 충동성 혹은 변덕스러운 기분은 공존장애 상태라기보다는 인성 병리 자체가 나타난 것으로 볼 수 있다. 이런 경우 이를 치료의 맥락에서 이해하는 것이 중요하다. 우리 경험으로는 대부분의 경우 이런 증상은 전이 발달에 대한 반응이나 내담자 생활에서의 사건에 대한 반응을 나타낸다(즉 활성화된 이자관계를 반영한다). 이런 경우 가장 효과적인 치료는 내담자에게 증상의 기원과 의미를 이해하도록 돕는 것인데, 이러한 이해는 대개 증상의 해결로 이끈다(임상 사례를 위해 웹사이트, http://www.borderline disorders.com 참조). 예를 들어, 공황 발작은 환경에서의 어떤 것이 내담자에게 위협적이고 중요한 내적 대상 표상을 활성화시킬 때 일어날 수 있다. 게다가 빈약한 기능을 보이고 만족스러운 관계가 (있다 하더라도) 거의 없는 많은 내담자들은 우울할 이유가 충분히 있다. 우울증을 보이는 모든 경우를 생물학적인 사건으로 다루는 것은 인성조직의 깊은 수준에서 변화를 이끌 수 있도록 증상을 탐색하는 데에서 주의를 딴 곳으로 돌려 버린다.

(2) 심리치료와 약물치료의 병행

심리치료 과정에 대한 관심은 약물치료에 대한 협력을 증진시키고, 약물치료가 효과적이기 위해 내담자가 치료를 충분히 길게 유지하는 것을 도울 수 있다. 효과적인 약물치료는 내담자가 약물의 긍정적이고 부정적인 효과를 정확하게 보고하는 동맹이 필요하다. 경계선 내담자의 주관적인 경험은 내담자의 내적 세계가 번갈아 일어나는 분열된 대상 표상에 의해 지배되면서, 인지 상태와 기분 상태가 급격하게 변화한다. 결국 이런 내담자들은 약물 효과에 대해 왜곡된 보고를 제공하기 쉽다. 동시에 진행되는 심리치료는 이러한 왜곡이 있는지 진단하고, 내담자의 내적 대상 세계를 이해하는 해석을 사용함으로써 왜곡을 감소시키는 기회를 제공한다.

(3) 내담자에게 약물치료의 의미

내담자가 약물치료에 귀인하는 의미가 가장 중요하다. 치료에 약물이 도입될 때, 치료자는 세 가지 관점에서 그 의미를 결정해야 한다. 치료자는 내담자가 약물치료와 그 효과에 대해 의식적으로 어떤 생각과 환상을 가지고 있는지를 알아야 한다. 치료자는 현재 전이 상태의 맥락에서 약물치료가 내담자에게 어떤 의미를 가지고 있는지를 고려해야 한다. 또한 역전이에서 약물치료가 내담자에게 어떤 의미를 가지고 있는지를 자각해야 한다.

현재 전이 상태를 평가하는 것은 중요한데, 약물치료에 대한 내담자의 반응이 그것에 의해 강하게 채색될 것이기 때문이다. 전이 상태에 따라 약물치료는 치료자 통제의 대행자, 돌봄의 지표, 선물, 내담자의 정동 상태에 대해 치료자가 감당하지 못하는 증거, 혹은 치료자의 절망에 대한 확증으로 볼 수 있다. 약물치료의 전이 의미를 이해하는 것은 순응적이지 않은 것에 대한 무의식적 동기를 해석하게 할 뿐만 아니라, 전이에서의 변화와 강화를 이해하게 할 것이다. 약물치료를 중심으로 심각한 행동화가 있을 것 같으면, 치료자는 이것을 미리 예상하고 해석하는 것을 선택할 수 있다.

약물치료를 고려할 때 치료자는 또한 역전이 상태를 검토해야 한다. 예를 들어, 내담자 행동과 관련하여 치료자가 특히 무력하게 느낄 때 치료자는 약물치료로 돌아갈 수 있다. 치료자가 치료에 대해서 희망이 없다고 느끼거나, 내담자 때문에 심리치료자로서 단순 작업을 하는 것으로 느낄 때, 치료자는 때때로 약물치료로 되돌아가고 싶어 할 것이다. 약물치료는 또한 내담자로부터 거리를 두는 데 사용될 수 있다.

(4) 탐색에 대한 방어로서 증상, 부작용 그리고 약물

증상은 모든 진단 집단의 내담자에게서 대인관계 소통을 하는 경로로 기여할 수 있지만, 특히 경계선 내담자는 치료자에게서 특별한 반응을 끌어내기 위해 증상의 보고를 사용하는 경향이 있다. 증상 강도에서의 변화나 장애가 되는 부작용이 생기는 것은 이것들이 진짜로 약물 효과를 반영하는 것만큼이나 전이의 변화를 반영할 수 있다. 만약 그렇다면 증상과 부작용의 역동적 의미를 이해하려고 시도하는 것은 중요하다. 내담자는 증상이나 부작용을 보고하는 식으로—대개 탐색적인 모험을 추구하는 것에 대한 방어로서—치료자의 행동을 통제하려는 시도를 할 수 있다. 탐색적인 작업에 초점을 두거나 약물 관리에 확신이 없는 치료자는 용량이나 약물에서의 변화를 결정하는 데 있어 내담자가 주도하게 할 수 있다. 결국 경계선 인성조직 내담자는 종종 부적절한 약물치료 시도를 받거나, 오랜 기간 동안 동종 요법의 복용이나 과도한 약물 용량을 유지할 수 있다.

이런 모든 것 때문에, 경계선 내담자에게 약물을 사용하는 원칙은 세심한 고려를 하는 것이다. 정동적이고 행동적인 불안정성이 경계선 내담자의 특징이기 때문에, 증상에서의 개선이나 악화가 약물 효과인지를 결정하는 것은 어렵다. 전이 요인이 일차적인 효과와 부작용의 보고를 강하게 채색할 수 있다. 약물의 진정한 효과를 결정하기 위해, 치료자는 변화하는 정동 상태와 전이의 배경을 넘어서 장기적인 경향을 확인할 때까지 기다려야 한다. 치료자는 변화를 천천히 만들어야 한다.

(5) 경계선 내담자에서 병행 치료와 관련된 복잡성

내담자가 받는 치료의 형태(심리치료, 약물치료 혹은 병행 치료)는 생물학적인 자기이든 혹은 심리적인 자기이든 간에 자기 표상에 집착하는 것을 조장할 수 있다. 자기에 대한 생물학적 견해가 우세하면, 충동과 감정 상태는 화학적이고 생물학적인 결과에 귀인된다. 자기에 대한 심리적 견해가 우세하면, 이러한 상태는 의식적이거나 무의식적인 욕구, 두려움 그리고 가치에 귀인된다. 병행 치료를 수행할 때에는 두 모델이 다 유발된다. 경계선 내담자는 방어적인 목적으로 두 준거 틀 중 하나를 내세울 수 있다. 이들은 자신의 감정 상태를 화학에 귀인함으로써 심리내적인 갈등이나 대인관계 경험의 함의에 대해 방어할 수 있다. 반대로 이들은 약물의 역할을 인식하는 데 방어적일 수 있는데, 순응하지 않거나, 약물에 기인하는 개선을 최소화하거나 또는 진정한 생물학적 효과를 심리적 과정으로 귀인하면서다. 약물치료가 보완된 집중 심리치료에서 치료자의 과제 중 하나는 이러한 방어적 입장을 해석하고, 특정 내담자가 자기 자신에 대해 가지는 견해를 유지하는 이유를 이해해야 한다.

(6) 누가 약물 관리를 제공하는지에 대한 질문

내담자가 약물치료를 받을 필요가 있다고 생각한다면 다음 질문은 누가 약물 관리를 제공하느냐 하는 것이다. 심리역동치료를 제공하는 치료자가 정신과 의사라면, 치료자가 약물도 관리해야 하는가? 어떤 조건에서 다른 사람이 약물 관리를 제공하는 것이 적합한가? 심리역동 치료자가 의사가 아니라면, 치료자와 정신약물 치료자 간에 의사소통의 원칙은 무엇인가? 누가 약물을 관

그 이상 지속되는 정신증 증상, 혹은 기억이나 인지의 손상과 같은—에서 뚜렷한 변화가 있고 이러한 변화가(전이 정신증 경우와 같은) 역동적인 주제에 귀인할 수 없는 것처럼 보일 때다. 부가적인 약물 관리 회기는 정신약물 치료자의 재량으로 필요할 때 잡을 수 있을 것이다.

(7) 경계선 인성장애 내담자에게 적절한 (치명적이지 않은) 양의 약물 제공하기

약물을 처방한 사람은 약물의 치명적인 가능성을 알고 있어야 하며, 위험한 양의 처방을 하지 않도록 조심해야 한다. 예를 들어, 삼환계 항우울제는 일주일 혹은 격주로 처방해야 한다는 것을 의미한다. 이렇게 조심하는 것이 분명할 경우에도 내담자는 때로 한 달치 처방을 요구하는데, 보험 계획이 각 처방에 대해 고정 수수료를 요구하기 때문에 종종 그것이 더 경제적이라고 주장하면서다. 이들은 작은 양의 처방이라고 할 수 있고, 치료자가 그들을 믿지 않는다고 비난할 수 있다. 치료자는 방어적일 필요는 없다. 그리고 내담자의 행동이 강력한 힘에 의해 영향을 받고, 그 중 어떤 것은 자기파괴적이며 내담자의 건강한 측면의 통제를 잘 받지 않을 때, 내담자가 통제를 충분히 할 수 있다고 가정하는 것은 너무 순진하다는 것을 내담자에게 단순히 지적할 수 있다.

때로 임상가는 과외의 서류 업무를 회피하기 위해 매달 처방하는 것을 선택할 수 있다. 스스로 죽기를 원하는 내담자에게 적은 양의 약물을 처방한다고 해서 이것이 멈추어지지는 않을 것이라는 주장이 있을 수 있다. 내담자는 약물을 모을 수 있고, 아스피린 여러 병을 살 수 있거나, 혹은 다른 자살 수단을 선택할 수 있다. 그러나 처방된 약물에 대해 전이의 함의를 고려하는 것은 중요하다. 어떤 내담자들은 자살을 기도하는 수단으로 (직접적으로 혹은 동료를 통해 간접적으로) 치료자가 처방하는 약물을 특정하게 선택할 수 있는데, 이것은 치료자에 대한 적대감을 표현하는 수단이거나 혹은 치료자가 그들을 도왔기보다는 상처를 주었다고 비난하는 수단이었다. 약물을 처방한 의사가 많은 양의 약물을 투여하는 처방전을 썼다면, 내담자는 이것을 치료자가 무관심하고 태만한 표시로 받아들일 수 있거나, 혹은 과다복용을 하도록 부추기거나 고무하는 것으로 받아들일 수 있다.

(8) 약물에 관한 정직하지 않은 소통

몇몇 내담자들은 그들이 원하는 약을 얻기 위해 다른 의사에게 갈 수 있다. 이것은 약한 진정제를 남용하는 내담자의 경우에 가장 흔하다. 치료자가 이것을 알았다면 우선해야 할 일은 내담자가 입원 해독 치료나 약물남용을 위한 기숙 프로그램 치료나 낮 프로그램 치료가 요구된다고 할 정도로 약물에 중독되었는지를 결정하는 것이다. 두 번째 해야 할 일은, 정직하지 않은 것이 치료를 불가능하게 하고, 정직하지 않은 소통 패턴이 지속된다면 내담자는 도움을 받을 수 있는 치료의 가능성을 파괴할 것이라는 점을—치료자가 정직하지 않은 소통이 있는 경우에도—내담자에게 분명하게 해야 한다.

치료를 시작하는 내담자는 때로 그들이 복용했던 약물의 양을 과장해서, 그러지 않았더라면 처방했을 약물보다 더 많은 양의 약물을 의사가 처방하게 된다. 다시 이것은 대개 중독성이 있는 약한 진정제의 경우에 그러하고, 앞서 기술된 것처럼 다루어져야 한다.

약물 순응이 종종 문제가 된다. 경계선 내담자에게는 대인관계 통제에 관한 주제가 두드러지기 때문에, 약물은 통제의 대리물이면서 누가 통제하는지의 상징으로 의미를 지니게 된다. 약물은 치료자가 내담자의 마음과 행동을 통제할 수 있는 화학적 수단으로서 지각될 수 있다. 처방된 약물을 복용하는 것은 통제권을 내주고 치료자에게 복종하는 것으로 여겨질 수 있다. 내담자는 공공연히 또는 은밀한 불순응으로 치료자의 통제를 거부하려는 시도를 할 수 있다. 약물 불순응은 또한 투사적 동일시의 수단이 될 수 있다. 예를 들어, 내담자의 무력감이 치료자에게 투사되어서 유발될 수 있는데, 치료자는 자신이 처방하는 약물에 대해 내담자가 하는 행동과 관련하여 무능해진다. 약물 복용 행동은 순전히 약물치료만 할 때에도 통제의 주제가 특징이 되지만, 병행 치료에서 역동적인 심리치료를 할 때 원시적인 전이가 강화되는 것은 이러한 순응의 주제를 더욱 악화시킬 수 있다.

2) 전이초점 심리치료와 보조 치료의 병행

전이초점 심리치료의 초점은 내담자와 치료자 간 관계에서 활성화되었던 주된 대상관계에 있다. 목표는 자기 개념 및 타인 개념에서의 변화이고, 사랑과 일에서의 점유와 관련된 변화와 함께 이루어진다. 전이초점 심리치료가 보조 치료자나 보충 치료자에 의해 수행되는 지지적이고, 지시적이며, 기술을 증진시키는 개인적이고 집단적인 접근과 병행될 수 있는 특별한 상황이 있을 수 있다(Koenigsberg et al., 2000a 참조). 적절한 보조 치료의 구체적인 예는 12단계 프로그램(예, 알코올 중독자 모임, 코카인 중독자 모임, 마약 중독자 모임) 혹은 체중 감시, 영양 치료, 내과 전문의 치료, 기술 훈련, 부부 치료, 낮병동 프로그램 등록에 참여하는 것을 포함한다.

Chapter 06

진단 평가 2단계: 치료 계약

치료 초기의 과제 중 하나는 치료의 틀을 설정하는 것으로, 이는 4장에서 전이초점 심리치료(TFP)의 첫 번째 기략으로 소개되었다. 이것은 진단 평가가 완성된 다음의 첫 번째 과제이며, 치료자와 내담자 간 치료 계약을 협의함으로써 수행된다. 치료 계약은 치료의 구조를 설정하고, 각 참여자의 의무를 정의하며, 이러한 유형의 치료를 내담자가 계속하려는 동기가 있는지 평가한다. 계약은 심리치료 과정이 펼쳐질 수 있는 환경을 보장하기 위해 필요한 **최소 제한**(least restrictive) 조건을 열거한다. 계약이 제시되기 전에는 계약을 수용하는 내담자의 능력과 의지를 알기 어려우며, 치료가 수행되기 위해 필요한 최소한의 조건을 계약이 정의하기 때문에 계약 설정은 치료 시작 전에 한다. 치료 시작의 진행을 도식화해 보면, 치료자는 다음 순서를 따른다. 평가 및 과거력 탐색(평균 3회기; 5장 참조), 치료 계약의 설정(평균 2, 3회기, 그러나 복잡한 사례의 경우 더 걸릴 수 있다), 그리고 치료의 시작(내담자와 치료자가 계약에 동의할 경우).

계약의 첫 번째 목표는 심리역동적 탐색을 할 수 있는 조건을 만드는 것이다. 지침이 되는 원칙은 치료자가 중립적으로 남을 수 있고 명확하게 사고할 수 있기 위해서는 편안하게 느껴야 한다는 것이다. 경계선 내담자의 치료에서는 이것이 그렇게 쉽지 않다. 왜냐하면 내담자는 치료자에게 자주 불안을 불러일으키고, 치료자는 그 순간 심리역동적인 기법 대신에 더 효과적이라고 생각되는 다른 기법을 쓰게 되기 때문이다. 그렇게 함으로써 치료자는 내담자가 자신의 원시적 역동을 이해하고 해결하도록 돕기보다 대개 내담자가 그 역동을 행동화하는 데에 휘말리게 된다. 치료의 틀을 설정하는 두 번째 목적은 내담자에게 장애의 이차적 이득을 제한하는 것이다. 예를 들면 내담자는 증상을 호소하여 추가적인 치료시간을 얻으려고 하거나 직무불능 소견서를 쓰게 하려고 한다.

치료 계약을 논의함에 있어, 치료자가 다루어야 할 것은 1) 심리역동치료에서 모든 사례에 적용되는 보편적이고 근본적인 치료의 변형기법(〈표 6-1〉)과 2) 치료에 특별한 위협이 되는 것으로, 개인 내담자의 독특한 역사와 병리의 특징을 나타내며 치료를 위험에 빠지게 할 수 있는 것이다(4장의 〈표 4-2〉 참조). 이러한 위협은 특별한 변형기법의 확립을 요구하는데, 이 기법은 심리역동치료의 일반적 변형기법을 넘어서는 것이며, 개인 내담자에 따라 달라진다. 예를 들어, 자살시도로 이전 치료자가 위기 개입을 해야만 했던, 그래서 치료가 계속될 수 없었던 내담자에게 오해의 여지 없이 명확하게 치료자의 역할과 입장이 무엇인지 분명히 해야만 한다.

치료를 받으려면 내담자는 처음부터 진지하게 협력해야 할 의무가 있다. 그러나 치료자는 계약이 완전히 지켜지기 전에 계약을 지키는 것의 어려움이 치료에서 우선적인 주제가 될 수 있다는 것을 알아야 한다. 치료 시작 전에 이러한 계약을 했다고 해도, 치료 작업은 종종 계약 이전으로 돌아갈 수도 있고, 때로 치료를 받는 과정에서 계약을 개정하거나 첨가할 수도 있다는 것 또한 치료자는 알아야 한다.

만일 내담자가 치료의 기본적인 측면을 수용하지 않는다면, 치료자는 이러한 내담자와 작업할 의무를 느낄 필요가 없다는 것을 우리는 강조한다. 치료자가 적절한 치료를 제공하고 있음을 분명히 하는 것이 치료자의 일이다. 이것은 외과의가 살균된 수술장소와 같이 꼭 필요한 조건이 이루어지지 않으면 수술을 진행하지 않는 상황과 유사하다. 만일 내담자가 치료의 필수적인 조건을 받아들이지 않는다면 자신이 반대하는 치료에 참여하기보다는 다른 치료를 찾는 것이 더 나을 것이다.

계약 단계에는 내담자의 부모나 배우자와의 만남이 포함될 수 있는데, 치료자가 치료의 성격과 한계에 대해 이들과 소통하는 것이 필요하다고 간주할 때다. 이러한 만남이 필요한 때는 일반적으로 내담자가 이 사람들에게 매우 의존적일 경우와, 이들이 내담자 장애의 특성을 이해하지 못할 위험과 자기파괴적인 내담자가 치료 도중에 자해나 자살을 하지 않는다는 어떠한 보증을 치료가 제공하지 못한다는 사실을 이해하지 못할 위험이 있는 경우이다. 이러한 적절한 이해 없이 진행하는 치료자는 대개 역효과를 낳거나 탐색적인 치료자 역할에서 이탈하도록 하는 데서 살아남으려는 압력을 경험한다.

〈표 6-1〉 **치료 계약의 필수 요소**

내담자의 책임	치료자의 책임
• 치료에 참여한다. • 치료비를 낸다. • 검열하지 않고 자기 생각과 감정을 자유롭게 보고하도록 노력한다. • 자신이 보고한 것, 치료자의 언급, 그리고 상호작용에 대해 돌아보려고 노력한다.	• 치료 일정을 관리한다. • 내담자가 자기 자신에 대해, 그리고 자기 인성과 어려움의 더 깊은 측면에 대해 이해할 수 있도록 돕는다. • 자신의 개입에서 한계를 분명히 한다.

1. 계약 협상의 과정

계약을 논의하는 것은 치료자의 일방적인 진술이 아니고 대화이며, 치료자는 치료 조건의 진술에 대해 내담자가 어떻게 반응하는지 주의 깊게 주의를 기울인다. 이러한 주의는 피상적이고 의미 없는 동의를 피하게 하며 또한 이 과정에서 내담자가 드러내는 초기 전이 패턴을 식별하는 데에 적용된다.[1]

중요한 것은 평범하지 않은 혹은 영웅적인 노력을 요구하는 어떤 치료적 요구에도 얽혀서는 안 된다는 것이다. 영웅적인 치료를 제공하고 싶은 유혹은 역전이 어려움이 시작되는 단서를 제공한다. 보통 치료에서 합리적으로 생각되는 것 이상을 치료자가 받아들이게 되면 그 결과는 내담자의 자해 가능성을 강화하는 것이 되며, 또한 치료자가 소진되거나, 압도되거나, 시달림에 지치게 됨에 따라 제어하기 어려운 역전이가 나타날 가능성이 증가한다. 치료자는 '충분히 좋은' 치료자라면 어떻게 해야 하는지를 명심해야 하며, 그러한 보살핌 수준을 넘으려는 내적 충동이 있다면 자신의 동기를 검토해야 한다.

2. 내담자의 책임

내담자의 책임 영역은 모든 내담자에게 항상 논의되어야 하는 것이다. 여기에는 치료에 오는 것, 참여, 치료비, 이러한 방법의 치료에서 내담자의 역할이 포함된다. 치료에 책임이 있다는 생각이 어떤 내담자에게는 낯설 수 있는데, 이들은 자신을 돌보는 것이 치료자의 역할이라고 느낀다. 때로 경계선 내담자

1 계약 평정척도(Contract Rating Scale)는 우리 웹사이트(http://www.borderlinedisorders.com)에서 이용할 수 있다. 독자는 계약 평정 과정을 질적으로 이해하기 위해 (치료자와 내담자의) 어떤 행동을 평정해야 하는지에 대해 더 상세한 개념을 얻기 위해 이 평정척도를 검토할 수 있다. 사실, 이 장의 개요는 이 도구에 있는 일련의 평정과 일치한다.

이 주제부터 얘기해야 합니다. 예를 들어, 갑자기 멀리 이사하게 되었다면, ○○씨 마음에 떠오르는 그 밖의 다른 것을 말하기 전에 이것부터 의논하는 것이 중요합니다.

3. 치료자의 책임

치료자 역시 그의 책임 영역을 명확하게 한다는 사실은 치료과정의 상호성을 강조하는 것이다. 책임은 참여를 규정하고, 그다음 치료의 작업 측면을 강조한다. 치료자의 중심 책임은 내담자가 자신, 자기 인성과 자신의 어려움을 더 이해해서 이러한 문제들을 해결하도록 돕는 것이다. 치료자의 다른 책임은 치료시간 정하기, 치료시간 내에 치료 작업에 전념하기, 내담자에 대한 자신의 개입을 탐색적 치료 작업으로 제한하기, 그리고 비밀을 지키는 것에 관한 것이다.

1) 치료시간 정하기

치료자는 내담자와 치료시간 정하는 문제를 논의한다. 여기에는 시간을 정하는 것, 치료자가 어디 가고 없을 때 내담자에게 알리는 절차가 포함된다. 치료자는 자신이 계획한 행동에 대해, 그리고 약속을 취소해야 할 때 일어날 일에 대해 사과하지 말고 분명하고, 간결하게 말해야 한다. "우리는 일주일에 2번씩 치료시간을 정해 만나게 됩니다. 치료시간은 45분이며 내 사무실에서 합니다. 긴급한 상황이 아니면, 사무실을 비울 계획이 있을 때는 적어도 한 달 전에 알려주겠습니다. 시간을 취소해야 하면 그 주 다른 날 다시 시간을 잡겠습니다. 주당 2회 정기적으로 만나는 것이 치료의 기본입니다."

2) 치료비에 대한 진술

치료비에 대한 치료자의 설명에는 중요한 임상적 함의가 있다. 치료비를 받아야 된다는 것을 알리면서, 치료자는 이 치료가 그가 보상을 기대할 가치가 있다는 점을 분명히 한다. 비록 치료비에 대한 언급을 간단히 하더라도, 더 많은 것이 태도로 소통된다. 치료자가 치료비에 대해 언급하는 동안 기침을 하거나 목소리를 낮추거나 눈길을 돌리는 것은 중요한 진술이 된다. 치료자가 어떤 내담자에게 의구심을 가지고 일하면, 치료비에 대해 얘기할 때 그 의구심이 나타날 수 있을 것이다. 예를 들면, 그 태도에서 다음과 같은 것이 나타날 수 있다. "내가 ○○씨와 일은 하겠지만 ○○씨도 거기에 맞는 대가를 지불해야 해요." 반대로 내담자를 도울 수 있는 자신의 능력에 의문을 갖는 치료자는 치료비를 미안해하는 어조로 논의하여, 치료자가 내담자 돈의 가치만큼 하지 못할 수 있다는 것을 시사한다.

이상적으로 치료자는 치료비를 다른 주제와 똑같이 논의할 것이다. 이것은 치료비가 치료자에게 갖는 의미를 왜곡하는 경향이 있는 경계선 내담자에게 특히 중요하다. 치료자는 내담자에게 치료의 대가로 치료비를 받으며, 약속한 것보다 많거나 적게 받지 않는다고 전한다. 그러므로 내담자는 치료효과에 따라 치료비를 더 내서 보상하거나 덜 낼 수는 없다. 치료효과에 대해서 치료자의 노력을 얼마만큼 인정하는지에 대한 내담자의 생각이나 태도는 전이현상으로서 분석할 수 있다.

3) 치료에 대한 설명

치료 계약의 목적 중 하나는 고려하고 있는 특정 치료의 특징에 대해 내담자를 교육하는 것이다. 과거에 치료받은 적이 있는 내담자라도 내담자와 치료자 양쪽의 책임을 알거나 인정할 거라고 가정하는 것은 순진한 것이다. 치료자 역할에 대해 얘기할 때 포함되는 것은 치료자가 경청하면서 내담자가 이해를 얻도록 돕는 데에 초점을 두는 것, 언제 말할지 선택할 때 사용하는 규칙에 대한 것, 신체적 접촉이 없을 것이라는 것, 그리고 비밀보장의 본질에 대한 논의이다. "나의 책임은 내가 할 수 있는 한, ○○씨의 얘기를 주의 깊게 듣고, 그리고 우리가 ○○씨에 대해 더 이해하는 데에 도움이 될 거라고 느낄 때 얘기를 할 것입니다. ○○씨가 질문을 할 때 내가 대답하지 않거나 나에게 어떤 말을 원할 때 때로 내가 어떤 말도 하지 않을 수 있습니다. 어떠한 상황이든, 나는 ○○씨가 무엇을 경험하고 있는지 관심을 가질 것입니다. ○○씨는 내가 충고를 해 주거나 어떻게 하라고 말하길 원할 때도 있을 것입니다. 내가 권하는 치료 형식은 ○○씨가 자신과 상호작용, 그리고 상황에 대해 잘 성찰할 수 있는 능력을 신장시키는 방법입니다. 이것은 또한 자율성과 독립적인 기능을 신장시키는 방법입니다. 따라서 대부분의 경우에 내가 직접적인 대답이나 충고를 하는 것은 (비록 내가 모든 대답을 가지고 있다 하더라도) ○○씨 자신의 결정에 이르도록 돕는 것보다 도움이 되질 않을 것입니다. 게다가 내가 ○○씨가 무엇을 원하고 무엇이 최선인지 안다고 자처하는 것은 주제넘은 것일 것 같습니다. 이러한 모든 이유로 내 입장은 내가 ○○씨가 어떻게 해야 하는지 말하는 것보다, ○○씨가 원하는 것이 무엇이며, 원하는 것을 둘러싼 갈등이 무엇인지 이해하도록 도우려 노력할 것입니다. 비밀보장과 관련해서, 여기서 우리가 얘기한 것은 두 사람 간에 일어난 사적인 것입니다. 여기서 먼저 논의하고 동의가 있기 전에는 어떤 정보도 공개하지 않을 것입니다. 동의가 있으면 정보를 공개하기 전에 서면으로 허락을 받겠습니다."

자살 기도나 폭력적인 폭발의 전력이 있는 내담자에게는 다음과 같은 이야기를 덧붙이는 것이 필요할 수 있다. "이러한 규칙의 단 하나 예외는 ○○씨가 자신이나 다른 사람의 삶에 위협을 가하려 할 때일 것입니다. 그럴 경우 나는 어쩔 수 없이 ○○씨를 보호하고 관련된 사람을 보호하기 위해 필요한 조치가 무엇이든 그렇게 하겠습니다. 여기에는 비밀보장을 위반하는 것이 포함될 수 있습니다."

치료자가 자신이 기술하는 역할에 대해 편안하게 느끼는 것이 중요하다. 초보 치료자는 때로 탐색적인 치료자로서 듣는 역할을 유지하는 것이 얼마나 중요하고 어려운지 알지 못한다. 이러한 치료자들은 내담자의 고통과 혼란스러운 삶에 직면하여 자신이 "그저 앉아서 아무것도 하지 않는다"는 보편적인 비판에 마음이 상할 수 있다. 이러한 형태의 평가절하적인 비판은 전능한 타인이 자신을 마술적으로 고쳐 줄 수 있고 그렇게 하지 않는 것은 단지 가학적인 철수 때문이라는 내담자의 원시적인 신념에 상응하는 것이다. 초보 치료자는 이러한 비판에 응해서 중립성의 위치를 포기하기 쉽다. 그러나 실제에서 강렬하고 혼란스럽게 드러나는 내담자의 내적 세계에 주목하고 집중하는 것이 주요한 일이고, 치료자는 아마 내담자의 삶에서 기꺼이 그런 역할을 하려 하고 그렇게 할 수 있는 유일한 사람일 것이다.

내담자의 개인사와 내담자가 제시하는 것에 근거해서, 치료자는 내담자에 대한 개입에 더 분명히 한계를 짓고자 할 수도 있는데, 특히 진정한 응급상황의 경우를 제외하고 치료적 노력이 정해진 시간에 사무실 환경 안에서 언어적 상호작용으로 한정된다는 것에 대해서다. "○○씨는 나에게 과거 동요되거나 불안할 때마다 치료자에게 전화했다고 했지요. 그렇게 하면 짧은 순간 더 나아졌다고 느낄 수 있지만, 길게 보아서는 ○○씨 문제를 해결하는 데에 도움이 되지 않습니다. 이 치료에서 우리는 우리가 동의한 대로 정기적으로 정해진 일정과 정해진 시간에 따라 작업할 것입니다. 때로 ○○씨는 치료시간 외에 전화, 우편, 이메일 또는 직접 나와 소통하기를 원할 수 있습니다. 대개 나는 그에 대한 논의를 사무실에서 정해진 시간에 할 것입니다. 전에 말했듯이, 이러한 형태의 치료는 ○○씨가 스스로 성찰하고 독립적인 기능을 신장시키고, 자기 자신의 결정에 이르도록 구성되어 있습니다. 예를 들면, 진정한 응급상황이 아니라면 회신 전화를 하지 않겠다는 뜻입니다."

치료에서 치료자 개입의 한계를 더 자세히 설명해야 할 때가 있다. 예를 들어, 내담자가 이전 치료자의 사생활을 침해한 전력이 있는 경우다.

계약을 논의하는 이 단계에서 응급상황의 본질에 대해 혼란이 있을 수 있다. 내담자는 자신이 동요되거나, 불안하거나, 자살하고 싶을 때는 언제든 응급상황이라고 믿을 수 있다. 이전 치료자는 응급상황에 대한 이러한 이해에 동의했을 수도 있다. 전이초점 심리치료에서 치료자는 만성적이고 지속적인 조건과 응급상황을 구별한다. "과거에 ○○씨는 동요되거나 자살에 대한 생각이 있을 때마다 치료자에게 전화했지요. 나는 그런 것을 응급상황이라고 보지 않습니다. 왜냐하면 유감스럽지만 그러한 감정은 이 시점에서 ○○씨에게 만성적인 존재방식을 나타냅니다. 스트레스를 경험할 때마다 ○○씨의 습관적인 반응은 동요되는 것이고, 종종 자살할 생각을 합니다. 이것은 지금 치료를 받으러 찾아온 주요한 원인의 하나입니다. 이러한 습관적 반응을 바꾸기 위해서죠. 그러나 우리는 당분간 ○○씨가 그러한 감정을 경험할 거라고 예상할 수 있습니다. 과거에는 장기 입원이 장애를 치료하기 위한 선택이 될 수 있었습니다. 이제 그러한 치료는 가능하지 않고, 우리는 외래 치료를 하기로 합의할 필요가 있습니다. 우리는 ○○씨가 계속 동요되고, 불안하며, 죽고 싶은 감정을 경험할 거라는 걸 알고 있습니다. 치료시간 밖에서는 이러한 감정이 올라올 때 이것을 다루는 것이 ○○씨의 책임이 될 것입니다. 그러한 시점에 여기서 우리가 논의한 것을 생각해 보는 것이 도움이 될 수 있을 것입니다. 때로 가족이나 친구에게 전화를 하는 것이 도움이 될 수 있습니다. 위험에 처해 있다고 느끼고 전혀 통제를 할 수 없을 때는 병원 응급실에 가거나 119에 전화해야 합니다." (자살 위험을 둘러싼 계약에 대한 충분한 논의는 7장 참조)

"그럼에도 불구하고 응급상황일 때에는 치료시간 외에도 전화할 수 있습니다. 나는 응급상황이 중대하고 예측할 수 없는 스트레스 사건이고, 누군가에게 심각한 영향을 줄 수 있는 것인지 고려해 보겠습니다. 어머니가 돌아가신 걸 알았을 때, 남편이 암 선고를 받았을 때, 집에 불이 났을 때 같은 경우입니다. 그처럼 극단적인 스트레스일 경우는 전화하는 것이 좋겠습니다. 나는 ○○씨 반응의 어떤 측면에 대해 도울 수 있을 것입니다. 다음 약속시간 전에 시간을 잡는 것이 좋을 수 있다는 것입니다. 그러나 이러한 경우라도, 기억해야 할 것은 내가 무선 호출기를 갖고 다니지 않으며 내가 ○○씨의 메시지를 듣고 응답하는 데는 몇 시간이 걸릴 수도 있다는 것입니다. 내가 신뢰하는 치료를 지속적으로 제공하는 것이 장기적으로 ○○씨를 도울 수 있다는 사실을 분명히 하는 것이 중요합니다. 내가 응급 서비스를 제공하는 입장에 있지 않으며, 그리고 우리의 작업과 목표의 본질상, 만약 내가 할 수 있다 하더라도 그렇게 하는 것이 도움이 되지 않을 거라고 생각합니다."

치료자가 자신이 이용 가능한지에 대해 말하는 것이 중요한데, 내담자가 현실적으로 기대할 수 있는 것이 무엇인지를 설정할 뿐 아니라 충동에 의한 변덕스러운 접촉과는 다른 신중한 일관성의 모델을 제공할 수 있기 때문이다. 내담자는 종종 치료시간 동안 자신의 고민을 도와줄 어떤 것도 치료자가 제공하지 못한다고 불평한다. 그러나 내담자는 치료를 통해 상대에 대한 긍정적인 내적 이미지를 일관되게 유지할 수 있는 능력을 갖게 된다. 이것은 내담자가 해석작업(3장 참조)을 통해 자기 안의 힘들이 그러한 이미지의 안정성을 어떻게 파괴하는지 이해하게 되는 것과 같다.

내담자의 전화를 다루는 치료자의 입장은 상황의 역동에 따라 달라질 수 있다. 이 절의 위에 예로 든 내담자처럼 치료자와 가외로 접촉하려는 이차적 이득이 동기가 되는 전화의 경우, 이것은 만족감을 주지만 변화 과정에는 도움이 되지 않는다. 치료자가 설명한 대로, 전화는 응급상황의 경우에만 정당화될 수 있다. 한 가지 응급상황의 유형은 대개 치료시간 사이에 전화한 일이 없던 내담자가 치료 작업으로 인해 자신의 특징적 방어구조가 도전받기 시작했을 때 심하게 고민하고 불안해하는 경우다. 이러한 예는 내적 구조가 거대자기감(비록 취약할 가능성이 있지만)과 타인을 낮추어 보며 무시하는 데에 근거를 두고 있는 자기애적 경계선 내담자의 경우다. 다른 사람을 무시하는 것은 대개 다른 사람을 기본적으로 믿지 못하고 다른 사람을 의지하지 못하는 것을 포함하며, 이것은 의존하면 버림받고 상처받을 수밖에 없다는 신념에 근거한다. 이런 내담자는 치료자에 대한 (대개는 드러나지 않는) 의존성을 감지하게 되면, 대개 큰 불안을 경험한다. 이것은 치료를 중단하고 싶은 소망이나 심지어 자살하려는 생각으로 나타날 수 있다.

이러한 상황에서, 즉 내담자에게 필요한 내적 세계의 변화가 (이 경우 의존성하게, 정각에 오는 것이 내담자의 책임이라는 데 합의한 후에, 치료자는 이렇게 덧붙일 수 있다. “물론 정각에 오기 어려운 날도 있을 것입니다. 그러한 경우 치료시간의 끝에 늦은 시간만큼 보충하도록 하겠습니다.” 다른 가능성이란 게 말로는 완벽한데 억양으로는 전혀 다른 이야기를 할 수 있는 것이다. 자신이 하는 작업에 대해 명백히 아주 불안한 치료자는 내담자의 책임을 급히 이야기하고, 모든 적절한 항목을 포함하기는 하지만 내담자가 숙고하거나 반응할 시간을 허용하지 않을 수 있다.

스펙트럼의 다른 극단에서, 숙련되지 않은 치료자는 계약이 경직되고 글자 그대로 정확한 합의가 되기를 원해서 이행하기에 비현실적인 것이 될 수 있다(그리고 이것은 역전이에서 무자비하게 처벌적인 대상이 상연된 것일 수도 있다). 계약에 대한 내담자의 반응을 다루는 데 있어서 적절한 융통성을 발휘하는 것은 다음 예에서 논의된다.

다음은 치료자가 계약 조건에서 후퇴하는 예다. 어떤 계약을 한다는 생각에 대해 맹렬하게 거부하는 내담자에게 치료자는 이렇게 말할 수 있다. “네, 한 번에 다 요구하기에는 너무 많을 수도 있겠네요. 그렇게 작업할 수 있는지 봅시다.”

치료자가 주 2회 치료에 와야 할 필요성에 대해 말하지만, 내담자는 주 1회 이상 오는 것도 거부하고 반대하는 근거를 살피는 것도 무조건 거부하는 상황을 고려해 보자. 그럴 때 치료자가 “일주일에 2회 오는 것이 너무 어렵다고 느낀다면, 주 1회만 하는 것으로 시작할 수 있습니다.”라고 말한다면, 치료자는 이 치료를 하는 데 필요하다고 생각하는 최소한의 조건을 수립하는 과제를 수행하지 못한 것이다.[3]

계약 조건에서 치료자가 후퇴하는 다른 방식은 내담자의 반대를 무시하고

3 우리는 내담자가 주 2회 와야 한다고 가르친다. 이것은 치료자가 치료시간에 일어나는 것을 탐색하고 다루며 치료시간 밖의 내담자 생활에 대해 들을 수 있는 최소한의 시간으로 여겨진다. 어떤 건강보험 체계에서, 치료자는 단지 주 1회만 치료하는 조건 아래 전이초점 심리치료를 시도하고 있다. 우리는 그 가능성을 평가하기 위해 이러한 상황을 관찰하고 있다.

필요한 합의에 이른 것처럼 행동하는 것이다. 가짜 합의를 받아들이는 것은 직면을 피하게 하지만 치료에서 나중에 어려움을 야기할 뿐이다.

더 나아 보이지만 아직 불완전한 경우는 치료자가 내담자의 반대를 명료화하지만 논의되는 계약 조건이 치료의 필수 조건이라는 사실로 돌아가지 못한 때다.[4] 예를 들어, 치료자는 이렇게 말할 수 있다. "왜 치료에 규칙적으로 올 수 없는지 더 이야기해 보세요." 그러나 내담자가 공부를 위해 시간이 더 필요할 수도 있다고 대답한 후에는, 더 이상 어떤 언급도 하지 않고 다른 주제로 넘어가는 경우다.

치료자는 여러 차례에 걸쳐 치료의 특정 조건이 필요하다고 반복해야 될 수 있다. 매번 그 이유를 설명하고(예를 들어 "○○씨가 오지 않으면 치료를 할 수 없어요."), 내담자의 반대를 다시 살펴보고, 그리고 내담자가 관련된 주제에 관해 강한 저항을 보이더라도 치료는 어떤 조건이 요구되는 구체적인 과정이라는 것을 내담자가 이해할 수 있는지 보게 된다. 인내심, 끈기 그리고 반복은 치료자가 경계선 내담자와 작업할 때 보이는 특징이다.

계약조건에 완전히 동의하지는 않지만, 협력할 의지가 충분히 있다고 보이는 내담자들도 분명히 있을 것이다. 이런 경우 치료자는 치료를 시작할 수 있다고 느낀다. 사실, 충분한 합의가 이루어졌는지를 평가하기 위해서는 임상 경험이 요구된다. 대부분 경계선 내담자가 망설임없이 무조건 치료의 모든 측면에 동의하리라고 기대하는 것은 순진한 일일 것이다. 치료자는 언제 내담자가 합의의 요지를 알고, 마지못해서라도 노력할 것 같은지 평가해야 한다. 내담자가 계약에 대해 어떤 양가감정을 계속 지니고 있다는 것을 치료자가 알고 있음을 나타내는 것이 중요하다. 내담자의 양가감정이 공공연한 반대로 바뀐다면, 이것은 우선적으로 의논해야 한다.

4 우리가 어떤 내담자에게만 특유한 특정한 치료 방해 행동에 대해 고안된 치료 계약 측면을 지금은 고려하지 않는다는 것을 주목하는 것이 중요하다. 이러한 조건들은 치료의 본질에 의해 결정되지, 치료자에 의해 결정되지 않는다. 하지만 내담자는 종종 치료자가 결정하는 것처럼 반응하며, 단지 치료자의 생활을 편하게 하려는 목적으로 임의적 규칙을 강요한다고 비난한다.

종종 진단 단계에서 내담자의 행동이 합의한 것과 다를 수 있다. 그럴 경우 치료자는 드러나는 모순을 다룰 필요가 있다. "우리가 치료를 시작하기 위해 주 2회 온다는 것에 동의하였지만, ○○씨는 이미 진단 단계에서 2번이나 빠졌네요." 계약 맺기에서 치료 단계로 알아차릴 수 없게 넘어가지 않도록 하는 것이 중요하지만, 치료자는 계약맺기와 관련해서 내담자의 행동방식을 다루어야 한다. 그렇게 하지 않는다면, 치료자는 중요한 정보의 원천을 무시하게 될 것이다. 이러한 경우 치료자는 다음과 같이 말할 수 있다. "지금은 ○○씨가 약속시간에 왜 못 왔는지에 대해 더 깊은 동기를 이해하고자 하는 시간은 아닙니다. 지금, 우리의 과제는 치료를 위한 조정 사항들의 합의를 분명하게 하는 것입니다. 치료시간에 두 번 오지 않은 것은 나에게는 ○○씨가 말한 것처럼 치료에 오는 데 충분히 동의하지 않았다는 신호로 보입니다. 망설여지는 점이 있다면 나에게 솔직하게 말하는 것이 중요합니다. 그렇지 않으면, 그런 것이 계속 행동으로 표현될 수 있고, 치료를 위험에 몰아넣을 수 있습니다."

요약하면, 계약 과정이 치료에 선행되어야 하지만, 그것은 치료 자체에서 다루어져야 하는 강렬한 정동과 힘의 영향을 받기 쉽다. 따라서 이러한 작업에 참여하는 치료자는 경계선 병리에 충분히 편안해져서 겁먹거나 전문적이지 않다는 느낌 없이 계약을 맺을 수 있어야 한다.

5. 치료 계약의 개인적 측면

전이초점 심리치료에 참여하는 내담자에게 요구되는 일반적인 합의에 덧붙여서, 계약을 맺는 주요 목표는 내담자가 일으키는 어떤 상황이 치료를 계속하는 데 위협이 될 수 있는지를 예상하고, 그러한 위협을 줄일 수 있는 변형기법을 고안하는 것이다. 이러한 과정은 각 내담자마다 개인적으로 맞추어져 있고, 미묘하고 복합적일 수 있다.[5] 치료자가 계약 맺기의 이 부분에 관련된 논증과 근거를 잘 알고 있는 것이 중요한데, 치료의 위협을 상쇄시키는 구체적인 변형기법을 설정할 필요성은 치료의 사전 단계에 국한된 것이 아니기 때문이다. 많은 경우, 내담자들은 치료과정에서 치료에 새로운 위협을 드러낸다. 그러한 경우, 치료자는 이 장에서 기술한 과정으로 되돌아갈 준비를 해야 한다.

1) 치료 진행을 위협할 수 있는 사항

치료에 대한 잠재적 위협의 범위는 심각한 자살 행동과 자해 행동에서부터 치료비를 대는 부모에게 내담자가 격노하는 것과 같은 더 간접적인 것까지 걸쳐 있다(〈표 6-1〉 참조). 치료에 대한 위협은 치료 또는 치료자에게 직접적인 영향을 미치는 행동, 또는 치료를 위태롭게 하는 외부 상황을 만드는 행동으로 이루어질 수 있다. 치료를 위협하는 외부 문제의 예는 치료비를 지원하는 가족 성원과 소원해지는 것, 치료를 받을 수 있게 하는 직장을 위태롭게(예를 들어, 만성적인 지각으로) 하는 것, 또는 가족 중 어떤 사람이 치료자를 위협할 정도로 그 사람에게 치료자에 대한 적개심을 부추기는 것 등이다.

치료에 대한 위협은 대개 저항과 장애의 이차적 이득과의 결합에 근거하고 있다. 저항은 깨지기 쉬운 현재상태를 유지하기 위해 작동하는 원시적 방어기제의 결과다. 여기서 내담자의 갈등적인 심리내적 부분은 분열되어 있고 행동화된다. 장애의 이차적 이득을 제거하는 것이 치료 첫 단계의 과제 중 하나다. 이 장에서 논의된 계약 설정의 부분은 이차적 이득의 근원을 다루고 최소화하려는 것이다. 치료과정에서, 이차적 이득의 제거는 대개 내담자가 더 충분히 치료에 참여하게 하고 원시적 방어기제를 더 효과적으로 해석할 수 있도록 토대를 마련한다.

내담자 자신이나 치료자를 해치겠다는 위협은 긴장과 혼란을 일으키고 치료시간 내에 치료자로 하여금 자유롭고 자발적으로 사고하지 못하게 하며 치

5 계약 맺기 과정에 대한 더 자세한 논의에 대해서는, 독자에게 이 주제를 다룬 우리의 이전 책을 권한다 (Yeomans et al., 1992).

료자가 내담자 삶에 조치를 취하도록 개입하게 할 수 있다(내담자를 응급실에 데려간다든지, 경찰을 내담자 집에 보내는 등). 내담자의 삶에 적극적인 역할을 취하기 시작하는 치료자는 대개 내담자의 내적 대상관계 세계의 역할을 상연하는 것이고 내담자가 자신의 내적 세계의 성질과 그것이 내담자의 기능에 미치는 영향을 관찰하고 이해하도록 돕는 치료자의 역량을 상실한다.

내담자의 적극적인 행동만이 효과적인 치료에 위협이 되는 것은 아니다. 내담자의 생활양식이 너무 만성적으로 수동적이거나 사회적으로 철수되어 있어 치료만이 내담자 생활에서 유일한 활동이 된다면, 치료자는 치료의 조건으로 일 또는 공부를 할 필요성을 내담자와 논의할 수 있다. 내담자가 줄곧 아무것도 하지 않고 치료에만 오는데도 이를 받아들이는 치료자는 내담자가 자신을 무력하고 항상 수동적이고 의존적으로 돌봄을 받는 존재로 보는 것과 공모하는 것이다. 우리의 경험에 의하면 경계선 내담자가 어느 정도 독립성에 도달할 수 없는 경우는 매우 드물다. 이것은 다수의 치료자들이 갖는 견해보다 더 낙관적이다. 사실, 내담자가 독립적인 수준으로 발전할 것으로 예상하지 않는 많은 치료자들의 비관론과 이와 관련해서 장애 급여가 한없이 요구될 가능성은 다수 내담자의 진전을 방해한다. 의존적으로 머물러 있으려는 계획은 매력적일 수 있다. 그러나 우리의 경험에서 많은 내담자가 물론 독립성이 나아지기 원하고, 종종 어느 정도 갈등과 투쟁이 있다 하더라도, 자신이 아마 더 많은 것을 할 수 있다는 메시지에 반응을 보인다.

2) 치료에 대한 특정 위협의 판단

(1) 진단적 인상

치료 계획, 즉 현 시점에서 전이초점 심리치료 계약을 맺는 것은, 적절한 진단적 인상에 근거한다는 것을 명심하는 것이 중요하다. 계약을 맺기 전에, 치료자는 내담자가 경계선 수준에서 조직화되고, 현재 주요 우울증 에피소드와 같은 I축 병리를 경험하고 있지 않다는 것을 확신해야 한다. 만약 치료협의 과정에서 내담자가 우울증 에피소드이거나 정신증일 수 있다는 의심이 들 때 그리고 치료자가 진행 방식을 바꿀때, 치료자는 진단에 관한 자신의 의심이 현실에 근거하고 있는지 또는 역전이 문제인지(즉, 내담자는 혹시 치료자가 내담자에게 너무 많이 요구하고 있는지 하는 의문과 죄책감을 치료자에게 불러일으키는가?) 밝혀야 한다. 그 지점에서 적절한 기법은 이 문제가 해결될 때까지 진단적 질문을 재평가하고 계약 맺기를 유보하는 것이 될 것이다. 그러나 만약 치료자가 마치 진단에 관한 자신의 의심들이 즉시 계약 조건의 변화를 요구하는 것처럼 그런 의심에 따라 설정된 조건을 바꾼다면, 치료자는 역전이를 행동화할 위험이 있다. 좀 더 치료적인 접근은 내담자에 대해 변화된 지각뿐만 아니라 치료자 자신의 반응을 검토해서 내담자의 정동 및 대상관계의 내적 세계에 관해 어떤 추가 정보를 알아낼 수 있는지 보는 것일 것이다.

진단적 인상의 중요성은 과대평가될 수 없는데, 이들 내담자들이 단기 정신증 에피소드와 또한 전이 정신증 에피소드 그리고 정동장애 에피소드가 나타날 수 있기 때문이다(Clarkin & Kendall, 1992). 치료에서 나중에 가장 어려운 몇몇 순간에는 어떻게 그런 현상을 이해하고 다루는지가 포함될 수 있다. 이러한 종류의 에피소드들은 계약 협의에 직접적으로 영향을 미치는데, 계약은 특히 내담자가 다른 사람에게 책임을 돌리는 것이 아니라 스스로 책임질 수 있는 상황을 예상하기 때문이다.

내담자와 치료 조건을 논의할 때, 치료자는 자신의 진단적 인상을 언급해야 한다. 인성장애에 대해 그리고 특히 경계선 인성에 대해 생겨난 유감스러운 오명 때문에, 많은 치료자는 이렇게 하기를 주저한다(Lequesne & Hersh, 2004). 그러나 심리적 문제에 대한 깊은 이해가 없고 불안과 우울을 경험하지만 자신의 삶에서 혼돈의 근원을 이해하지 못하는 내담자에게는 진단이 인성장애일 수 있다고 말하고, 다음으로 일반인의 용어로 그 개념에 대해 설명을 해 주는 것이 안심이 될 수 있다. 치료자는 경계선 인성이 다음을 포함한다고 설명할 수 있다. 1) 강렬하지만 빠르게 변화하는 정서, 2) 불안정하고 격렬한 대인관계, 3) 충동적 행위[6], 4) 자기 자신이 누구인지에 대한 명확한 감각의 근본적

결핍. 이는 일반적으로 다른 문제의 뿌리가 된다.

(2) 이전 치료들과 지금-여기

특정 주제를 내담자에게 언급할 필요가 있는지 결정할 때, 치료자는 이전 치료들에서 무슨 일이 일어났는지, 특히 치료를 파괴하거나 끝나게 한 요인들, 그리고 진단가와의 지금-여기 상호작용에 대해 특별히 주의하는 것이 중요하다. 임상가에 대한 내담자의 태도와 행동은 특히 유용한데, 그 이유는 그것이 다른 사람(내담자, 이전 치료자, 가족 등)으로부터 기술된 것이 아니라 치료자가 자기 자신과 내담자 사이의 상호작용을 관찰한 것이기 때문이다. 이론적으로 이것은 두 참여자가 일치할 수 있는 정보이지만, 이것이 서로 다른 정도는 또한 지금까지 형성된 일치 상태에 관해서 그리고 치료적 이자관계에서 펼쳐지는 역동에 관해서 가치 있는 정보를 제공한다. 예를 들어, 만약 내담자가 세 번의 진단 면접에 늦는다면, 만약 임상가가 내담자가 늦는 것이 치료의 잠재적 문제가 될 수 있음을 언급할 수 없고 이러한 문제를 어떻게 다룰지 함께 생각할 수 없다면, 임상가가 무책임한 것일 수 있다. 진단 단계에서 잠재적으로 치료를 위협하는 행동이 표면에 나타나는 것이 도움이 될 수 있다. 왜냐하면 비록 추후 작업에 대한 그것의 의미는 다를 수 있지만 아마도 내담자와 치료자/평가자는 이러한 일들이 일어났다는 것에는 일치하기 때문이다. 우리의 예에서, 비록 내담자와 평가자는 내담자가 몇 회기 늦은 사실에 대해 일치할 수 있지만, 내담자는 이것이 '치료가 시작되고 나면' 자신의 행동을 결코 예언하지 못할 것이라고 주장할 수 있다. 임상가는 내담자의 확신의 근거를 최소한으로 탐색할 필요가 있고(만약 평가자로서는 그것이 이해되지 않는다면) 만성적인 지각을 계약에서 토론할 문제에 포함시킬 필요가 있다.

치료자에 대한 내담자의 행동으로부터 치료에 대한 가능한 위험을 추론할

6 보통 충동적 공격성이라 불리는 것과 반대로, 충동성과 공격성은 경계선 내담자에게서 두 가지 구분된 특성임을 경험적으로 발견하였다(Critchfield et al., 2004).

수 있듯이, 내담자의 이전 치료 경력에서 가치있는 정보를 얻을 수 있다. 비교적 젊은 나이에도 불구하고, 경계선 내담자는 종종 치료 경력이 아주 많다. 다음 몇 가지에 대해 아는 것이 특히 중요하다. 1) 내담자가 자신의 치료, 치료자, 자기 자신에 관해 기대하는 것이 무엇인지, 2) 만약 그랬다면, 어떻게 이전 경험이 치료에 관한 내담자의 이해, 행동 및 욕망이나 기대를 수정하게 되었는지, 3) 내담자는 어떤 방식으로 치료가 다르게 실시되기를 원하는지, 4) 내담자는 이전 치료를 끝내는 데 있어서 어떤 역할을 했다고 느끼는지, 5) 어떻게 내담자는 그런 지식을 새로운 치료 장면을 구성하는 데 통합시킬 것인지 등이다. 분명히 그 상황에 대한 치료자들의 지각을 알기 위해서는 이전 치료자들과 접촉하는 것에 대해 내담자의 허락을 얻는 것이 중요하다. 또한 이전 치료자의 지각을 내담자와 공유하고, 내담자가 어떻게 자신의 지각과 이전 치료자의 지각 간의 차이를 다루는지에 대해 특별히 주목하는 것이 중요하다.

임상가는 내담자에게 자신의 특별한 관심사에 대해 이유를 명확히 설명해야 하며, 논의할 필요와 개입 계획에 대한 신호를 주는 내담자가 제공한 정확한 정보를 인용해야 한다. "세 번의 이전 치료가 끝난 이유가 ○○씨가 치료자에게 밤늦게 집에 전화한 것 때문이라고 말해 주었기 때문에, 우리는 시작하기 전에 전화 거는 것에 대한 방침을 이야기할 필요가 있으며, 그래야만 이전 치료처럼 끝나지 않게 이 치료를 보호할 수 있습니다." 그때 임상가는 내담자가 얼마나 진지하게 자신의 행동을 받아들이는지 결정하기 위해 자신의 말에 대한 내담자의 반응을 관찰한다.

내담자의 과거 또는 현재 행동에 초점을 맞춤으로써, 임상가는 무엇이 치료에 위협이 되는지에 관한 결정이 치료자가 임의적이거나 변덕이 심해서가 아니라 내담자의 행동에서 **직접적으로** 나온 것임을 전달한다. 내담자는 종종 변형기법을 부정적인 내적 대상 표상의 관점에서—이기적인 사람에 의해 부추겨진 해로운 행위로서—경험한다. 치료자는 자신의 의도가 내담자를 도우려는 것이고 치료를 보호하기 위해서 변형기법을 설정한다는 것을 명확히 함으로써 이러한 생각에 도전해야 한다. 치료자는 치료를 보호하기 위해 이러한 조건들이 필요한지를 결정하는 것이 내담자이지 치료자가 자신의 의지를 내담자에게 부과하는 것이 아니라는 것을 설명함으로써 내담자의 도전을 다룰 수 있다("왜 우리는 이 모든 것이 필요한가요?" 또는 "왜 선생님은 이것들을 계속 주장하고 있나요?"). "지난 두 회기에 ○○씨가 취해서 왔기 때문에 그리고 ○○씨 스스로 인정하듯이 명확하게 생각할 수 없었기 때문에, 내가 임의적으로 음주가 문제라고 말하고 있는 것이 아니라 오히려 ○○씨가 음주로 인해 생각이 방해받고 그래서 상담 회기도 방해받는다고 말하고 있는 것 같아요. ○○씨가 스스로에 대해 어떻게 생각할지에 대해 도움을 원하기 때문에, ○○씨가 술 취해서 상담 회기에 올 수 없다고 내게 말하고 있는 것 같아요." 이 경우 구체적인 중독 프로그램(단주 모임과 같은 자조집단 방문을 포함) 참가와 아울러 치료계약에서 변형기법으로 무선적인 알콜 검사를 받는 것이 될 수 있다.

무엇이 치료의 위협이 되는지를 평가할 때, 계약의 기본 과제는 치료과정이 펼쳐질 수 있는 틀을 수립하고, 임상가와 내담자가 충분히 보호되어서 각자 자신의 과제를 수행할 수 있도록 하는 환경을 만들어 내고 보존하는 것임을 기억하는 것이 중요하다. 내담자는 자기 자신과 치료자를 계속 평가할 수 있어야 하며, 뿐만 아니라 자기 자신 안에서 이루어지고 있는 모든 것에 대해 평가할 수 있으며, 그리고 치료자와 치료과정이 자신의 신념, 감정 및 반응에 미치는 영향에 대해 열려 있을 수 있어야 한다. 치료자는 비교적 편안하게 가능한 한 개방적으로 경청할 수 있어야 한다. 그리고 자기 자신의 지식, 과거 경험 및 치료의 이성적 경험뿐만 아니라 정서적 경험을 자유롭게 이용할 수 있어야 한다. 또한 치료적으로 개입하기 위해서 나타난 자료에 근거해서 자신의 마음을 기꺼이 변화시킬 수 있어야 한다. 치료과정 내에서 어떤 것도 내담자나 진단가를 더 이상 자발적이고 사려 깊고, 상상력이 풍부한 방식으로 참여할 수 없을 정도로 위협해서는 안 될 것이다.

치료를 위협하는 목록(〈표 6-1〉 참조)이 치료자가 치료과정에서 다루도록 하는 우선순위 위계와 어느 정도 동질적이라는 것은 우연이 아니다(4장). 왜냐하면 회기에서 다룰 첫 번째 이슈는, 만약 그런 문제가 나타난다면, 치료에 대한 위협이다. 치료에 대한 특정 위협에 대해 계약을 맺을 때, 임상가는 자기파괴적 행동이라는 일반적 범주에 속하는 넓은 범위의 행동화에 대해 경계해야 한다. 이러한 자해 및 중독이라는 가장 흔한 형태에 덧붙여서, 내담자는 피부를 태우고, 난폭하게 운전하고, 난잡한 성관계를 맺고, 약물이나 알코올을 남용하는 등등으로 자기파괴적이 될 수 있다. 치료를 위협하는 행동에는 내담자의 치료 외의 삶에서의 행동뿐만 아니라 회기 내 행동도 포함된다.

3) 치료 계약에서 특정 위협의 고려

원칙상 특정 위협에 대한 치료 계약을 맺는 절차는 치료의 보편적 조건에 관한 것과 동일하다. 그러나 몇 가지 차이가 있다. 첫째, 특정한 위협에 대한 계약은 치료자의 판단을 좀 더 적극적으로 요구한다. 왜냐하면 치료자는 1) 특정 내담자의 행동과 역사의 어떤 측면이 치료를 위협할 것인지, 2) 치료가 시작되기 전에 엄격한 변형기법이 필요할 만큼 그런 위협이 심각한 것인가를 결정해야 한다(가령 "치료가 시작되기 위해서는 ○○씨는 모든 약물 사용을 중단해야 하고 12단계 모임에 규칙적으로 참석해야 해요.") 또는 위협적인 행동이 작업되는 동안 치료가 시작될 수 있는지를 결정해야 한다(가령 "○○씨가 여전히 거식증과 싸우고 있다는 걸 알고 있어요. ○○씨가 영양사를 규칙적으로 만나고 최소 체중 이상을 유지한다면, 계속해서 치료를 할 수 있을 거예요."). 둘째, 특정 요소에 대해 계약 맺는 것은 종종 보편적인 치료 조건보다 내담자로부터 좀 더 저항을 유발한다. 내담자는 치료에 위협이 된다고 치료자가 기술한 행동들이 정확히 자신들이 생존하기 위한 대처기제라고 느낄 수 있다. 그러므로 그들은 중독성 진정제를 매일매일 사용하지 않으면 치료와 삶 일반의 스트레스를 견뎌 낼 수 없다고 주장하는 내담자 사례에서처럼 그것을 포기하기를 싫어할 수 있다. 내담자는 치료자가 위협이라고 기술한 행동의 심각성을 부인할 수 있다. 그들은 과거 행동이 과장되었거나 잘못 전해졌거나 이제는 그렇지 않다고 주장할 수 있다.

그러므로 치료자의 첫 번째 과제는 자신이 치료의 특정한 위협이라고 보는 것이 무엇인지 분명히 말하고 내담자에게 이러한 염려를 공감할 수 있는지 물어보는 것이다. 만약 내담자가 치료자의 염려를 이해할 수 있다면, 치료자는 가능한 한 치료를 보호하기 위해 어떤 조치를 취할 수 있는지 계속 검토해야 한다. 그러나 만약 내담자가 치료자의 염려를 이해할 수 없다면, 치료자는 그것의 증거를 제시해야 한다. "이전 치료자 중 두 명이 치료가 끝난 이유를 ○○씨가 치료시간에 자주 빠지기 시작해서 치료자가 작업을 할 수 없다고 느꼈기 때문이라고 말했어요. 이에 더해서, ○○씨는 우리가 계획했던 평가 회기 중 두 회기를 빼먹었어요. 그게 바로 내가 왜 ○○씨가 잘 오는지를 염려하는지에 대한 이유이며, 이런 행동이 또 하나의 치료를 방해할 가능성을 언급하는 방식에 관해 생각해야 한다고 느끼는 이유지요." 근거를 제시한 후에도 염려하는 근거의 타당성을 내담자가 인정할 수 없을 때, 치료자는 치료에 위협이 되는 것에 대해 양자가 동의할 수 없다면 치료 계약이 가능하지 않다는 것을 지적할 수밖에 없다.

대부분의 내담자는 계약에 동의할 것이지만, 어떤 내담자는 계약 기간 동안 그들의 행동이 치료의 실행 가능성을 위협할 수 있는 방식을 인정하는 데 대해 또는 그러한 위협의 영향을 줄이기 위해 무언가를 하는 것에 대해 명확히 반대한다. 그런 경우 내담자의 태도는 성공적인 치료를 사실상 불가능하게 한다. 그런 경우 치료자는 내담자가 논쟁하는 문제들의 관련성을 좀 더 고려하려고 나중에 치료를 받을 수 있는 가능성을 열어 놓는 방식으로 이야기하는 것이 바람직하다. "지금 분명한 것은 음주가 치료에 위협이 된다는 데 대해 ○○씨와 내가 합의가 되지 않는다는 겁니다. ○○씨 생각에는 내가 사실을 과장하는 것이겠지요. 그러나 나의 경험에 따르면 ○○씨가 평가 회기 중 한 번 술을 마시고 온 것과 다른 치료자들이 내게 말해 준 전력에 따르면, 분명한 것은 이러한 많은 위험을 안고 시작된 치료는 모두 실패할 뿐만 아니라 내가 ○○씨의 생각이 비현실적이라고 본 것을 지지하게 만들 것입니다. 그러니까 ○○씨는 계속해서 술을 많이 마실 수 있고 동시에 치료에 충분히 참여할 수 있다는 거지요. 나는 ○○씨가 왜 이런 생각을 계속 고집하는지 알지 못하겠어요. 실제로 만약 ○○씨가 치료를 받게 된다면 그것은 매우 중요하게 탐색될 문제가 될 거예요. 그러나 지금은 이런 조건에서 효과적인 치료가 가능하지 않을 거예요. 만약 나중에 언젠가 내가 말한 것이 이해가 되고 치료받을 수 있는지에 관해 나와 연락하고 싶다면, 기꺼이 계속할 거예요."

다른 예에서, 치료비를 지불하지 못한 적이 많고, 그러면서도 그런 면이 지금 치료에 뻔히 위협이 될 수 있다는 것을 알지 못하고 매달 미리 치료비를 내는 것에 동의하지 않는 내담자는 치료를 시작할 입장이 되지 못한다. 그런 내담자에게 지적해 주어야 할 것은 비록 효과적인 치료를 받을 가능성은 있지만 내담자의 태도와 행동이 지닌 치료에 대한 위험이 인식될 필요가 있다는 것이다. 미래에 언젠가 내담자가 이런 점을 고려할 수 있다면, 그때는 치료가 시작될 수 있을 것이다. 이와 같은 경우, 치료자는 내담자를 다른 치료에 의뢰하는 윤리적 의무를 다해야 할 것이다.

(1) 치료 보호 계획 세우기

내담자가 치료자의 염려를 인정하면 치료자는 다음 단계로 그런 위협에 대해 치료를 보호하기 위한 계획에 내담자를 동참시킨다. "어떻게 ○○씨의 자살 위협으로부터 치료를 보호할 수 있지요? 그 위험은 지금까지 세 번의 치료가 끝나게 했고 거의 죽을 뻔 하게 만들었어요."

이에 대해 치료자는 이러한 협력에 대한 내담자의 태도를 주의 깊게 평가한다. 내담자가 이런 시도를 조롱하는 것 같은가? 내담자가 잘 따라오는 것 같지만 확실히 믿지는 않는가? 내담자가 제안하는 것을 보면 위협을 심각하게 받아들이는 것 같은가? 그리고 그의 제안은 합리적인 성공 가능성을 지닌 것 같은가? 내담자는 치료자의 제안을 얼마나 잘 받아들이는가? 내담자는 자기 자신의 제안에 대해 그리고 치료자의 제안을 받아들이는 데 있어서 유연한가 또는 내담자는 어떤 대가를 치르더라도 자신의 입장을 경직되게 고수하는가? 내담자의 협력을 가장 잘 보장해 주는 증거는 내담자가 그 계획의 발전에 적극 참여하는 것이며, 치료자가 말하는 것에 관해 염려와 반대를 표현하고, 동시에 자기 생각에 대한 대안을 고려할 수 있는 역량을 나타내는 것이다.

(2) 자살 행동에 대해 계약하기

경계선 내담자를 치료할 때 치료자에게 가장 큰 어려움을 주는 측면은 아마도 자살 위협일 것이다. 그러므로 이 문제를 어떻게 다룰지에 대해 치료자가 분명한 계획을 갖는 것이 중요하다. 아래의 논의는 [그림 6-1]에 요약되어 있다.

과거 치료 틀을 파괴했었던 자기파괴 행동력이 있는 내담자 치료를 개념화할 때, 치료자는 자기파괴적인 행동이 논의 중인 치료 맥락에서 어떻게 보이고 다루어질 것인지에 대해 내담자에게 분명히 해야 한다. "과거 ○○씨의 자살 시도와 제스처들은 그때 치료자와의 상호작용의 초점이 되었어요. 가장 최근 치료에서, ○○씨는 자살할 것 같다고 Black 박사에게 전화를 했었지요. 혹은 회기가 끝날 무렵 자살할 것 같아서 못 가겠다고 말하기도 했지요. 그는 회기 시간을 늘리거나 위기관리 팀을 부르거나 ○○씨를 응급실에 데리고 가기도 했지요. 그가 ○○씨의 24시간 응급 서비스가 되었다고 말할 수 있어요. 이런 접근이 ○○씨의 자기파괴성을 다루기 위한 하나의 선택이 될 수는 있어요."

"그러나 이런 접근의 심각한 단점은 Black 박사와의 치료에서 일어났던 것처럼 치료가 ○○씨의 행동에 너무 집중하는 경향이 있어서 어떤 더 깊은 감정이 바탕에 있고 ○○씨의 행동을 동기화하는지 이해하는 작업을 어렵게 한다는 겁니다. 나의 평가에 따르면, ○○씨가 기술하는 문제를 넘어서도록 돕는 가장 잠재력 있는 종류의 치료는 현재 ○○씨의 의식 밖에 있는 감정과 갈등을 이해하려는 것에 기초하는 치료입니다. 그런 감정과 갈등으로 인해 ○○씨가 반복적으로 관계를 깨뜨리고, 직업을 잃고, 분노하고, 절망하고, 자살 시도를 하는 등등에 이르게 됩니다."

"○○씨가 이에 대해 동의하지만 Black 박사에게 치료받을 때 이런 관점과 행동 사이에 아무런 모순이 없다고 말할 수 있어요. 나는 그것을 다르게 봐요. 만약 ○○씨의 내적 감정과 갈등을 탐색하는 목적으로 치료에 임한다면, 내가

만약 내담자가 회기 사이에 자살 충동을 느낀다면:

시나리오 I

내담자는 자살 사고를 경험하고 자기 행동을 통제할 수 있다고 느낀다.
그러면 내담자는 치료자에게 전화하지 않고 다음 회기에서 논의한다.

- - - - - - - - - - - - - - - - - - -

시나리오 II

내담자가 충동을 통제할 수 없다고 느끼고 시나리오 A나 B가 뒤따른다.

A

내담자는 치료자에게 전화를 걸고, 치료자는 계약을 상기시킨다.

그때:

- 내담자는 응급실로 간다.

또는

- 내담자는 응급실로 가는 걸 거부한다. 그때 치료자는 필요한 것을 하며, 치료 틀이 다시 이뤄진다면, 내담자와 치료가 계속될 수 있는지 이야기한다.

B

내담자는 응급실로 간다.

그때:

- 내담자는 응급실에서 나와서 다음 회기에 온다. 또는
- 입원 권고를 받는다.

그때:

- 내담자가 퇴원 후 치료에 동의하고 받으러 온다. 또는
- 내담자가 거절하고, 치료가 끝이 난다.

- - - - - - - - - - - - - - - - - - -

시나리오 III

내담자는 자살 시도를 하고, 시나리오 A나 B가 뒤따른다.

A

내담자는 가족, 친구 또는 911에 전화를 해서 병원에 가서 평가를 받도록 한다. 내담자를 입원시키거나 치료받으러 돌려보내거나 결정이 내려진다.

B

내담자는 치료자에게 전화를 걸고, 치료자는 내담자의 목숨을 구하기 위해 가능한 모든 것을 한다. 다음, 내담자가 다시 침착해지고 중립적이 되었을 때, 치료자는 치료가 계속될 수 있는지에 대한 질문을 다룬다.

[그림 6-1] 주요 우울증 에피소드 없이 만성적인 자살 충동이 있는 경계선 내담자의 자살 경향성에 대한 계약

을 취하려 하거나 취했다고 전화해서 말한다면 그리고 병원에 갈 책임을 다하지 않는다면, 나는 그때 ○○씨 목숨을 구하기 위해 할 수 있는 모든 것을 할 거예요. 그다음 상황이 안정되면, 나는 ○○씨를 만나서 그런 상황에서 치료를 계속할 수 있을지에 대해 생각할 거예요. 또는 ○○씨의 행동이 우리가 동의한 치료 유형을 근본적으로 거부하는 것이 아닌지 생각할 거예요. 그런 행동은 다른 치료로 의뢰해야 할 필요가 있어요."

내담자는 이 지점에서 치료자를 건강 전문가로서 의무를 등한시한다고 비난할 수 있다. "선생님은 실제로 내게 도움을 주지 않아요. 선생님이 나를 돌보는 대가로 내가 치료비를 내지만, 선생님의 주요 관심사는 내가 괴롭히지 않는 것이에요." 전이초점 심리치료에서 어떤 치료 형태가 주어지는지 그리고 왜 치료 틀이 필요한지 명확히 하는 것은, 그래서 다른 치료가 실패한 곳에서 치료가 가능하게 하는 것은, 제시된 조건이 치료자의 개인적 소망에서가 아니라 치료의 요구사항에서 나온 것이라는 것을 내담자가 이해하도록 여러 번 반복해야 되는 것일 수 있다. 앞에서 언급했듯이, 계약 과정에 대한 내담자의 지각은 자신의 내적 대상 표상에 의해 영향 받을 것인데, 내담자는 치료자를 무관심하고 등한시하는 인물로 지각할 수 있다. 치료자가 자신의 소망은 내담자를 돕는 것이고 어떻게 그렇게 할지 구체적으로 언급하는 것이 적절한데, 다만 필요조건이 적절할 때에만 이것이 이루어질 수 있다고 덧붙인다. "내가 여기 있는 이유는 ○○씨를 도우려는 것이지요. 나는 그런 이유에서 치료 방식에 대해 이야기하고 있어요. 내가 제안하는 치료 계획은 평가 회기, 병력, 이전 치료 경력을 통해 ○○씨에 대해 아는 것에 근거하고 있어요. 그러나 그것에 대해 이야기하기 전에 다시 한 번 설명하고 싶어요. 내가 하려고 하는 치료는 ○○씨의 감정과 내적인 갈등을 연구하는 것이 목적이에요. 그러나 ○○씨의 생각은 내가 ○○씨를 돌보는 것에 대해서 돈을 지불한다는 생각을 하는 것 같아요. 어쩌면 사례관리사같은 그런 종류의 치료를 원하는 것 같은데 결정을 하는 데 도와주고 일상생활 해결하는 것을 도와주는 치료요. ○○씨가 생각하는 것은 독립적으로 생활할 수 없을 때 그것까지 도와주는 사례관리사이고, 내가 그렇게 되길 원하는 것 같아요. 그런 종류의 치료를 ○○씨가 선택할 수 있지만, 나는 ○○씨에게 그것을 추천하지 않습니다. 왜냐하면 ○○씨는 그러한 종류의 치료를 오랫동안 받았지만 삶에 대처하는 능력과 그것으로부터 만족을 얻는 능력이 장기적으로 개선되지 않았기 때문이에요. 사실, 이 지점에서 ○○씨가 탐색적 치료 형태를 추구하는 이유 중의 하나는 반복적으로 많은 사례관리사와 관계를 파괴했기 때문이에요. 왜냐하면 ○○씨는 그들이 ○○씨에 대해 의도적으로 반대한다고 비난하면서 반복해서 화냈기 때문이에요. ○○씨는 여전히 사례관리사와 다시 작업하는 것을 선택할 수 있고, 우리는 그것에 대해 더 이야기할 수 있어요. 그러나 사례관리 주제에 관해 즉각적인 문제는 왜 당신이 행동 패턴을 변화시키기 위해 그러한 종류의 도움을 사용할 수 없는가 하는 의문이에요. 만약 ○○씨가 지금 필요로 하는 것이 추가적인 사례관리나 다른 형태의 치료로서 내가 ○○씨에게 추천한 것과는 다른 형태의 치료라는 것을 확신한다면, ○○씨가 이제 그것을 분명히 해서 우리가 ○○씨가 흥미 없는 치료에 대해 이야기하느라 더 많은 시간을 보내지 않게 하는 것이 중요할 거예요."

"지금 일어나고 있는 것의 한 가지 측면은 ○○씨가 나를 무관심하고, 게으르고, 이기적인 인물로서 내가 단지 가장해서 도움을 주는 것처럼 경험하는 것 같아요. 이에 대한 나의 관점은 다릅니다. 나는 ○○씨를 돕기 위해 할 수 있는 최선을 다하고 있다고 느껴요. 만약 우리가 치료를 하기로 동의한다면, 아마도 이러한 차이를 올바로 이해하는 것이 도움이 될 거예요. 그러나 우리가 문제에 대해 그리고 어떻게 문제에 접근할지에 대해 일치하지 못한다면, 우리는 진정으로 치료에 관여할 수는 없어요. 만약 ○○씨가 이 치료에 관해 더 듣고 싶다면, 내가 개관하는 치료의 조건이 나의 이익만 따지고 당신을 희생할 거라는 ○○씨의 염려에 대해 말씀드릴 수 있어요. (내담자는 더 듣고 싶다는 관심을 보인다.)"

"내가 말했듯이, 이런 조건들은 우리가 ○○씨와 ○○씨의 병력에 대해 아는 것에 근거하고 있어요. 우리는 이전 치료에서 ○○씨가 회기 사이에 자살 충동을 이야기하기 위해 Black 박사에게 전화를 자주 해서 그가 더 이상 진정으로 심각한 상황과 '거짓말' 하는 상황을 구분할 수 없었다는 것을 알아요. 이러한 상황에서 그는 ○○씨를 계속 치료하는 것이 안전하다고 느끼지 않았어요. 또한 그는 항상 ○○씨가 늦은 밤에 전화를 걸어서 다음날 피곤하게 만들기 때문에, 회기 중에 당신의 이야기를 들으면서 중립적이고 객관적이 되는 게 어렵다고 이야기했어요. 이렇게 전화할 때 끼칠 수 있는 한 가지 영향은 충분한 주의력, 집중력 및 객관성을 갖고 경청하는 능력이 손상되는 거예요. 모든 치료자는 인간이고, 나 또한 예외가 아니에요. 그런 의미에서 ○○씨가 '나를 괴롭히지 못하도록' 내가 이런 조건들을 정한다고 ○○씨가 말할 때 어떤 진실이 있어요. Black 박사에 대한 회기 사이의 ○○씨의 행동이 그를 괴롭혀서 더 이상 ○○씨와 작업할 수 없는 지점까지 간다면, 나는 ○○씨와 치료적 방식으로 작업하는 나의 능력을 보호하는 것이 포함된 치료를 보호하는 조건을 제안하는 거예요."

(3) 물질남용에 대한 계약

알코올이나 약물을 사용하는 내담자를 평가하는 치료자는 그런 행동이 남용인지 의존인지 여부를 확립해야 한다. 전이초점 심리치료에 의미 있게 참여하기 위해서는 술이나 약을 먹지 않은 상태일 필요가 있다. 우리의 경험상, 전이초점 심리치료를 시작하기 전에 적어도 3개월 동안 물질을 남용하지 않아야 한다. 이 기간은 내담자가 술이나 약을 먹지 않은 상태일 수 있다는 것, 그리고 어떤 외적 지원이 그나 그녀가 그것을 유지하도록 돕는 데 필요하다는 적응증을 제공한다. 가장 흔한 외부 지원은 12단계 프로그램에 참여하는 것이다. 평가 시에 알코올이나 약물 의존이 심각한 내담자는 외래 치료에 참여하기 전에 입원 중독치료와 재활 프로그램을 필요로 할 수 있다. 내담자를 물질남용 전문가에게 의뢰하는 것이 알코올 문제나 약물 문제를 다루는 데 도움이 될 것이다.

만약 술이나 약을 먹지 않은 상태라면, 치료자는 재발 방지를 지원하는 치료의 변형기법에 대해 이야기해야 한다. 이러한 변형기법에는 항상 술이나 약을 먹지 않은 상태를 유지하겠다는 서약이 포함되며, 보통 계속해서 12단계 프로그램에 참여하는 것이 포함된다. 내담자가 잦은 재발 경력이 있거나 내담자가 정직하게 알코올과 마약에 대해 보고하는지 의심이 되는 사례라면, 치료자는 치료의 필수적인 변형기법으로서 무선적으로 알코올이나 약물 검사를 할 수도 있다. 만약 이런 변형기법이 선택된다면, 이러한 치료 요소를 수행하기 위해 약물남용 전문가가 참여해야 한다. 이러한 역할 구분을 통해 치료자는 환자에 대해 중립성의 입장을 유지하게 된다.

(4) 섭식장애에 대한 계약

알코올 및 약물 사용과 마찬가지로, 섭식장애도 다양한 정도의 심각성을 지닐 수 있다. 가장 심한 경우, 거식증은 생명을 위협할 수 있다. 내담자가 건강한 체중 미만인 것 같은 경우, 전이초점 심리치료가 시작되기 전에 영양사, 영양학자 또는 내과 전문의 자문이 필수적이다. 자문 결과 내담자의 최소 건강 체중이 얼마인지가 확인된다. 만약 내담자가 그 체중이 아니라면, 치료를 시작하기 전에 섭식장애 행동치료가 권고된다. 이 치료는 사례의 심각도에 따라 입원 또는 외래 치료를 할 수 있다. 내담자의 체중이 받아들일 수 있는 최소한의 수준을 넘어서면, 전이초점 심리치료 치료자는 치료를 시작할 수 있다. 치료의 변형기법은 초기 치료 단계 동안 내담자가 정기적으로 영양사, 영양학자 또는 내과 전문의에게 체중을 재도록 하는 것이다. 만약 내담자의 체중이 최소한의 건강 수준 아래가 되면, 전이초점 심리치료는 유보되고, 내담자는 섭식장애 행동치료를 다시 받아서 체중이 받아들일 수 있는 범위가 되어야 한다.

일반적으로, 폭식증은 거식증보다 건강에 긴박한 위험이 덜 하다. 대부분의 폭식과 구토는 느리고 만성적인 유형의 자기파괴적 행동이며 치료에서 다루어질 수 있다. 그러나 만약 내담자가 하루에 여러 번 구토를 한다면, 구토가 전해질 불균형과 같은 의학적 위험을 일으키는지 진단하기 위해 내과 전문의의의 치료를 방해하려는 소망이 학교를 중퇴하는 형태로 표면화될 수 있고, 그러면 ○○씨의 아버지가 더 이상 치료비를 대지 않게 될 수 있다는 데 합의했지요. 이제 ○○씨는 내게 공부를 하지 않고 있으며 시험을 안 볼 생각이라고 말하고 있습니다. 지금 뭐가 치료를 위험에 빠뜨리고 있나요?"

치료 내에서 일반적인 책임에 대한 앞의 논의에서처럼, 치료에 대한 위협의 문제는 또한 문제의 특성을 적절히 명료화하면서도 내담자의 반응에 대하여 민감하고 현명하게 반응하는 임상가의 노력이 요구된다. 계약 맺기가 문제를 근절시키지는 못한다. 그것은 내담자와 진단가에게 위험을 컨테인할 수 있는 계획을 구성할 필요뿐만 아니라 위협의 특성에 대해 주의를 환기시킨다. 그것은 또한 임상가에게 뒤따르는 치료에서 위협이 나타난다면 되돌아갈 기준을 제공한다. "시작하기 전에 우리의 작업에 대해 함께 이야기하면서, x에 대한 ○○씨의 경향성이 표면화되었지요. 우리는 왜 지금 이런 일이 일어나는지 이해할 필요가 있겠지만, 먼저 우리는 치료에 도전하고 그것을 행동을 통해 표현하는 ○○씨의 부분에 대해 다루어야 하고, 희망하건대 ○○씨가 그것에 따라 행동하지 못하도록 하는 방식으로 그것을 알아낼 필요가 있어요."

만약 내담자가 계약을 깨뜨렸을 때, 두 번째 기회를 주는 게 합리적이다. 한 번 더 계약을 어길 경우에 갑작스럽고 기대하지 못한 치료의 종결이 올 수 있다는 것을 분명하게 직면시키는 것이 중요하다. 이러한 위험의 의미, 특히 내담자의 심한 자해충동 혹은 원시적인 방어기제를 극복하는 것과 관련된 불안을 피해가려는 시도 등은 해석 작업에 통합되어야만 한다. 해석을 하지 않는다면 내담자는 또 기회가 있다고 생각하고 공격적 및 자기공격적 충동의 행동화가 다루어지지 않은 채 지나갈 것이라고 생각할 수 있을 것이다. 치료 파괴에 대한 이러한 위협은 몇 주간, 심지어 몇 달간 계속될 수 있으며, 언제 이러한 위협이 끝날지는 치료자의 판단 능력에 달려 있다.

6. 계약 맺기에서 치료자가 자주 맞닥뜨리는 문제

계약을 맺는 것은 치료과정의 중대한 부분이다. 그것은 치료에서 펼쳐질 역동의 축소판을 나타낸다. 그러므로 치료자는 계약 맺기를 둘러싸고 발생할 수 있는 복합성을 인식해야 하며 치료를 조기에 시작하지 말아야 한다. 치료자는 치료 조건에 대해 일치하기 전에 저항을 해석하기 시작하려는 유혹에 지기보다는 단지 계약 맺기 단계의 특정 기법을 사용함으로써, 즉 치료 조건과 이 조건에 대한 내담자 반응을 반복해서 명료화함으로써 계약 맺기 과정에서 치료 시작으로 너무 빨리 넘어가는 것을 피할 수 있다. 이렇게 이야기하지만, 모든 규칙에는 예외가 있고, 만약 내담자가 남거나 떠나는 데 해석이 영향을 줄 수 있다면, 계약 단계 동안 해석 가능성이 배제되지 않는다.

치료자가 계약 맺기에서 마주칠 수 있는 문제는 매우 단순하고 쉽게 고칠 수 있는 것부터 투사와 역전이의 좀 더 복잡한 문제들까지 다양하다. 가장 간단한 문제는 치료자가 치료와 계약 맺기의 원칙과 세부사항에 대해 적절히 익숙하지 않을 때 생겨난다. 계약의 세 가지 영역, 즉 내담자 책임, 치료자 책임 및 치료의 위협을 상기할 때 치료자는 치료의 전체 조건을 적절히 이야기하지 않은 채, 이것 중의 하나 또는 그 이상 또는 이들 영역 중 하나의 요소(가령 회기의 참석 또는 결석을 둘러싼 조건)에 대해 건너뛰거나 피상적으로 언급할 수 있다.

1) 내담자 반응에 대한 잘못된 예측

계약 맺기에서 중간 수준의 문제로는 치료자가 각 영역에서 치료 조건을 제시하는 점에서 적절한 책무를 수행하지만 내담자 반응을 적절히 탐색하지 못하는 사례가 있을 수 있다. 이런 유형의 오류가 흔한 이유는 내담자들이 종종 피상적으로 순응하며, 실제 생각에 관해 거의 또는 전혀 말하지 않기 때문이다. "괜찮은 것 같아요."와 같은 피상적 반응은 탐색을 통해 내담자가 치료자

치료자 편의 기술을 요구하며 내담자에게는 자신이 이전에 결코 받아들이지 못했던 책임감에 동의하는 노력을 요구한다. 하지만 계약의 요구가 내담자에게 비현실적이라고 느끼는 치료자는 충동적이고 격노에 찬 반응으로 알려져 있는 내담자에게 기대나 한계를 설정하는 것과 관련된 자신의 불안에 관해 의문을 가질 수도 있다. 어떤 치료자는 내담자의 행동에 책임이 있는 것은 내담자보다는 그들이 정한 한계라고 느낀다.

7. 계약 위반과 재계약 및 계약조항의 추가

위에서 기술한 계약 과정에 대한 이해와 함께, 치료자는 언제 자신과 내담자가 치료 조건에 대한 논의를 끝내고 치료로 넘어가는 데 충분히 일치하는지를 판단해야 한다. 치료자는 그때 다음과 같은 말로 진행한다. "우리는 작업을 시작하기 위해 함께 일하는 것에 관해 충분히 이해한 것 같아요. 이 단계에서 질문이 더 없다면, 우리가 이야기했듯이 마음에 떠오르는 것을 말해 보세요."

계약 과정이 신중했다 하더라도 치료자는 치료과정에서 계약 문제로 되돌아갈 수 있다. 이렇게 될 수 있는 이유는 1) 치료 시작 시에 없었던 새로운 문제가 일어나거나(가령 자해나 약물남용의 첫 발생), 또는 2) 내담자가 초기 계약에서 논의한 조건을 고수하지 않기 때문이다. 첫 번째 경우, 치료자는 새로운 변형기법의 필요를 자유롭게 다룰 수 있어야 한다. "우리 앞에 새로운 문제가 나타났기 때문에, 우리는 그것이 치료에 어떻게 영향을 줄지 어떤 조건의 치료가 그것을 다루는 데 있어서 가장 맞을지 이야기해야 해요."

두 번째 문제인 내담자가 계약을 고수하지 않는 것은 저항의 흔한 형태다. 그런 계약 위반을 다루는 것이 4장에서 논의된다. 간략히 말해서, 치료자는 치료의 변형기법을 재수립하고 계약 파기의 의미를 해석하는 것을 결합해서 작업한다. 일반적으로 바람직한 것은 내담자에게 두 번째 기회를 주고, 내담자가 가혹한 처벌적 대상 표상의 상연을 유발하고 있는 가능성을 살펴보는 것이다. "우리는 ○○씨가 술이나 약을 먹지 않은 상태를 유지할 때만 치료가 될 수 있다는 것을 분명히 이해하고 있어요. ○○씨가 단주 모임(AA)에 나가지 않고 다시 술을 마신다는 소식은 비상 신호입니다. 우리 작업을 다시 하려면, ○○씨는 우리의 처음 합의를 지켜야 해요. 그래야만 이처럼 자기파괴적 행동으로 되돌아가는 것 뒤에 무엇이 있는지 이해할 수 있는 희망이 있을 거예요." 이와 같은 상황에서, 치료자는 내담자에게 후자의 경우 치료가 즉각적인 위험에 놓이는 상황이 된다고 주의를 환기한다. 변형기법에 되돌아감으로써, 내담자는 치료를 재수립해서 나아갈 수 있지만, 계약 위반이 재발되면 이는 내담자가 이런 형태의 치료에서 작업할 의지가 없거나 능력이 없음을 잘 나타내 줄 수 있으며, 치료자로 하여금 내담자를 다른 곳으로 의뢰할 수 있게 한다.

Chapter 07

치료 초기: 치료 틀의 시험과 충동조절

치료 초기의 목적과 관련된 과제는(〈표 7-1〉) 경계선 인성 병리의 특성과 심리역동치료의 상호작용이 구체화되기 시작하는 방식의 특성이 반영된 것이다. 주요 목적은 일상생활과 치료 맥락, 회기 내 혹은 치료 틀과 관련된 행동화 모두에서 내담자의 행동화 수준을 낮추는 것이다. 치료 초기에 일어나는 행동화는 종종 계약 맺기 단계에서 설정된 치료 틀에 대한 도전 혹은 시험의 형식을 취한다. 또 다른 행동화 유형은 내담자가 치료를 그만두려는 충동을 표현하는 것이다.

치료 초기가 성공적이면 내담자의 충동성과 자기파괴성에 대한 통제가 증가하기 시작한다. 이는 치료 계약에서 설정된 변형기법에 따라 행동화에서 이차적 이득이 제거되면서 나타나는 일반적 반응이다. 한계 설정을 하면 암묵적 대상관계가 전이에서 활성화되고 행동화는 치료 관계로 들어오는 경향이 있다. 전이 해석은 한계 설정의 효과를 견고하게 한다. 내담자의 충동조절이 강해지면 치료실 밖에서 혼란스럽고 사회적으로 부적절한 행동은 없어지지는 않더라도 줄어들게 된다.

〈표 7-1〉 **치료 초기의 초점과 변화 영역**

• 모든 정동 상태가 강렬하게 변동하는 가운데 치료자와 관계를 유지하는 능력이 증가하고 치료에서 조기 중단의 위험 감소
• 치료 틀을 유지하면서 회기 밖에서의 자살 시도, 자기파괴적 행동과 그 밖의 혼란되고 사회적으로 부적절한 행동이 감소하며 이차적 이득이 줄어들고 치료관계에서 행동이 우세한 대상관계로 변환
• 강렬한 정동과 정동폭주가 치료 상황에 집중되고 불안, 분노, 공허 혹은 우울 기분 등의 증상이 치료자와의 관계 변화와 연결되며 정동에 기저하는 이자적 대상관계로 이해됨
• 일상생활에서 일과 공부의 수용
• 내담자가 가진 기본적인 안정적 자기 개념의 결여는 아직 변화되지 않는다. 당면한 삶의 과제에 대한 지향의 호전은 이 시점에서 정체성 통합에서의 변화보다는 치료자와의 안정된 관계의 지지적 효과와 치료 틀의 영향을 나타냄

강렬한 정동이 치료 상황에 집중된다. 치료 상황은 모든 정동이 견디어질 수 있는 공간으로 정의되었다. 치료자는 충동적 행동, 불안, 분노, 공허 혹은 우울 기분 등의 증상을 치료자와의 관계와 내담자의 내적인 생활에 기저하는 지배적인 대상관계에서의 변화와 연결할 수 있게 된다. 내담자가 치료실에서 강렬한 정동의 표현에 더 자신 있어 하면서 치료 동맹은 더 커진다. 그렇지만 치료 중단에 대한 충동이 때로 다시 나타날 수 있는데, 이때는 치료자에 대한 애착이 증가하면서 내담자가 거부당할 것에 대한 공포를 느끼거나 해리되거나 투사된 공격적 충동에 의해 위협받을 때다.

1. 치료자와 관계를 유지할 수 있는 역량

1) 치료 동맹

모든 심리치료 연구에서 가장 확실한 결과 중 하나는 초기 치료 동맹이 치료 과정과 치료 결과와의 관계에서 중요하다는 것이다. 이 책에서는 내담자를 진단과 신경증이나 경계선 상태로 구분하지 않는다. 상식적으로 경계선 내담자

의 호소를 거절하는 것이 가혹하고 비합리적이며 가학적이기까지 하다는 느낌이 들기 시작했다. 그러나 자신의 입장을 잠시 되돌아보면서 치료자는 자신이 치료를 거부하고 있지 않다는 것을 생각해 냈다. 오히려 치료자는 적절한 치료를 제시하였다. 치료자는 내담자가 자신에게 가혹하고 거부적이라는 감정을 유발하고 있다고 생각했다. 치료자는 이것이 내담자의 마음에서 중요한 대상 표상에 해당된다고 생각했고, 치료를 다시 시작하게 되면 그것을 탐색하고 해석할 것이라고 생각했다. 그러나 지금은 치료 틀에 초점을 맞추었다.

Y박사는 자신의 입장을 반복했다. X부인은 간청과 비난을 반복했다. 논의가 더 이상 진척되지 않자 Y박사는 둘 모두의 입장이 분명해졌으니 무엇을 할지는 내담자가 하는 결정에 달려 있다고 말했다. 치료자는 내담자가 결정하면 알려 달라고 했다. 내적으로 치료자는 X부인이 치료를 그만둘 가능성도 있다는 것을 받아들였다. 그날 늦게 Y박사는 X부인이 정신과 병동으로 전과되는 것에 동의했고 퇴원하면 치료를 다시 받을 것이라는 메시지를 받았다. 이것은 치료 틀에 대한 내담자의 마지막 도전이 아니었다. 그러나 그것은 치료자가 치료 틀을 유지할 수 있게 하고 다음에는 도전의 의미를 다룰 수 있음을 분명하게 하는 것이었다.

앞의 예는 내담자가 시도하는 새로 설정된 치료 틀의 시험 중 하나다. 다른 유형은 자주 회기에 빠지거나 일이나 연구에 참여하겠다고 하고는 따르지 않는 것, 알코올중독자 모임에 참여하지 않는 것 등이다.

(1) 치료 초기에 회기를 빠짐

어떤 내담자는 치료 계약에 동의하고 몇 회기를 오고 나서 다음 약속이나 그 외 다른 약속에 오지 않는다. 대부분의 사례에서 이런 일이 일어나지 않지만, 여기에서는 자주 일어나므로 전이초점 심리치료자의 행동에 대한 논의가 필요하다. 혼란된 경계선 내담자와 작업할 때 치료자는 적극적이어야 한다. 개별 상황에 따라서 치료자는 내담자에게 전화를 하거나 쪽지를 써서 치료에 오지 않은 것에 대해 묻고 그리고 치료 계약과 치료에 올 필요를 상기시켜야 할 것이다.

2. 충동성과 자기파괴성의 조절

1) 자살 위협과 자기파괴적 행동

치료 계약에서는 자살 충동에 대한 내담자와 치료자의 책임을 기술한다(6장 '진단 평가 2단계: 치료 계약'). 치료자의 책임에 대한 한계, 내담자 책임의 정도, 자살 위험에 대한 내담자 가족의 역할이 계약 설정 기간 동안 논의되어야 한다. 자살 사고 혹은 자살 행동이 치료 기간 동안 주제로 떠오르면 치료자는 이를 최우선으로 다루어야 한다. 이것은 당연한 것 같아 보이지만 반복해서 다루어야 하는데, 그 이유는 내담자가 자살 충동을 아무렇지 않게 얘기하기 때문이다. 치료자는 자기파괴성의 주제를 반드시 다루어야 하는데, 첫째는 계약에서 합의한 대로 다루고 있다는 것을 내담자가 확실히 알도록 하기 위해서이고, 둘째는 이 주제가 이 시점에서 출현하는 의미를 탐색하기 위해서이다.

우선순위의 위계를 고수하면서도 치료자는 언제나 최선의 임상적 판단을 해야 한다. 자살 혹은 자기파괴적 자료를 언제나 먼저 다룬다는 원칙에는 한 가지 예외가 있다. 그것은 치료자가 볼 때 그런 자료를 가져오면 다루기 더 어려운 문제에 치료자가 집중할 수 없다는 것을 내담자가 깨달았을 때다. 이런 경우 치료자는 다음과 같이 말한다. "내 생각에 ○○씨는 신체에 굴욕감을 느끼는 주제가 나올 때마다 즉각 자살 생각에 대해 계속 이야기를 하네요. 내가 항상 자살에 대한 자료를 우선 탐색한다는 것을 ○○씨가 알아채고서 의식, 무의식적으로 ○○씨에게 더 고통스러운 주제를 다루는 것을 회피하기 위해 이 주제를 꺼내게 되는 것일까요?"

2) 치료과정과 법의학적 질문에서 새로운 변형기법의 도입

치료과정에서 자살 사고와 충동이 새로운 주제로 떠오르면 치료자는 이런 문제를 어떻게 다룰지에 대한 합의사항을 치료 계약에 덧붙이는 데 시간을 할애해야 한다. 자살 문제가 있는 내담자를 다루는 복잡한 문제에는 임상적 고려사항과 함께 법의학적 관심도 들어가야 한다. 가령 내담자가 자해나 자살을 했다면 내담자나 내담자의 가족이 소송을 제기할 수 있다. 치료자는 주저하지 말고 이런 문제를 직접적으로 다루어야 한다. 이 문제는 치료자가 선명하게 사고하기 위해서는 안전하게 느끼는 상태가 유지되는 환경에서 작업해야 한다는 중심 원칙과 관련되기 때문이다. 치료자는 법적 행동의 위험에 대해 관심을 가질 권리가 있고 또 치료에서 이것을 다룰 필요가 있다. 그리고 이로 인해 치료자가 자신의 역할을 하는 데 있어 제약받거나 협박당한다고 느끼지 않아야 한다. 이것이 다루어지지 않으면 법적인 행동 가능성에 대한 불안 때문에 치료자는 부정적 전이를 회피하고 탐색하지 않게 될 수 있다. 일단 주제가 다루어졌다면, 다음에 치료자는 드러났던 치료자에 대한 위협감의 전이적 의미를 탐색할 수 있게 된다.

자살 충동에 대해 여기서 논의한 입장은 치료에서 책임 문제에 대한 의학적 모델에서의 접근과는 다른데, 후자는 치료하겠다고 내담자를 받아들인 전문가가 가능한 한 치료에 책임을 지는 것이다. 전이초점 심리치료는 두 가지 이유로 이 의학적 모델과 다르다.

1. 의학적 모델은 경계선 인성장애 내담자가 치료자를 도발하여 자신들의 삶에 더 관여하도록 할 위험으로 몰아갈 수 있다는 것을 설명하지 못한다. 이들은 시간과 정서적 관여의 면에서 치료 틀을 넘어서 자기를 확장하려 한다(3장 '치료 기법: 특수한 개입들' 에서 논의된 이차적 이득 문제). 경계선 내담자를 심리역동적으로 치료할 때 치료자의 책임에 대해 더 자세히 알게 되면 치료자는 자신의 역할을 행동보다는 성찰로 정의한다. 그리고 치료 조정을 할 때 치료자는 행동화에 대한 치료자의 반응이 내담자에게 만족을 주어서 행동화가 지속되거나 증가되는 악순환으로 들어가지 않도록 해야 한다.

2. 의학적 모델은 환자가 치료자에게 지속적으로 의존하게(버팀목으로서의 치료) 한다. 반면, 전이초점 심리치료는 환자의 자율성 발달을 촉진한다.

전이초점 심리치료자는 자신의 법적, 윤리적 책임을 기피하지 않는다. 우리가 기술하는 치료는 다음과 같이 보호수단이 내재되어 있다. 1) 치료자와 내담자 모두 내담자의 자살 충동에 어떻게 반응할지에 대한 사전 계획을 가지고 있고, 2) 내담자와 치료자 간 소통의 질을 강조하고, 3) 문제가 될 때 자살과 관련된 것을 우선적으로 다룬다는 것이다.

3) 살인 위협

살인은 치료 외적인 사람뿐 아니라 치료자와도 관계가 있는 것으로 다루어져야 한다. 치료자는 잠재적인 폭력의 표적으로 직접 관여될 수도 있고 제삼자가 위험에 처했다는 것을 알려야 될지를 결정할 때는 간접적으로 관여하게 된다. 평가와 계약 설정 단계에서 살인 가능성 문제가 나타나서 치료자가 외부인이 위험하다고 판단하면 그들에게 알릴 법적인 의무가 있다는 것을 먼저 설명해야 한다. 치료자는 치료와 내담자의 나머지 삶에 그런 일이 결국은 어떻게 치명적인지에 대해 내담자와 논의를 계속해야 한다. 즉 그 행동은 서로를 이해하려는 노력에 집중할 수 없게 한다는 것이다. 다시 한 번 강조하면, 기본 원칙은 중립적이고 편안하며 안전한 상태를 유지하면서 내담자의 내적 세계를 관찰하고 이해하려는 치료자의 능력을 저해하는 어떤 것도 치료를 어렵게 한다는 것이다.

치료자의 안전이 문제되면 치료자가 중립적이고 관찰하는 입장을 유지할 수 없다는 것은 자명하다. 위협은 신체, 명성, 가족 혹은 재산에 대한 것일 수도 있고 가족구성원과 같은 타인에 의한 위협도 포함될 것이다. 치료자가 치료자 자신을 걱정하고 관심 갖는 것에 대해 말하는 것은 내담자에게 유용한 역할 모델이 될 수 있는데, 이런 내담자들은 종종 자존감 문제가 있으며 치료자와의 동

3. 정동폭주와 이를 지배적 대상관계로 전환하기

경계선 인성조직 내담자 치료에서는 정동폭주가 두 가지 유형으로 나타난다(Kernberg, 2004). 첫 번째 유형은 치료시간 내에 버젓이 소란스럽게 정동을 폭발하는 것이다. 이들은 대체로 매우 공격적이고 요구적이며 치료자에 대한 성적인 공격이 동반되기도 한다. 내담자는 그런 강렬한 정동 경험의 힘에 떠밀려서 행동하는 것처럼 보인다. 이런 폭주상태에 있을 때는 내적 상태에 대한 자기성찰과 소통 능력은 거의 없어져 버린다. 이런 정동폭주는 반복되기 때문에 치료자는 거의 이를 예측할 수 있다. 어떤 내담자는 만성적으로 치료자가 하는 모든 이야기에 재난을 당한 것처럼 반응하는 경향을 보인다.

두 번째 정동폭주 유형은 단조롭고 변화 없는 정동적 톤으로 경직되고 반복적인 행동을 보이는 내담자다. 마치 내담자가 부분적으로만 살아 있는 것 같고, 치료자는 지루하고 무관심하게 느끼고 상황의 불모성 때문에 분노하게 되기도 한다. 내담자 소통의 단조로운 정동적 톤과 지루한 내용을 우세한 어떤 관계 주제를 표현하는 것으로 받아들이고 인식하면서, 치료자는 단조로운 통제가 폭력적 정동을 덮고 있었고 내담자가 그것에 반응한다는 것을 확인하기 위해서만 상황을 해석한다.

1) 정동폭주를 치료적으로 다루기

이 두 상황 모두 노련한 개입을 요한다. 정동폭주가 일어나는 동안 내담자는 치료자로부터 어떤 해석도 받아들일 수 없고 그런 개입을 공격적으로 지각해서 상황에 불을 붙인다. 여기서는 Steiner(1993)가 대상 중심적 해석이라 한 것이 필요하다. 이것은 치료자에 대한 내담자의 지각을 받아들이거나 거부하지도 않고 그것을 상세하게 묘사하는 것이다(예, "○○씨는 나를 ……로 보는군요." "○○씨는 ……을 다루고 있다고 느끼는군요."). 투사된 것의 성질을 명료화하고 투사하는 이유를 해석하면서 상황을 조심스럽게 연결하면 내담자는 점차로 투사된 것을 견디게 된다.

내담자가 강렬한 정동각성과 정동폭발을 하는 동안 치료자가 하는 말의 내용만이 아니라 정동 상태 또한 개입의 중요한 부분이 된다. 부자연스럽고 단조롭고 둔감한 톤으로 하는 개입은 대체로 진행되고 있는 정동폭주에 불을 붙인다. 치료자의 그러한 정동적 태도는 치료자가 내담자를 이해하지 못하거나 내담자의 정동 통제 상실을 경멸하거나 내담자의 감정과 행동에 의해 압도되어 마비되었다는 것을 전달할 뿐이다. 4장에서 기술한 대로, 치료자는 내담자와 정동적으로 관여해야 하는데, 이때는 그 상황에서 내담자와 정동적으로 소통하면서 동시에 내담자의 정동을 담아 내야 한다. 치료자의 정동적 반응은 내담자의 정동에 예민해야 하며 동시에 이해와 조절의 가능성을 전해야 한다.

적절한 정동반응을 하면서 치료자는 점차로 우세한 대상관계를 표면에서 심층으로 해석하는데, 이때는 내담자의 의식적 경험에서 시작해서 무의식적이고, 해리되거나 억압되고 투사된 면과 그렇게 방어하게 되는 동기의 해석으로 나아간다. 정동적 관여와 점차적 해석의 이러한 과정을 통해 행동과 강렬한 정동을 특징으로 하는 정동폭주는 성찰적 경험으로 변환되는데, 이때는 정동과 인지가 활성화된 자기 표상과 대상 표상의 관계 명료화와 연결된다.

4. 치료시간 밖에서 내담자의 생활

우리가 치료했던 많은 내담자들은 만성적인 증상 때문에 고통스러워하고 일상생활에서의 공부나 일에 어떤 조직화된 관여도 하지 않은 상태로 우리에게 왔다. 우리는 그들의 생활에서 공부나 일의 역할을 점차 당연하게 여기는 것이 치료에서 중심적인 부분으로 본다(6장 참조). 어떤 내담자는 일을 오랫동안 하지 않았고 전문적이거나 직업적인 훈련을 거의 받지 않았다. 다방면에 걸친 전문적 훈련을 받았지만 증상과 직장에서의 대인관계 어려움 때문에 일인 갈등에 기여하는 자기의 극단적이고 비연속적인 부분들이 보다 복합적인 전체 속에서 조절됨에 따라, 분열된 표상들의 통합은 정동 조절의 증가를 돕는다.

1. 주요 전이 패턴에 대한 심화된 이해

2장에서 우리는 치료자와 내담자 사이에서 상연되는 전형적인 전이 역할 쌍들을 기술하였다(〈표 2-4〉 참조). 여기에서 우리는 치료의 중기에서 이런 전이 주제들이 어떻게 나타나는지, 그리고 이 주제들을 어떻게 이해하고 해석하는지에 대해 치료자가 개관한 방식을 기술하였다. 주제가 명확하고 어떤 관찰자에게도 또렷하게 나타날 때가 있다. 그러나 다른 경우에는 주제가 훨씬 더 미묘하고 지각하기 어려울 수 있다. 내담자가 가져오는 많은 주제들 속에서 현재의 전이 주제를 지각하고 치료시간에 나타난 강렬한 정동을 지각하는 치료자의 능력은 전이초점 심리치료의 실제에 중요하다.

경계선 인성조직(BPO) 내담자의 치료에는 세 가지 기본적이고 오래된 전이 패러다임이 있는데, 그것은 정신병질적 전이, 편집적 전이 그리고 우울적 전이다. 이런 기본 패러다임들 중 어떤 것도 전반적인 자기애적 방어의 영향을 받을 수 있으며 이로 인해 전이는 자기애적 특징을 갖게 된다. 그러나 자기애적 전이는 일반적으로 기저의 전이가 깊어지는 것에 대한 방어다. 극단적인 자기애적 전이에서 내담자는 치료자를 매우 만연된 평가절하와 무관심으로 대함으로써, 표면적으로는 전이가 전혀 없는 것처럼 보일 수 있다. 즉 내담자가 신경써야 할 만큼 치료자가 중요하지는 않다는 것이다. 그러나 이러한 평가절하는, 예를 들면 기저의 편집적 전이의 두려움과 불안을 감추는 것일 수 있다. 이 경우 자기애적 방어는 기저의 전이를 드러내는 것으로 해석될 수 있다. 어떤 경우에는 자기애적 방어가 몇 개월에 걸쳐 지속될 수 있다. 이것은 더 높은 수준에서 반사회적 기능까지의 범위를 가질 수 있는 자기애성 인성장애에서 나타난다. 이 경우 우선적인 문제는 자기애적 방어를 지속적으로 분석하는 것이다.

우리는 3장에서 기본적 전이 패턴과 그것의 전형적 변형을 기술하였다. 정신병질적 전이는 내담자의 노골적인 불성실성으로 나타나거나, 아니면 투사를 통해 치료자에게 그러한 특성을 기대하는 것으로 나타난다. 이 전이는 편집적 전이에 대한 방어이며, 이 전이의 체계적 분석이 성공하면 편집적 전이로 변환된다(Jacobson, 1971 참조). 편집적 전이는 치료자에게 해를 입을 것에 대한 두려움을 가진 직접적인 편집적 특징으로 나타나거나, 아니면 만성적인 피학적 혹은 가학피학적 전이로 나타날 수 있다. 경계선 인성조직 내담자들의 대다수는 주로 편집적 전이를 보이면서 치료를 시작한다. 편집적 전이는 우울적 전이에 대한 방어이며, 전이초점 심리치료에서 대부분의 작업은 내담자가 주로 편집적 전이에서 우울적 전이로 발달할 수 있도록 돕는 것과 그 전이를 해결하는 것이다. 우울적 전이의 특징은 (이젠 더 이상 투사되지 않은 공격적 충동에 대한) 강렬한 죄책감과 죄책감에 기초한 부정적 치료 반응의 가능성, 그리고 자신이 너무 요구가 많고 도움 받을 가치가 없다는 느낌이다.

편집적 전이에서 우울적 전이로 발달할 때, 경계선 인성조직의 구조적 특성, 즉 정체성 혼미와 원시적 방어를 두드러지게 사용하는 문제는 해결된다. 이러한 발달에는 일련의 단계들이 포함된다. 변화의 첫 단계는 내담자가 이상화된 대상과 박해하는 대상 둘 모두와, 그 대상들을 향한 사랑과 미움 충동 둘 모두에 대한 동일시를 점진적으로 받아들이는 것인데, 이것은 이 두 가지가 교대로 나타나는 것을 관찰하고 논의하면서 이루어진다. 두 번째 단계는 분열된 내적 표상들로부터, 사랑과 미움이라는 두 포지션을 보다 복합적인 하나의 전체로 통합해 가는 점진적인 변화다.

1) 부정적 정동의 통합

전이에서 화, 분노, 미움과 같은 부정적 정동의 치료에는 우선 내담자가 정동 경험을 알아차리고 견뎌내는 것이 포함되는데, 특징적으로 이런 정동 경험은 부인되고 투사되며, 심지어는 행동화로 나타날 수 있다. 부정적 정동을 자신의 것으로 인정하고 견뎌내기 위해서는 내담자가 이런 정동이 인간적 감정의 일부라는 것과 이런 감정이 오직 반응적이기만 하기보다는 만족의 원천이 될 수 있다는 것을 모두 받아들여야 한다. 내담자가 부정적 감정을 견뎌 내고 그것을 투사했던 자신의 동기를 이해할 수 있게 되면, 이러한 감정을 일련의 이상화된 내적 자기 표상 및 대상 표상과 통합시키는 것이 촉진된다. 이러한 통합이 일어나면, 내담자는 우울 포지션을 향해 움직이게 된다. 우울 포지션의 특징은 이전에는 모두 나쁘기만 한 것으로 지각되었지만 이제는 좋은 특성과 나쁜 특성의 현실적 결합체로 보게 된 대상을 향한 공격적 감정에 대해 관심과 죄책감을 가진다는 것이다.

상대적으로 경험이 적은 치료자는 미워하고 괴롭히고 공격적으로 행동하는 내담자가 의식적으로는 미움의 정동을 경험하지 않을 수도 있으며 오히려 치료자 행동을 포함해서 현재나 과거의 상처에 대한 자연스러운 반응으로서 자기 행동을 합리화할 수 있다는 것을 받아들이는 데에 종종 어려움을 보인다. 내담자가 어떤 과거의 박해 대상과 관련된 미움과 공격성을 연상하게 되면 그러한 감정을 '인정하는 것'이 매우 불쾌하기 때문에, 일부 내담자는 박해 대상과 유사한 것처럼 보이는 자신의 그런 부분을 인정하는 것보다 차라리 자기파괴적 상연을 통해 글자 그대로 죽으려 할 수 있다. 이런 내담자를 치료하기 위해서는 내담자가 미움의 감정을 알아차려 감에 따라 치료자 편에서도 이런 미움의 감정을 받아들이는 태도가 필요하다.

미움의 의식적인 자각은 종종 분열시켜 배제되기 때문에, 치료의 초기 단계에 나타나는 전형적 패턴은 다음과 같다. 즉 내담자가 치료시간에 상연되는 미움을 기술하거나 상연할 때, 치료자는—자기 표상과 대상 표상을 기술하면서—내담자의 미워하는 부분을 다루어 이해하고 통합시켜야 하는 자기의 일부로 확인해야 한다. 치료자는 자기의 이 부분이 가진 포악하고 박해하는 특성을 기술할 수 있다. 내담자는 종종 알아차리기는 하지만 그러고 나면 다시 치료자의 언급을 자신이 미워하는 부분에 유리하게 활용한다. 예를 들면, "보세요, 내가 잘못되었고 살 만한 가치가 없다고 말하고 있잖아요. 그게 내가 선생님에게 얘기하려고 해 왔던 거예요. 나는 죽어야 해요."라고 얘기한다. 다른 말로 하면, 내담자는 치료자의 언급을 자기에 대한 미움에 찬 공격에 (그리고 도움이 되기보다는 해가 되었다며 치료자를 암묵적으로 공격하는 데에) 이용한다.

치료자는 분석을 수행하고 그것을 심화시키면서, 미워하는 부분이 바로 이 순간에 작용하고 있다는 것을 지적한다. 그 미워하는 부분은 치료자의 언급을 왜곡시키고, 그것을 전반적인 비난으로 전환시키고, 내담자가 가해자일 뿐만 아니라 동시에 희생자라는 사실을 고려하지 않는다. 내담자는 (그리고 치료자는) 자신이 이자관계의 **양극**과 동일시한다는 것과 내담자를 박해자로 얘기한다고 해서 그가 희생자가 아니라는 것을 의미하지는 않는다는 것을 기억하는 데에 어려움을 가진다. 치료자가 미움에 대해 다음과 같은 가능한 해석을 제안하면서 분석은 깊어진다. 그 해석은 미움이 내담자가 갖고 싶은 것보다 더 많이 가졌다고 지각되는 누군가를 시기하는 반응일 수 있다는 것과, 또는 기저에 있는 이상적 보살핌에 대한 갈망을 자각하는 것에 대한 방어일 수 있다는 것이다. 여기에서 이러한 갈망은 내담자를 상처받기 쉽다고 느끼도록 하고 따라서 좌절에서 비롯된 화와 미움의 밑으로 숨겨야 하는 것이다.

미워하는 정동을 견디지 못하는 것에 대한 해석은 그것에 대한 내성을 촉진하는 첫 단계이며, 박해하는 내부 대상의 가학적 측면을 즐긴다는 것을 결국 내담자가 용기있게 인정하는 첫 번째 단계다. 내담자가 공격적 정동을 즐긴다는 것을 알아차릴 수 있도록 돕는 것은—그것이 치료자를 향한 행동 속에서 나타날 때—내담자가 그것을 견뎌 내는 데에 있어서 중요한 단계다. 마찬가지로, 외상을 경험한 내담자의 경우, 그가 학대자의 특성을 어떻게 치료자에게 귀인시키는지 보기 시작하는 것은 그가 자기 속에 박해받은 희생자와 함께 공격자를 갖고 있음을 인식하는 데에 중요한 첫 단계다. 앞에서 보았듯이(1장 참조), 우리는 공격성을 모든 개인의 타고난 요소로 보며, 공격성을 나쁨과 동일시하는 것은 과도한 단순화라고 믿는다. 공격 추동은 길들여져서 자기 긍정,

2) 통합과 퇴행을 오가기

E박사가 떠나기 전의 회기들에서 G양은 E박사를 편집적으로 의심하고 거부하는 것으로 퇴행하는 것과 치료자에 대한 기저의 애착과 관련된 고통을 경험하는 것 사이에서 왔다 갔다 하였다. 전자의 입장은 다음과 같은 언급으로 나타난다. "선생님이 떠난다고 당황하는 것은 어리석은 것 같아요. 제가 무슨 생각을 하고 있는지 저도 모르겠어요. 어쨌든 선생님은 저를 위해 그곳에 계시지는 않잖아요." 후자의 입장은 다음의 언급 속에서 나타난다. "선생님이 가신다면 저는 자살할 거예요. 그것은 선생님 탓이 될 거구요." 이 후자에 대한 반응으로, E박사는 처음으로 치료 틀을 언급하였다. 그는 G양에게 치료가 그녀의 자살을 막아 줄 수 있다고 보장할 수 없다는 것과, 필요할 때 응급조치의 도움을 요청할 책임이 그녀에게 있다는 것을 상기시켰다. 그는 또한 자신의 공격적인 부분을 그에게 돌리려는 그녀의 시도("그리고 그것은 선생님 탓이 될 거구요.")에 대해 도전하고 탐색하였다. 마지막으로 그는 내담자가 자신의 고통을 이해할 수 있도록 도우려 하였다. 그렇게 하는 가운데, 그는 좋은 양육자를 갈망했지만 실망만 경험한 딱한 어린아이 같은 자기의 이자관계를 상세히 설명하였다. 그는 또한 그녀가 자신을 유기하는 대상과 동일시하는 것을 보도록 돕기 위해 애썼다. 그녀는 치료자에 대한 내적 이미지를 제거하려고 애썼지만 결과적으로는 공허감과 혼자라는 느낌을 경험하였다.

E박사가 여행에서 돌아왔을 때, 그는 G양이 편집 포지션으로 더 확고하게 퇴행하였음을 알았다. 그녀가 그에 대한 관심을 저항하며 거부하는 것과 그녀가 그와 연결되어 있는 느낌을 경험한 순간을 E박사가 대비시키자, 내담자는 적개심을 가지고 "지금 무슨 얘기 하시는 거예요?"라고 물었다. 그는 자신이 떠날 거라고 얘기했을 때 그녀가 보인 극적인 반응을 환기시켰다. 그녀는 흥분해서 "저는 결코 그렇게 말한 적이 없어요."라고 했다. 이것은 통합을 향한 움직임에서의 퇴행을 보여 주는 분명한 예였다. 치료자는 이 내담자가 통합을 이루는 데에는 아직 시간이 더 필요하다고 이해하였다. 5개월 후, 위에 기술한 역동의 주기가 여러 번 반복된 후에, G

양은 다음과 같이 말하면서 회기를 시작하였다. "선생님의 말씀을 계속 생각해 보았어요 …… 저는 선생님과 비슷하게 느끼기 위해 애쓰고 있어요. 제가 선생님 때문에 상처받을까 봐 걱정되기 때문이에요. 제 생각에는 그것이 맞는 것 같아요." 이것은 통합을 향한 진전의 증거다. 설혹 그렇더라도, G양이 편집 포지션으로 퇴행하는 것은 그것이 빈번하지는 않더라도 일정 기간 동안 지각된 위협이나 스트레스원에 대한 반응으로 지속되었다. 5년째 해에 G양의 치료가 끝날 무렵에 그녀는 자신이 경험한 변화들을 돌아보면서, 다음과 같이 말하였다. "선생님은 제게 많은 것을 주셨어요. 그러나 선생님은 또한 제게서 어떤 것을 빼앗아 갔어요 …… 저는 완전한 사랑을 믿었어요. 제 삶이 실제로는 아무리 안 좋았다고 해도 저는 그것을 끝까지 믿었어요. 이제 저는 제 남편과 100배는 더 가까워졌지만, 완전한 사랑은 없다는 것을 알아요 …… 그리고 저는 그 생각이 그리워요." E박사는 우울 포지션으로의 진전에 대한 내담자의 기술을 인정하였다.

3) 투사와 통합

(1) 통합과 현실 검증에서의 호전

내담자의 내적 세계가 더 통합되어 감에 따라, 경직된 내적 이자관계를 통해 세상을 경험할 때 생기는 지각의 왜곡은 감소한다. 이전에 위협이 되었던 개인과 상황은 보다 친절한 것이 된다. 복합적인 과정 속에서, 공격적 감정과 리비도적 감정은 더 통합되고 더 구분할 수 있는 것이 된다. 실제적으로 얘기하면, 내담자는 사랑하는 관계의 맥락 속에서 부정적 감정을 견뎌 낼 수 있게 되고, 어떤 부정적 감정이 전체를 망쳐버렸다고 느껴서 실패할 수도 있었던 관계가 오히려 깊어질 수 있게 된다. 더욱이 이전에 자각되지 않고 '사랑하는' 관계 속에 스며들어 가학피학적으로 얽힌 관계를 유발했던 무의식적인 공격적 감정을 내담자의 내적 세계의 일부로 받아들이게 되고 적절한 세팅이 될 때까지 그것을 승화시키고 더 의식적으로 유보할 수 있다.

앞에 언급한 순환 속에서 통합이 일어남에 따라, 내담자는 타인과의 상호작용을 정확하게 지각할 수 있는 역량이 증가한다. 그러나 내담자는 일시적으로 원시적인 (분열) 방어로 돌아갈 수 있다. 우리는 **우세하게** 사용되는 원시적 방어기제에 의해 인성조직 수준이 부분적으로 규정된다는 점을 독자들에게 환기시킨다. 모든 개인의 방어기제 사용은 환경에 따라 어느 정도 변화된다. 따라서 경계선 내담자가 성숙한 방어를 더 습관적으로 사용하는 더 높은 수준의 인성조직으로 변화할 때조차도, 내담자는 보다 원시적인 방어로 되돌아갈 수 있다. 이런 퇴행은 보통 스트레스가 많은 조건에서 일어난다. 그러나 새로운 통합이 아직은 손상되기 쉬운 상태에 있는 내담자의 경우, 단지 명확하지 않거나 모호하기만 해도 퇴행이 일어날 수 있다.

G양의 심한 자기파괴적 행동은 그녀가 ('투사를 취소하고') 이전에 분열시켰던 공격적 부분을 자각하고 받아들이게 되면서 많은 진전을 보였다. 그녀가 자신의 공격적 부분을 자각하기 전에는, 내적 세계의 이 부분이 자기파괴적 행동화로 표현되거나 혹은 투사에 의해 다른 사람을 위협적이고 해를 주는 존재로 경험하는 것으로 나타났다. 자신의 공격적 감정에 대한 자각이 증가함에 따라, 내담자는 적절한 분노를 경험할 수 있게 되었고, 자신을 해치는 것을 멈추었고 그리고 세상에서의 자기 기능을 향상시키기 시작하였다. 치료 전에 그녀는 병으로 인해 제한된 영역 속에서 생활하였다. 그녀의 세계는 남자친구와 살면서 입원 치료와 통원 치료에 관련된 사람들을 제외하면 바깥 세상과 거의 접촉이 없는 그런 환자의 세계였다.

이런 상황은 전이초점 심리치료와 함께 변화하였다. 첫째, 치료 계약은 그녀의 삶에서 더 높은 수준의 활동을 요구하였다. 둘째, 내적 세계가 통합되기 시작함에 따라 그녀는 더 편안하게 타인과 관계할 수 있게 되었다. 그녀의 편집적 전이를 이해함으로써, 즉 치료자에게 공격성을 투사하는 것과 치료자에 대한 공격 행동을 정당화하는 감정을 이해함으로써 진전이 시작되었고, 이것은 점차 치료 외부의 상황으로 옮겨갔다. [2장의 '방략 4: 내담자가 관계를 다르게 경험할 수 있는 역량 키우기' 참조] 이것은 그녀가 보다 적극적이 되기 위한 관여의 일부로 시작했던 대학 과정에서 처음으로 나타났다. 그녀의 첫 번째 반응은 동료 학생들이 자신을 좋아하지 않는다고 가정하는 것이었다. 시간이 지남에 따라 그녀는 이런 신념의 일부가 자신이 그들과 자신을 가혹하게 평가하기 때문이라는 것을 알았다. 이것을 알기 전까지, 그녀는 타인을 향한 어떤 가혹함을 대체로 부인하였지만 그런 생각은 때로 비꼬는 언급에서 나타났다. 그녀는 자신에 대한 가혹함이 타인에게서 온다고 경험하였는데, 그럼에도 불구하고 그것에 어떤 의미를 부여하지 않은 채 자기를 해치는 행동을 보이곤 했다. 동료 학생들과의 관계에서 자신의 가혹함이 어떤 역할을 하는지에 대해 이렇게 새롭게 이해하는 것은 치료자에 대한 그녀의 경험과 유사하였다.

2년간의 치료 후에 내담자가 진전을 보인 한 가지 결과는 아이를 갖기로 결정한 것이었다. 내담자는 임신 기간 내내 안정되어 있었으며, 갓난아이를 사랑하고 보살피는 어머니였다. 대체로 그녀는 더 높은 수준에서 기능하고 있었다. 그녀에게 불안이 없었던 것은 아니지만 그런 불안은 많은 젊은 어머니들의 불안과 유사한 것이었다. 그러나 그녀의 심리적 통합은 여전히 허약함을 나타냈는데, 이것은 추가적인 치료와 공고화를 통해 도움을 받을 수 있었다.

(2) 허약함과 지속되는 투사

내담자는 일반적으로 잘 기능하고 있었지만, 그녀의 허약한(fragile) 내적 통합은 1) 자기 작업에 대한 그녀의 반응에서, 그리고 2) 특정 환경에서 아이의 안전을 걱정하는 데에서 나타났다. 주목할 필요가 있는 것은 그녀의 걱정이 현실적 걱정과 점차 더 많이 겹치기 시작했지만 아직 충분히 통합되지 못한 내적 표상에 기초한 과장과 왜곡의 요소를 포함할 수 있다는 것이다.

초기에 나타난 그녀의 진전은 음악 작곡에 대한 오래된 관심으로 돌아간 것이었다. 앞에서 기술했듯이, 그녀의 초기 치료는 자기파괴적 행동화의 기저에 있는 내적 세계의 분열된 공격적 부분에 초점을 두었다. 이러한 공격적 부분은 무언가 해보려는 그녀의 노력을 공격하는 (그리고 다른 사람들도 공격할 수 있는) 거칠고 비판적인 목소리로 나타났다. 내적 세계의 이러한 통합되지 못한 부분은 노래를 작곡하기 시작할 때마다 그녀를 무력하게 만들었다. (생활에서 그녀의 모든 노력과 관련되어 있는) 이 역동은 우울한 상태의 기저에 있는 요인들 중 하나였다. 그녀의 치료에는 우선 이러한 내부의 공격적인 부분을 인정하는 것과, 다음으로 그녀가 자각을 통해 통제력을 갖게 되면서 그것을 완화시킬 수 있게 하는 것이 포함되었다. 자신의 이런 부분을 받아들이고 통합을 향해 움직이는 것은 그녀가 정체성 혼미로부터 정체성 공고화로 나아가는 데에 도움이 되었다. 내부의 비판적 심판을 조절함으로써 예전에 그녀가 가치 없다고 거부하고 버려서 중단되었던 관심사를 다시 할 수 있게 되었다. 그녀는 이전에 비해 창조적 과정에 더 많이 참여할 수 있게 되었다. 그러나 그녀는 이것을 치료자에게 말하지 않은 채 비밀리에 하였다. 그러고 나서 이런 활동에 대한 침묵을 깨고 자신이 작곡했던 노래에 대해 치료자에게 얘기하는 패턴이 나타났다. 결국 그녀는 다음 회기에 와서 노래에 대해 얘기하고 보니 자기가 작곡한 노래가 별로였고 이런 노력을 포기해야 한다는 것을 알게 되었다고 하였다.

이러한 패턴에 대한 탐색 결과, 내담자는 자신의 창조적 활동을 다른 사람에게 드러낼 때까지 가혹하고 비판적인 부분을 가까스로 피해 왔다는 것이 드러났다. 그 시점에서는 자기 작업에 대해 경험한 가혹한 판단이 실제로 내부의 비판적 부분에 기초하고 있는지, 혹은 외부 현실, 즉 타인의 부정적 의견에서 비롯된 것인지 확신할 수 없었던 것이다.

어떤 사고의 내적 원천과 외적 원천을 이렇게 구분하는 데에는 솜씨가 필요한데, 그것은 현실에서 타인의 호된 판단에 부딪칠 수 있기 때문이다. 그런 경우 최선의 접근은 전이에서의 이슈들을 탐색하는 것이다. 이 예에서, 치료자는 주의 초점을 치료시간에 자기 작품을 논의한 후에 그것을 거부하는 내담자 패턴에 두었다. 그녀는 치료자와 그것을 논의함으로써 자신이 작곡을 잘할 수 있다는 착각에서 벗어날 수 있었고 재능 부족이라는 '현실'로 돌아왔다고 하였다. 추가적 탐색에서 내담자는 치료자가 작품에 대한 부정적 의견을 나타내는 어떤 말이나 행동도 하지 않았다는 것을 인정하였지만, 치료자가 그것을 좋아하지 않는다는 것을 '알았다.' 결국 내담자는 치료자가 그녀의 작품을 좋아하지 않았다고 가정하는 것이 자신에게 가장 안전한 입장처럼 보인다는 것을 이해하게 되었다. 그녀는 다른 어떤 사람도 관여되어 있지 않을 때는 스스로에 대한 자신의 공격적 반응을 제압할 수 있었다. 그러나 다른 사람이 관여되면 공격성이 상대방에게서 비롯되었을 가능성이 제기되며, 투사를 통해 그녀는 이것이 사실이라고 가정한다. 그녀에 대한 타인의 반응이 온화하거나 긍정적일 가능성을 추가적으로 탐색한 후에야 그녀는 이런 투사 과정을 통제할 수 있고 공격적 부분의 통합을 더 진전시킬 수 있었다.

이 예는 우리에게 기법적 중립성의 중요성을 상기시켜 준다. 이 사례에서 치료자는 작곡에 대한 내담자 의견에 관심을 표현하였지만, 자기 노력이 잘못되었다는 그녀의 걱정에 반응해서 즉각적으로 안심시키지는 않았다. 내담자는 아마도 그런 안심시키기 반응을 자신을 가엾게 여기는 생색내는 반응으로 경험할 수 있다. 오직 치료자 반응에 대한 내담자의 가정을 탐색함으로써, 내담자는 자신의 의심이 자기 내부의 어떤 부분을 투사하는 데에서 생긴다는 것을 이해할 수 있게 되고, 치료자는 내담자의 작품에 대해 진정한 긍정적 반응을 할 수 있다.

앞에서 제시된 사례의 임상적 관리는 내담자에게 노래 작곡가로서의 재능이 있다는 것에 기초하고 있다. 치료자는 외견상으로는 유사해 보이지만 내담자가 성공할 가능성이 거의 없는 어떤 활동에 참여하고 있는 그런 상황을 만날 수 있다. 그러한 경우, 치료자는 자기 능력을 정확하게 판단할 수 있는 내담자 역량을 탐색하고, 내담자의 실제 재능과 야망 수준 간의 간격이 자기애적 거대성을 나타내는지 아니면 자기패배적 역동의 행동화인지를 결정하기 위해 애쓰게 될 것이다. 매 순간 정확히 무엇을 해야 하는지를 치료자에게 알려 주는 매뉴얼을 쓰는 것이 어려운 이유는 바로 이런 상황들 때문인데, 여기에서는 비슷한 행동도 서로 다른 기저의 역동에 의해 결정될 수 있다.

(3) 편집적 퇴행으로서 분열된 정동의 재출현

내담자의 가장 원시적인 정동이 오랫동안 치료 회기에서 분열된 상태로 남아 있다가 다음 임상 예에서와 같이 극적으로 다시 떠오를 수 있는데, 그것은 두 부분으로 구성된다. 첫 번째 부분은 치료의 시작과 관련되는데, 여기에서

아가게 하는 것과 같다." (p. 164) 그러나 전이 사랑의 불가피성과 이를 작업할 필요성을 논의한 뒤, 프로이트는 하나의 예외를 지적하였다. 즉 "성애적 전이를 만족시키지 않으면서 분석적 작업을 위하여 성애적 전이를 유지하려는 이러한 시도가 일군의 여성들에게는 성공하지 않을 것이다. 이 여성들은 절대적인 정열을 가지고 있어 어떠한 대용물도 견디지 못한다. 그들은 본성이 아이 같아서 물질적인 것 대신에 심리적인 것을 받아들이기를 거부한다. 이러한 사람들에게는 그들의 사랑에 응할 것이냐 그렇지 않으면 무시당한 여성 최고의 원한을 초래할 것이냐 중에 선택을 하여야 한다. 어느 경우든 치료의 관심사를 보호할 수 없다. 치료자는 성공하지 못한 채 철수해야만 한다." (pp. 166-167)

프로이트가 심한 인성장애 내담자를 이야기하고 있다고 가정할 수 있다. 이로 인해 우리는 성애화 전이라는 영역에 접하게 된다. Blum(1973)은 성애화 전이를 성애적 전이의 한 극단에 놓았고 이것의 특징이 "분석가에 대한 강렬하고 생생한 비합리적 성애적 몰두로, 사랑과 성적 만족에 대한 노골적이고 자아동질적인 요구라는 특징을 지닌다." (p. 63)고 하였다.

다양한 형태의 성애적 전이와 성애화 전이를 자세히 설명하기보다 우리는 여기에서 가장 다루기 힘든 한 가지 형태에 대하여 초점을 맞추겠다. Kernberg (1995)는 강렬한 성애적 전이가 어떻게 내담자가 "분석가와 꾸준히 긍정적 관계를 맺을 수 있는 가능성을 방지 또는 파괴하려고 하는 무의식적 시도" (p. 118)의 일부일 수 있는지를 기술하였다. 흥미롭게도 반대되는 것, 즉 사랑과 미움, 리비도와 공격성은 성애화 전이에 녹아들 수 있는 것 같다. 그러나 그것은 진정한 통합이 아니라 오히려 분열된 내적 세계의 한 부분이 다른 부분에게 도용되는 상황이라고 할 수 있다. 좀 더 발달되고 통합된 마음에서는 양가감정 역량이 있고 리비도와 공격성이 통합되어 있다. 그러나 경계선 내담자들도 때때로 퇴행된 형태의 가성통합을 나타내는데 그 경우 마음의 공격적 부분은 리비도적 부분을 자기 편으로 삼아 이를 파괴적 목적에 사용한다. 사랑과 성적 흥분은 공격성 아래 도착이라는 증후군에 사용될 수 있다.

G양 사례(p. 331)를 계속하면 다음과 같다.

첫해 말이 가까워지자, 치료에 몰입하고 그다음에는 밀어내는 것 같이 보이는 양상을 여러 번 보인 다음 G양은 그녀가 사랑하는 관계에 대한 갈망을 방어하고 있다는 E박사의 해석을 드디어 받아들였다. 그녀는 "선생님이 맞는 것 같아요. 선생님이 편해지면 언제나 제가 밀어내는 것 같아요."라고 말했다.

이러한 통찰 덕분에 내담자가 치료자에 대한 좋은 표상과 나쁜 표상을 통합하고 그리고 편집 포지션을 넘어서기 시작하였다고 생각하며 E박사는 잠시 마음을 놓았다. 그러나 회기 중반에 G양은 의자에서 일어나 E박사에게 뚜벅뚜벅 걸어와 그의 무릎에 앉으려 했다. 이로 인해 그는 거리를 두며 G양을 붙들어야 했다. 그럼에도 불구하고 그녀는 블라우스의 단추를 풀기 시작했다.

G양은 E박사가 그녀를 해치지 않으리라는 것을 자신이 이해하였기 때문에 자신을 육체적으로 표현하는 것이 당연할 뿐이라고 맹렬히 주장하기 시작하였다. 그녀는 여태까지 안 사람 중에서 그가 가장 멋있는 남자이고 그가 왜 그렇게 멋있는지 모르겠지만 자기도 모르게 사랑을 육체적으로 표현하고 싶어진다고 하였다. 사실상 그가 그녀를 거절한다면 그것은 그가 그들 간에 긍정적 감정이 있을 수 있다고 말한 것이 거짓말이라는 증거가 될 것이었다. 즉 항상 그녀가 알고 있었던 것처럼, 그것은 그녀가 혐오스럽고 그는 그녀를 좋아하지 않으며 거부하리라는 증거가 될 것이었다. 만약 그가 그녀를 거절한다면 그것은 세상이 다를 수 있다는 그녀의 모든 희망을 박살내 버리고 자살만이 유일하게 합리적 선택이라는 그녀의 믿음을 확인시켜 줄 것이었다.

이 예는 사랑하는/리비도적 감정이 공격적 감정에 강탈당하는 것을 보여준다. 그러나 내담자는 자신의 반응에서 공격성을 전혀 자각하지 못했다. 그녀는 그것을 치료자에게 투사하였다. 그녀의 시각에서 보면 치료자가 그녀를 거절하고 거짓된 친절로 그녀를 기만하며 속임수를 써서 그를 좋아하게 만들었다. 그는 그녀를 건강해지게 하였지만 상처 주기 위해서 그렇게 하였다. 그녀는 그를 믿지 않는 게 더 좋았다. 그녀는 모든 면에서 즉 그녀의 편집증에서 옳았다. 이 예는 고전적인 행동화와 투사를 보여 준다. 사랑이라는 말이 사실은 치료 및 치료자에 대한 공격 즉 인식되지 않은 공격적 동일시가 행동화된 것을 의미하는데 이와 반대로 내담자는 치료자가 그녀의 접근에 응답하지 않음으로써 상처를 준다고 확신한다. 비록 이것은 표면적으로는 긍정적 전이가 극단에 이른 것처럼 보일 수 있으나 더 깊은 주제는 치료 및 경계에 대한 파괴와 공격이다. 경계선 내담자와의 복합적 상호작용에 대한 사고를 조직화하기 위해서는, 관련된 자기 및 대상관계에서 이를 도식으로 보는 것이 도움이 된다 ([그림 8-1]).

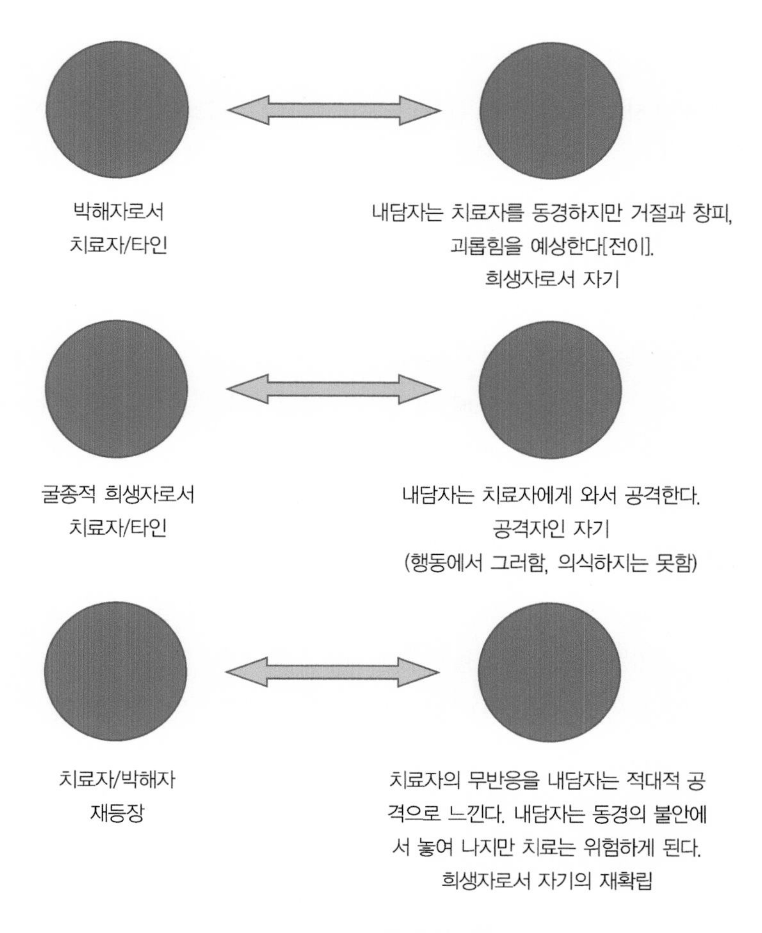

[그림 8-1] G양의 자기 및 타인표상 수준

[그림 8-1]에 예시된 도식은 주로 편집적 전이를 나타내는 경계선 내담자의 가장 전형적인 초기 치료 상황을 표상한다. 간단히 말해 이러한 내담자들은 그들이 상처받을 것이라고 확신한다. 치료자가 착취자/학대자라는 예상된 역할을 수행하지 않으면 내담자는 자신에 대한 치료자의 관심을 이해할 수가 없다. 이 예는 공격성에 대한 내담자의 방어에 공격자와의 동일시가 인식되지 않은 채 사랑이라는 이름으로 위장된 복잡한 상황을 나타낸다. 내담자가 노골적으로 유혹하려고 하는 것은 착취자와 희생자라는 익숙한 영역으로 상황을 되돌리고 또한 비록 전혀 자각하지는 못하지만 내담자를 착취자 역할에 둔다.

상황은 긴급하고 대혼란에 빠질 수 있게 된다. 왜냐하면 치료자가 한계를 설정하고 내담자의 행동을 해석하려 할수록 내담자는 대체로 자신이 희생자 역할에 있다고 느끼면서 자신의 접근을 치료자가 거부하는 것은 내담자에 대한 거부이며 내담자의 무가치함을 증명하는 것이라고 항의한다. 치료자에게 이것은 승산이 없는 상황같이 된다. 만약 치료자가 유혹을 받아들이면 모든 윤리적 기준을 저버리고 학대자가 되는 것이다. 만약 그렇게 하지 않으면 내담자는 치료자가 그를 냉정하게 거부한다고 느낀다.

경계선 내담자와 작업할 때 첫 번째 규칙은 치료 틀에 주목하는 것이다. 이 경우 E박사는 말 그대로 내담자를 팔 거리만큼 두고 다음과 같이 반응하였다.

E박사: 이런 상황에서는 작업할 수 없습니다. 블라우스 단추를 잠그고 도로 자리에 앉으세요. 그렇지 않으면 이 시간을 끝내겠습니다. ○○씨는 치료가 불가능한 상황을 만들고 있습니다.

G 양: 선생님은 이해하지 못하세요. 이것이 저를 돕는 길이에요. 선생님은 제가 믿길 바라시죠. 지금 그렇게 하고 있어요. 선생님이 저를 거부하시면 모든 게 사라져 버릴 거예요.

E박사: 거부가 문제라고 말씀하시는데 그런 것 같네요. 그러나 누가 누구를 왜 거부하는지 살펴보아야 합니다. 그리고 ○○씨가 도로 자리에 앉아야만 그렇게 할 수 있습니다. 우리가 노력한 것이 파괴되기 전에 우리는 여기

서 일어난 일을 이해해야 합니다.

G 양: 이러는 건 아무것도 파괴하지 않아요. 이게 제가 항상 원했던 것이에요. 누군가 내가 믿을 수 있는 사람 …… 누군가 좋은 사람. 선생님이 저를 거부하시면 모든 것이 부서져 버릴 거예요.

E박사: 우리는 1년 동안 함께 작업했어요. 이제 막 뭔가 좀 이해하기 시작했죠. ○○씨는 제게 이렇게 다가오네요. 이래야 좋아진다고 말씀하셨지요. 그러나 그러면 우리가 여기에서 해 온 것이 파괴된다는 것을 ○○씨도 알고 있어요. 그래서 ○○씨가 왜 이러는지 지금 당장 알아보아야만 합니다. 제가 보기에 ○○씨는 제게 좋은 감정을 가지고 있는 것 같아요. 그러나 무엇보다 그것 때문에 겁이 나는 것 같아요. 그것 때문에 자신이 상처 받기 쉽게 느껴지죠. 다시 안전함을 느낄 수 있는 유일한 방법은 공격하는 것뿐이에요.

전체적으로 다시 보자면 치료과정에서 이 상황은 한계를 설정하고 그다음에 해석하는 순서로 다룬다. 기본적인 해석은 다음과 같다. 즉 어긋난 신뢰와 배신에 대한 두려움 때문에 내담자는 역할 반전을 하게 되고 그 속에서 그녀는 우위와 통제를 얻으려 한다. 이 시점에서 그녀의 세계에서는 관계에서의 안전에 대한 유일한 희망이 통제를 통해서 이루어진다. 그러나 그녀가 통제를 강요하는 방식은 그녀가 가장 두려워하는 인물에 대한 무의식적 동일시를 나타낸다. 치료의 후기 단계에서 내담자는 그녀가 관계에서 보였던 공격적 요소에 대해 인정할 수 있었다. 그러고 나서 그녀는 이러한 공격성을 나머지 인성에 통합하는 과정 즉 리비도적 추구와 연결시키는 과정을 시작하였다. 이러한 통합 결과 내담자는 승화의 여러 형태 중에서 유혹하면서 동시에 퇴짜를 놓는 식의 매우 재기발랄하면서 비꼬는 유머 감각을 발달시켰다.

후기 단계에서도 마찬가지로 좀 더 진전된 형태의 성애적 전이가 있었다. 내담자는 치료자에 대해 좀 더 리비도적 갈망을 표현하기 시작하였고 이러한 갈망을 만족시킬 수 있는 가능성이 없다는 데 동시에 유감을 나타냈다. 이는 치료자에게 흔히 있으면서도 도전적인 상황이다. Daniel Hill(1994, p. 485)은 이렇게 말했다. "비전문가의 선택이 거부하느냐 아니냐라면 정신분석은 전이의 분석 그리고 역설의 수용에 달려 있다. 이 경우 사랑은 진짜이면서도 진짜가 아니다."

3) 사랑과 성적 감정이 안정될 때

앞서 '성애화 전이 다루기' 에서 개관하였듯이 강한 성애적 전이에서 내담자는 치료자로부터 이러한 성애적 소망을 만족시키기 위해 이것 아니면 저것이라는 요구를 한다. 내담자의 성적 접근을 치료자가 받아들이지 않았기 때문에 자신의 행동에 대해 치료자를 비난하면서 내담자는 무방비적 난교같이 자기파괴적인 성행동이라는 새로운 행동화를 시작할 수도 있다. 이러한 상황에서는 치료자가 그의 역전이를 충분히 훈습하여 내담자의 성적 감정, 소망, 두려움을 지나친 억제 없이 그리고 성애적 역전이 감정을 행동화하지도 않으면서 충분히 이야기할 수 있게 하는 것이 매우 중요하다. 내담자에 대한 역전이 감정과 환상을 내담자에게 전하지 않으면서 스스로 충분히 관용하는 것 그리고 이를 전이에서 지배적인 대상관계를 심층적으로 분석하는 데 활용하는 것은 다른 치료 단계의 역전이에서 강한 미움을 관용하는 것만큼이나 여기에서 중요하다. 사실상 공개적인 성적 요구의 공격적 그리고 가학적 요소는 역전이에서 내담자의 성애적 감정의 복합적 성격을 분명히 하는 데 도움이 될 것이다.

내담자가 자신의 성애적 감정을 유혹 또는 수치로 느끼지 않고 전이에서 충분히 표현할 수 있는 것이 중요하다. 그리고 치료자는 그들 관계의 일관된 경계를 유지하기 때문에 내담자가 거절당하는 데 대한 환상의 여러 측면을 분석할 준비가 되어 있는 것이 중요하다. 전이에서 나타나는 성적 요구와 환상을 충분히 탐색하는 것은 내담자의 성생활을 공격적 충동의 오염으로부터 해방시키는 데 있어서 그리고 내담자가 그의 성생활을 외부 현실에서 성숙한 성적 관계에 통합시키도록 촉진시키는 데 있어서 중요한 전제조건이 된다.

성이 높고 이에 따라 새로운 의심, 자기혐오, 우울 그리고 아마도 자살 가능성이 높아지는 악순환이 생겨나기 때문이었다.

보통 다음과 같이 하는데 자기 동료를 왜 그렇게 지각하는지 묻는 것은 의미 있는 통찰이나 변화로 이끌지 못할 가능성이 높다("선생님이 거기 없어서 그래요! 제가 상황을 오해한다고 하시는 거예요? 저는 알아요. 비서가 저한테 인사를 하지 않는 것은 그가 저를 싫어한다는 뜻이에요!"). 그렇게 느끼는 것이 반복적이라는 것을 지적하는 것이 도움이 되기도 하지만("이번 일은 지난번 일자리에서 겪었던 경험과 똑같은 것 같네요.") 가장 생산적인 탐색 영역은 전이에 있을 가능성이 높다.

이러한 자료를 경청하는 치료자는 치료자와 내담자의 관계에서 똑같은 이자쌍이 있었는지를 돌이켜 보아야 한다(괴롭힘을 당하는 희생자가 가학적인 가해자를 무서워하고 증오함). 그렇게 하면 종종 내담자와 치료자의 상호작용에 대한 논의로 이야기를 돌릴 수 있다.

치료자: ○○씨가 일하면서 느끼는 감정과 우리가 계약에 대해 이야기한 다음 ○○씨가 느꼈던 감정이 서로 관련이 있는 것은 아닐까요? ○○씨는 계약이 저를 보호할 뿐이라고 하셨죠. ○○씨는 제가 금세 ○○씨를 싫어한다고 느꼈고 ○○씨와 저 사이에 어떠한 접촉도 하지 못하도록 방어벽을 쳤다고 느꼈어요. ○○씨는 제가 ○○씨를 찍었고 다른 내담자에게는 그렇게 엄격한 경계를 설정하지 않는다고 느꼈어요. 그리고 이 모든 것은 제가 ○○씨를 열등하고 주목할 가치가 없다고 보았다는 생각과 연결되었습니다.

내담자: 그러나 지금 저는 그렇지 않다는 것을 알아요. 경계선 장애 치료에 대한 책을 찾아보았는데, 거기서 한계를 정하는 것이 치료의 일부라 하더군요.

치료자: 그렇다면 그렇게 외적인 증거가 없는데 어떻게 여전히 제가 ○○씨를 좋아하지 않는다고 생각하세요?

내담자: 선생님이 저를 좋아한다고 말하지 않을 뿐이에요. 선생님은 제가 돈을 내기 때문에 저를 만날 뿐이죠.

치료자: 제가 그것 때문에만 ○○씨에게 관심이 있다는 말씀이시군요?

내담자: 선생님은 돈만 내면 누구나 만날 걸요? …… 선생님은 섹스만 안 하지 창녀 같은 사람이에요. 아! 웃기네. 창녀라면 적어도 섹스라도 할 수 있지.

치료자: 제가 ○○씨를 이용하는 것처럼 느낀다고 들리네요. 돈을 뜯어먹고 ○○씨에게 관심 있는 척하면서.

내담자: 더 이상 말하고 싶지 않아요. 여기에 오는 게 이제 막 익숙해졌는데 지금 다시 모든 게 의심스러워졌어요.

내담자의 외부 현실에서 전이로 초점을 바꾸는 것뿐만 아니라 이 예는 긍정적 및 부정적 전이를 다루는 솜씨를 보여 준다. 이 치료는 표면적으로 긍정적 전이에 빠져 있었는데 이로 인해 치료자에 대한 내담자의 기본적인 생각을 치료자가 질문할 때까지 부정적 전이를 간과하고 있었다.

치료자: 그래서 제가 이런 이야기를 하는 것이 중요하다고 생각합니다. ○○씨가 제가 편하다고 했던 것은 그렇게 큰 것 같지 않아요. 불신감이 표면 아래로 내려갔던 것 같은데 그래도 여전히 아주 확실하게 있는 것 같네요. 제가 매춘부 같다고 하셨죠. 그 말은 제가 아주 거짓되고 ○○씨에 대한 저의 어떠한 관심이든 사실이 아니라고 생각한다는 거죠? 이것이 ○○씨가 일하는 곳에서의 상황보다 나은 게 있나요?

내담자: 아마 내가 그 사람들에게 돈을 냈다면, 그 사람들도 제게 잘해 주었을 거예요. 모두 다 똑같아요. 선생님은 아마 제가 여기서 나가자마자 저를 비웃을 거예요 …… 지금 이 순간에도 그 '진지한' 표정 뒤에서는 마음속으로 저를 비웃을는지도 모르죠. 그게 아마 선생님이 치료 학교에서 배운 것이겠죠. 그 사람이 바보라고 생각하면서도 누군가를 진지하게 바라보는 것 말이에요.

치료자: 지금은 도저히 제가 ○○씨를 바보라고 생각하지 않는다고 설득할 수 있을 것 같지 않네요. 제가 보기에 그러한 느낌이 상당히 깊은 것 같아요. 그러나 지금 즉시 ○○씨가 빠진 심각한 딜레마를 살펴볼 수는 있을 것 같습니다. 지금 일에서도 그렇고 ○○씨는 자꾸자꾸 딜레마에 빠지는 것 같아요. 제가 ○○씨를 바보라고 생각하는지 안 하는지, 아니면 대부분의 사람들이 ○○씨를 바보라고 생각하는지 안 하는지 ○○씨는 확실히 모릅니다. 그러나 제일 안전한 것은 사람들이 그렇게 생각한다고 가정하는 것이에요. 그렇게 하면 ○○씨는 나중에 상처받지 않을 수 있어요. 사람들에게 잘해 주었는데 사람들이 나중에 ○○씨를 비웃고 거부한다면 상처받겠죠. 그래서 ○○씨는 이렇게 반응합니다. 문제는 확실히 그렇다고 ○○씨가 완전히 확신하지 못한다는 것이고, 또 만약 ○○씨가 틀렸다면 공격을 가하는 것은 좋은 관계가 될 수도 있었던 것을 아주 망가뜨릴 수 있다는 것이에요. 예를 들어 여기서 제가 매춘부 같다고 하셨죠. 치료에서는 그 말의 느낌과 환상을 탐색할 수 있어요. 그러나 똑같은 종류의 공격을 동료에게 가하면 예상하면서 두려워하는 종류의 반응을 곧바로 자극한다는 것을 알게 될 거예요.

이 사례를 더 분석해보면 어떻게 내담자가 부정적이고 거부적인 사고의 진원지인지 살펴볼 수 있다. 우선 그녀는 스스로 자기평가를 하는 데 자신에 대한 이러한 판단을 다른 사람에게 투사하고 그것이 외부에서 온다고 본다. 두 번째, 그녀는 자신의 엄격하고 판단적인 부분을 다른 사람에게 향한다. 이로 인해 다른 사람을 엄격하게 판단하게 된다. 비록 의식적으로는 다른 사람이 그녀를 공격한다고 느끼기 때문에 그들에게 좋지 않게 대할 뿐이라고 상황을 경험하지만. 다시 말해 그녀는 일터에서 그리고 전이에서 그녀 안에 존재하는 조롱하는 비판자 및 그와 연결된 모욕당한 사람이라는 이자쌍을 상연하고 있다. 그리고 그녀는 이자쌍의 양 측면을 모두 동일시하지만 의식적으로는 자신을 오직 모욕당한 사람이라고만 느낀다.

2) 타인에게 투사된 부분 표상

전이초점 심리치료의 세 번째 방략은 서로를 방어하는 대상관계 이자쌍 간의 연결을 관찰하고 해석하는 것이다. 이와 관련하여 중기에 작업할 부분은 통합되지 않은 혹은 부분적으로 통합된 부분 표상이 서로 다른 상황에 투사되어 있기 때문에 이를 추적하는 것이다. 내담자가 부분 표상을 투사하는 것, 이러한 부분 표상에 기초한 지각이 치료자와의 관계에서 어떻게 나타나는지, 그러한 표상에 따라 행동하면 어떻게 두려워하는 상황이 현실이 되어 버리는 위험이 있는지 등에 대한 논의가 여기에 들어간다. 중반기 후기에 부분 표상을 분석하는 것은 분열된 자기 또는 대상 표상을 구성하는 **동일시**(들)를 살펴보는 것과 연결된다. 이러한 자료에 접근하는 데 있어서, 치료자는 각각의 부분 동일시가 내담자의 삶에서 어떤 사람의 한 **측면**과 동일시라는 것 그리고 보통은 실제 인물에 비해 어느 정도 왜곡되어 있다는 것을 명심해야 한다. 치료자는 이러한 동일시와 연결된 인지 및 정동을(이는 내담자의 자기 표상과 그리고 내담자가 다른 사람에게 투사한 것 모두에서 나타날 수 있다) 전이에 투사된 표상(들), 내담자의 외부 생활, 내담자의 과거 그리고 환상 자료 등과 연결시킨다. 예를 들어 치료자는 내담자로 하여금 동료와 상사가 그를 싫어한다고 확신하는 것이 내부의 엄격하고 비판적인 부분의 투사일 수 있다는 것을 이해하도록 도울 수 있다. 그다음은 투사의 이유를 지적하는 것이다. 예를 들어 내담자가 미움이나 자기혐오를 자신의 일부로 받아들이기 어려워서 그럴 수 있다. 나중의 해석 작업은, 예를 들어 내담자가 자신의 삶에서 과거의 공격자에 대한 어떠한 동일시도 관용하지 못하기 때문과 같은 '발생적' 자료를 포함할 수 있다. 이러한 개입 노력은 내담자로 하여금 누군가에 대한 특히 새로운 어떤 사람에 대한 자신의 강한 반응이 자신의 내적 세계의 일부가 그 사람에게서 온다고 느끼는 것에 기초해 있을 수 있다는 것을 보도록 돕는다. 이러한 퇴행은 안전한 심리적 장소로의 퇴각으로 볼 수 있다. 새로운 상황은 불확실하고 모호하기 때문에 방어적 태세가 새로운 경험에 열린 태세보다 더 안전한 것 같다.

모든 심리역동치료처럼 전이초점 심리치료도 내담자의 자각을 증진시키고 금지된 사고와 느낌을 수용하도록 하는 목표를 갖는다. 위의 예에서 볼 수 있듯이 이러한 것들을 발견하는 것은 종종 '투사를 따라가는' 과정을 통해서다. 중간 단계에서 내담자가 분열된 내적 부분을 통합시켜 나갈수록 투사를 인식하는 작업은 좀 더 미묘해질 수 있다. 내담자의 내적 세계가 점점 덜 조악해지고 좋기만 한 것과 나쁘기만 한 것이 덜해질수록 내담자의 상황 묘사가 투사를 포함하고 있을 수도 있는데 뚜렷한 왜곡은 별로 없이 좀 더 미묘해질 수 있다. 내적 표상과 외적 현실은 좀 더 잘 맞는다. 그러나 여전히 간격이 있을 수 있는데 특히 스트레스 때 그러하다. 따라서 중반기가 한참 진행되어 내담자가 왜곡 또는 투사를 하는지 또는 정말로 문제가 있는 상황을 묘사하는지 분명하지 않을 때에는 시간을 길게 두고 탐색할 수 있다. 이를 달리 말하면 내담자의 현실 검증이 향상되었으나 여전히 이 영역에서 미묘한 어려움이 있다는 것이다. 전이초점 심리치료가 내담자로 하여금 이러한 내적 갈등 영역을 해소하게 돕는 것은 이러한 미묘한 어려움을 작업해 나가면서다. 이러한 갈등은 처음에는 외적인 행동화에 가려져 있을 수 있으나 자기와 다른 사람을 온전히 평가하기 위해서 그리고 사랑과 여가, 일하는 데 있어서 최적으로 기능하기 위해서는 반드시 해결되어야 할 필요가 있다.

내담자는 네 살 된 아들을 둔 어머니인데 그녀가 고용한 보모에 대한 걱정을 보고하기 시작했다. 그녀는 보모가 아이를 건네줄 때 그 얼굴에서 불순한 것을 느꼈다고 하였다. 보모가 아이와 같이 빵을 구웠을 때 꼬마 소년이 숟가락을 핥게 하는 것을 보니 음란한 면도 있는 것 같다고 하였다. 또 보모가 아이에게 책을 읽어 줄 때 너무 가깝게 앉는다고 하였다. 내담자는 보모가 자기 아들에게 성적인 의도를 갖고 있는지 걱정에 사로잡혀 그녀를 해고해야 하나 고민하기 시작했다. 치료자는 안심시키는 말과 함께 질문하는 식으로 소리 내어 궁금해하였다.

"○○씨가 걱정하는 종류의 일을 생각하는 것이 혼란스럽고 귀찮을 수 있겠네요. 분명 세상에는 아이들을 성추행하는 성도착자들이 있지요. 그런데 ○○씨가 아들에 대한 보모의 감정에 점점 더 집착할수록 저는 ○○씨의 감정을 점점 더 알 수 없게 되네요. 물론 태어났을 때부터 그 아이는 ○○씨의 삶에서 기쁨이었죠. 그러나 그 아이는 다른 남자 아이들처럼 빨리 자라고 있죠. 아이는 자기의 마음과 자기 성격, 자기의 관심사를 점점 더 발달시키고 있어요. 아이가 주체적인 사람이 되어 가면 그에 대한 ○○씨의 감정도 분명 생겨날 것이고 분명 복잡할 거예요. 그것이 정상이에요. ○○씨는 아이가 점점 더 ○○씨로부터 독립하는 것이 아쉬울 수도 있고 심지어 화가 날 수도 있어요. ○○씨는 아이의 자라나는 몸에 감탄할 수도 있고요. 이런 일은 생각하기 어려울 수 있고 옳지 않게 느껴질 수도 있어요. 그러나 이 경우 ○○씨의 감정이 문제라면 우리가 여기에서 작업해야 할 부분은 ○○씨의 감정을 확실하게 하는 것이에요. ○○씨가 그 감정들을 더 잘 알고 관리할 수 있도록 말이에요."

그러자 내담자는 아이에 대한 자신의 정서적 반응을 좀 더 충분히 생각해 볼 수 있게 되었다. 앞서 그녀의 리비도적 그리고 공격적 정동을 통합하는 작업 덕분에 그녀는 그의 독립성이 자라나는 데 대해 화가 나기도 하고 성적으로 감탄하기도 할 수 있었다. 이것은 그녀가 그에게 느끼는 유대를 위협하지 않고도 그에 대한 그녀의 지배적인 사랑과 헌신에 섞여 들어갈 수 있었다. 이러한 문제를 내담자가 생각해 볼 수 있었던 것은 그녀의 어머니가 그녀에게 그랬던 것처럼 분노폭발을 하거나 부적절한 접촉을 하지 않고도 자기 아들에 대한 이러한 감정을 느낄 수 있다고 스스로 안심시킬 수 있었던 부분이 있었던 덕분이다.

요약하면 중기에 치료 작업의 원칙은 내담자의 분열된 표상이 전이에서, 치료 밖의 관계와 장면에서, 그리고 환상에서 투사될 때 이를 작업하는 것이다.

3) 치료 호전에 대한 내담자의 반응

치료를 받으면 많은 경계선 내담자들은 일과 친밀한 관계에서 향상된다. 이러한 영역에서 발전은 놀라울 수 있고 심지어 발전을 허물어 버리고 싶은 유혹으로 저항에 부딪칠 수도 있다. 발전 자체 그리고 이에 대한 내담자의 반응이 치료의 주제가 된다. 치료자는 발전을 관찰하고 이를 무효화하려는 내담자 측의 충동에 경계를 게을리하지 않는다.

독서지도 일을 시작한 한 내담자가 몇 년 전에 중단해 버렸던 대학 과정을 끝마친다면 좀 더 성공할 수 있으리라고 결정하였다. 그녀는 시간제 과정에 등록하였다. 그녀는 첫 학기를 통과하였고 A학점을 받았다. 그러나 두 번째 학기 때 그녀는 기말 보고서 작성과 관련하여 얼어붙었다. 이는 그녀가 이룬 발전을 위협하였다. 문제를 탐색한 결과 그녀가 자각하지 못했던 세 가지 주요 주제가 드러났다. 첫째, 그녀는 첫 학기에 이룬 성공이 동급생의 시기를 불러일으켜서 그들이 집단으로 공격할까 봐 두려워하였다. 이 덕분에 그녀의 내적 세계에서 시기심의 역할을 좀 더 탐색할 수 있게 되었다. 전형적으로 그녀는 이러한 감정을 강하게 느끼면서도 투사에 의해 그녀가 시기의 대상이 된다고 느꼈다.

둘째, 내담자는 잘한다는 것을 치료자를 잃어버리는 것으로 연결시켰다는 것을 점점 더 자각하게 되었다. 그녀는 자신에 대한 치료자의 관심이 지위가 낮고 장애가 있는 내담자를 도와주는 역할에 한정되어 있다고 생각하였다. 그녀의 내적 세계에서는 그녀가 건강한 동등한 인물로 발전해 가는 데 관심이 있는 권위적 인물이라는 전형이 없었다. 불가피하게 발전이 치료자와의 관계가 끝나는 데 대한 걱정을 불러일으켰지만 가장 병리적인 수준의 불안이 이해가 되면 이러한 걱정을 다루는 것은 훨씬 더 쉽다.

셋째, 탐색 결과 내담자의 첫 학기 성공은 그녀의 동급생 그리고 치료자 모두에 대한 경쟁심을 불러일으켰음이 드러났다. 내담자의 내적인 이자쌍은 주로 열등한 사람이 우월한 사람과 관계한다는 것을 담고 있는데 그녀는 경쟁이 결국 가학적 정복을 포함한다고 생각하였다. 그녀가 공격적 정동을 학문적 그리고 다른 성취들로 승화시킬 수 있는 능력을 발달시키기 전에 이러한 극단적인 환상을 탐색해야만 했다.

요약하면 치료 중기는 다음 사항을 포함한다. 1) 행동화가 감소하면서 내담자와 치료자의 상호작용에 좀 더 초점이 맞추어진다. 2) 지배적인 전이 속에서 무엇이 일어나는지에 주목한다. 3) 분열된 내적 표상에 대한 내담자의 투사를 추적한다. 4) 반복적인 분열과 투사의 교대 속에 언젠가는 통합 시기가 오리라고 이해하면서 내담자가 이러한 분열된 부분을 자각하고 통합할 수 있도록 돕는다. 5) 다른 영역(내담자의 외부 생활, 자신의 생활사에 대한 시각 그리고 환상 등)에서 전이 주제를 관찰한다. 6) 내담자의 사랑과 일, 여가 생활에서 문제 영역을 좀 더 세밀하게 이해하고 주목한다.

1) 진전기의 임상적 특성

(1) 정신병질적 전이의 해결

성공적인 치료를 통해 정신병질적이고 편집적인 전이가 지배적인 것으로부터 우울적인 전이 패턴으로의 변화가 일어난다(2장 '경계선 병리의 치료: 전이초점 심리치료의 방략' 참조). (치료자와의 관계에서 주된 특성으로 내담자가 의식적으로 기만적인 행동을 하거나 내담자가 치료자에게 시종일관 경계하고 의심하는 것을 포함하는) 정신병질적 전이는 치료자와 전적으로 정직한 소통을 위해 가능한 치료의 진전기에서 충분히 해결되어야 한다.

정직한 소통은 치료자에게 숨겨야만 한다고 느끼는 비밀을 때로 내담자가 가질 수 없거나, 편집적인 두려움이나 수치심 혹은 죄책감으로 인해 중요한 자료를 일시적으로 억제하지 않는 것이 아니라, 일반적으로 심리치료 작업 과정에서 소통의 일시적인 와해와 같은 것을 해결하기 위해 치료자가 내담자의 정직한 소통에 의존할 수 있다는 것을 의미한다. 실제로 정신병질적 전이가 충분히 해결되기 이전에는 치료의 진전기라고 말할 수는 없을 것이다. 이러한 전이는 치료자가 전적으로 착취적이고 공감할 수 없다는 내담자의 초기 가정에 대해, 그리고 다른 사람으로부터 무엇을 얻을 수 있는가 혹은 어떤 의도로 다른 사람을 이용할 수 있는가에만 오로지 관계가 근거한다는 가정에 대해 내담자가 질문하고 의문시할 때 해결된다.

(2) 일시적인 편집적 전이

이와 대조적으로, 편집적 전이는 치료의 진전기에서 여전히 강력하게 존재할 수 있는데, 이것은 수주에 걸친 심리치료 작업이라기보다는 회기 내에서 혹은 며칠 내로 해결될 수 있고, 치료의 지속에 대한 위협 없이 편집적 퇴행을 참아내는 데 가용한 충분히 강한 치료 동맹(즉 역할을 하고 있는 치료자와 내담자 자아의 관찰하는 부분 간 충분히 강한 관계)이 있다는 특별한 특성들과 함께 존재한다. 이것은 여전히 존재하는 (하지만 더 이상 만성적으로 상처가 곪지 않은) 편집적 전이의 맥락에서인데, 내담자가 공격성에 대해 죄책감을 감당하는 순간과 전이에서 양가감정을 인식하고 복구하려는 노력은 지속적인 통합을 시사한다.

(3) 회기 바깥에서의 통제된 행동화

치료가 효과적으로 진행될 때, 심지어 초기 치료 단계 동안에도 치료 회기 밖에서의 심각한 행동화는 통제되어야 하는데, 내담자의 회기 밖에서의 생활은 유의미한 정도로 이미 정상화될 수 있지만, 대조적으로 심한 전이 퇴행이 회기 내에서 정동의 폭주와 일반적인 난기류로 나타난다. 치료의 진전기에서, 내담자는 자신의 퇴행적인 공격성을 이해하기 위해 치료자가 회기 동안에 이것을 감당한다는 것을 자각하기 시작하고, 회기 밖에서의 어려움을 행동으로 표현하기보다는 이를 탐색하고자 치료 안으로 가져오기 위해서 밖에서의 행동을 통제할 필요를 깨닫는다. 그러므로 이전 단계 개입에서 가장 높은 우선권—즉 1) 내담자나 다른 사람의 생명에 대한 위협, 2) 치료의 지속에 대한 위협, 3) 회기 밖에서 심각하게 파괴적이거나 자기파괴적인 행동화 위협—은 유의미하게 감소되어야 하는데, 치료자가 점차로 전이 자체에 초점을 두도록 하기 위해서다. 이 시점에서 치료자는 회기 밖에서의 내담자 경험에 관한 소통에 더 의존할 수 있다. 이것은 치료에서 회기와 외부 현실을 분열하는 이전의 내담자 경향과는 대조된다.

회기 내에서의 심한 혼란 때문에, 치료자는 내담자가 회기 밖에서 개선되었고 이미 유의미한 변화가 일어났다는 것을 자각하지 못할 수 있다. 특히 전이가 강하게 부정적일 때, 회기 밖에서의 개선이 회기에서 해리될 수 있고, 치료자는 내담자가 유의미한 관계 영역에서 변화된 것을 자각하지 못하거나 간과할 수 있다.

(4) 신체화

심리내적 갈등을 신체화하는 경향이 있는 내담자들은 행동화 경향성 내담자들에 필적한다. 이 내담자들은 의미 있는 타인과 자신 안에 있는 정서적 어

(3) 환상의 감내

환상을 감내하고 중간 공간(transitional space)이 열리는 것은 자기애적 인성을 가진 경계선 인성구조 내담자의 치료와 특히 관련된다. 여기에서 문제는 내담자가 자신의 통제하에 있지 않은 자유연상에 스스로를 개방할 수 있는 정도인데, 이것은 내담자가 충분히 자각하기 이전에 치료자가 내담자 마음에서 무엇이 일어나는지에 대한 이해를 얻을 수 있다는 암묵적인 위험과 함께 있다. 전능한 통제를 하려는 자기애적 내담자의 욕구는 자유연상을 억제하고, 환상 자료의 가용성을 감소시키는 경향이 있다. 일반적으로 경계선 인성조직 내담자의 경우, 상징화하는 능력에서의 증가는 행동으로 정동을 방출하기보다는 환상에서 정동을 경험하는 내담자의 역량을 증가시킨다.

(4) 방어기제의 해석을 활용하는 역량

초기 치료 단계 동안에, 해석은 내담자 입장에서 명백하게 일축되거나 때 이른 수용을 보이기도 하지만, 종종 효과적이다. 치료의 진전기에서, 해석의 효과는 해석의 결과로 자기 자각과 자기 탐색에 대한 내담자 역량이 증가하는 것을 포함한다. John Steiner(1993)는 다음과 같은 권고를 하였는데, 심한 인성장애 내담자의 초기 치료 단계 동안에 투사적 동일시의 결과로 나타나는 치료자에 대한 내담자의 이미지는 즉시 거부되거나 수용되기보다는 해석되어야 한다는 것이다. 즉 치료자에게 투사된 내담자의 내적 이미지를 검토하는 것이다. 내담자 편에서 투사된 표상을 점차로 감내하는 것은 결국 내담자가 그것에 대한 심리내적 경험을 인식하는 것을 촉진시킬 것이다. 투사된 것을 되돌리는 이러한 역량 증가는 바로 경계선 내담자의 심리역동적 심리치료의 진전기에서 기대될 수 있는 것이며 구조적인 심리내적 변화의 지표 중 하나다.

내담자가 한 회기에서 때로는 치료자를 우호적인 사람으로 보고, 다른 경우에는 (가학적 계모의 내적 이미지를 투사하는 것을 통해) 적대적이라는 견해가 번갈아 일어나는 경우, 치료자는 다음과 같이 설명하였다. "이것은 내가 실제로 다른 두 사람인 것은 아닌지 하는 의문이 일어나게 하거나, ○○씨 안에서 투쟁하고 있는 무언가를 나에게서 보고 있는 것은 아닌지 의문이 일어나게 합니다. 이 사람의 한 부분은 우호적이고, 친절하며, 믿을 만합니다. 다른 부분은 적대적이고, 가학적인 사람으로, 화를 유발시키는 것을 즐기고, 천진난만하게 행동하며, 이러한 인성 측면에 대해 전혀 모릅니다." 내담자는 역설적으로 "우리가 아는 누군가인 것처럼 들리네요?"라고 언급하였다. 누구를 염두에 두고 있는지를 물었을 때, 내담자는 자신이거나 계모가 아닐까 하는 의문을 가졌고, 치료자는 이 이미지가 둘 다와 관련되고, 내담자 안에 있는 계모 이미지와 공모한 것과 관련된다고 대답하였다. 내담자는 나중에 이러한 해석으로 되돌아왔고, 그녀는 이제 좀 더 자각하고 있었던 공격적이고 통제하는 경향에 대해 다잡는 것을 돕는 데 이것을 활용하였다.

(5) 지배적 전이 패러다임의 변화

지배적 전이 패러다임의 변화는 구조적 변화의 지표인데, 이것은 내담자가 심리치료의 진전기로 들어가는 가장 기본적인 지표로 간주될 수 있다. 각 내담자는 수개월간이나 심지어는 수년간 지속된 치료에서 반복되어 제한된 수의 지배적 전이 패턴을 가진다. 이러한 전이 패러다임 각각은, 세 단계의 해석이 있다. 1) 전이에서 지배적 관계를 정의하는 것, 2) 자기 표상과 대상 표상 및 이들의 상호작용을 확인하는 것, 그리고 3) 서로 분열된 이상화되고 박해적인 자기 표상과 각각의 대상 표상을 통합하는 것 등이다.

치료의 진전기에서, 내재화된 대상관계에 대한 내담자의 관계에서 의미 있는 변화가 일어나는데, 이는 분열 기제의 극복과 정상적인 자아정체성의 발달과 관련된다. 실제로 이러한 변화는 새롭고 더욱 복잡하며 분화된 자기와 대상 국면이 나타나고, 반복되어 온 초기의 경직된 패턴을 넘어서는 새로운 관계가 출현하는 것으로 예시된다.

따뜻하지만 약하고 성적이지 않은 아버지 이미지와 강하고 가학적인 계모 이미지로 치료자를 경험하는 것을 왔다 갔다한 한 내담자는 치료자를 우호적이지만 강하고 성적으로 유혹적인 아버지 이미지로 경험하기 시작하였는데, 이것은 이전에 언급되었던 분열된 원시적 전이가 통합된 결과로 나타난 전적으로 새로운 구성이다. 이러한 맥락에서 아버지와의 관계에서 새로운 측면이 나타났는데, 이것은 뚜렷하게 오이디푸스기적인 질적 특성을 가졌고, (이상적이지만 아직은 약한) 따뜻하고 베푸는 아버지의 이미지에서 모든 성적 관심을 전오이디푸스기적으로 부인하는 것과는 대조된다.

심한 반사회적 특성이 있는 또 다른 내담자는 ―오랫동안 그녀의 치료자를 박해적이고 가학적인 도덕주의자로 지각하였는데, 이런 치료자에 대해 그녀는 비밀과 조종을 섞어서 자신을 보호해야 했다― 정직하지 않은 것에 대해 점차로 인식하기 시작하였고 죄책감을 느끼기 시작하였으며, 또한 치료자를 부당하게 대우한 것에 죄책감을 느꼈는데, 이제 그녀는 간접적인 공격에도 불구하고 그와의 관계를 든든하게 유지하는 것으로 지각하였다. 이제 그녀는 엄격하지만 관심 있는 아버지 상으로 치료자를 지각하기 시작하였는데, 이것은 이제 아마도 실제로 그녀가 과거에 조종하고 부정적인 아버지라고 자각하게 되었던 것과 매우 다르다. 그녀는 우울해졌고, 치료자에게 사랑받고 보호받을 자격이 없다는 깊은 신념을 발달시켰다. 그녀는 또한 못되게 굴었지만 이제는 회복하려고 했던 이전 친구와의 관계를 복구하려는 노력과 일치하는 조용한 뉘우침을 발달시켰다. 이 사례는 치료의 진전기에서 우울한 전이 유형으로의 분명한 변화를 보여 준다.

치료의 진전기에서 전이 성향의 가장 극적인 변화는 아마도 자기애성 인성장애 내담자, 특히 악성 나르시시즘 증후군이 있는(즉, 자기 지향적이든지 외부 지향적이든지 간에, 심한 편집적 특성, 반사회적 행동 그리고 자아동조적인 공격성이 있는 자기애성 인성이다) 내담자의 전이에서 병리적인 거대 자기가 붕괴되고 훈습이 일어나는 경우다. 하지만 이렇게 치료 상황에서 극적이고 긍정적인 발달은 일관되게 일어나지는 않는다. 반대로 우리 경험으로는 자기애성 인성장애―특히 악성 나르시시즘 증후군―가 있는 몇몇 내담자들은 지금까지 언급한 모든 다양한 지표의 맥락에서 자아 강도가 발달하는 정도까지 개선되기는 하지만, 좀 더 높고 적응적인 수준에서 병리적인 거대 자기가 동시에 공고화되고, 치료에서 더 이상의 변화가 일어나는 것에 대한 방어로 이렇게 더 잘 기능하는 병리적인 거대 자기를 이용하는 것이 함께 있다.

후자의 경우, 의미 있는 증상 변화가 회기 밖에서 일어나고, 회기 안에서의 심한 혼란도 감소된다. 그러나 그 이상의 변화에 대한 미묘하지만 완고한 저항 또한 존재하는데, 이것은 종종 내담자의 전체 기능에서 인상적인 개선에 부응하면서, 치료자로 하여금 내담자가 치료에서 도달할 수 있는 곳이 여기까지라는 결론을 내리게 할 수 있다. 그런 경우 치료자는 종결로 옮겨갈 수 있는데, 내담자에게 남아 있는 자기애성 인성조직이 친밀한 관계를 유지하는 데 어려움을 야기한다면, 나중에 심화된 치료(가능하다면 심지어 표준 정신분석)를 받으라는 잠재적인 권고와 함께 이루어진다.

3) 치료의 진전기로 이행을 방해하는 것

(1) 자기애적 특징

앞서 언급했듯이('지배적 전이 패러다임의 변화' 참조), 명백하게 경계선 수준에서 기능하는 자기애성 인성장애 내담자—전형적으로 치료 초기에 경계선 인성장애와 자기애성 인성장애 둘 다에 대한 DSM-IV-TR 준거(American Psychiatric Association, 2000)를 충족시키거나, 혹은 심지어 악성 나르시시즘 증후군 준거를 충족시키는—는 치료시간 밖에서의 기능이 극적으로 개선될 수 있으며, 심지어는 회기 내에서 난폭하고, 편집적이며, 혹은 부정직한 행동의 강도가 유의미하게 감소할 수 있지만, 미묘하지만 경직된 방식으로 병리적인 거대 자기가 응고화될 수 있다. 이들은 자기들이 잘 지내고 있다는 것을 나타내기 위해 이 개선을 이용할 수 있다. 심지어 몇몇 경우에 그들은 개선된 것이 전적으로 자신의 작업에 기인하고, 치료자 덕분인 것은 아무 것도 없다고 주장할 수 있다. 그들은 장기간에 걸친 기간에 어떠한 변화도 없이 기꺼이 치료 상황에 머무를 수 있거나, 혹은 그들이 잘 기능하고 별다른 주된 어려움이 없

더 복잡한 관계가 회기에서 주의를 끌기 시작할 수 있다.

> 한 내담자는 치료과정에서 예술 치료사가 되는 것에 관심이 생겼고, 이에 상응하는 학업을 수행하였으며, 정신과 치료 센터에 취직하였다. 하지만 이러한 흥미는 부분적으로 내담자가 치료자에게서 지각한 긍정적인 질적 특성과의 동일시에 기초하였고, 이상화되고 박해적인 내적 표상을 내담자가 적절하게 통합하기 이전에 일어났다. 내담자는 또한 무의식적으로 박해적인 표상의 투사에 기초하여 대부분의 정신건강 전문가들이 내담자들에게 가지고 있다고 생각한 '가짜' 관심이라고 여긴 것을 파괴적으로 모방하는 의미에 이러한 관심을 투여하였다. 그녀의 일에 대한 진정한 관여의 결핍은 정신과 병원에서 일자리를 잃게 하였는데, 환자들과 불법 약물을 공유하는 것을 포함하는 부적절한 상호작용 때문이었다. 심리치료 과정에서 부정적 전이의 행동화, 착취를 예상하는 것을 포함하는 특정 정신병질적 유형의 전이가 탐색되고 해결되었다. 예술 치료에 대한 내담자의 흥미는 단지 자기애적 만족만을 반영하지 않는 영역에 진정한 관여를 하게 되었고, 후기 치료 단계에서 이 영역으로 되돌아왔다. 이 점에서 집단뿐만 아니라 개인 내담자들과 작업하는 데에서 그녀가 보인 효율성은 일하던 기관에서 권위 있는 사람의 주목을 받았고, 그녀는 관련된 치료적 활동에서 특별한 훈련을 더 받을 수 있게 지원되었다. 결국 그녀는 특정 영역에서 상당히 존경받는 치료자가 되었고, 이제 그녀가 초기에 움직였던 방향과는 매우 상이한 태도를 보였다. 특정한 정신병질적 대상관계의 행동화로부터 일반적이고 새로운 관심 영역이나 전문성의 발달로 옮겨간 것은 그녀의 심리적 공간이 확장된 것을 표상하며, 이러한 새로운 활동 영역에 대한 적응은 치료의 진전기 동안에 회기에서 중요한 부분을 차지하였다.

치료자는 특정 내담자와 일상적으로 진행되는 접촉이 내담자의 전체 갈등, 생활 상황, 가능성과 관련하여 조망을 협소하게 이끄는 것은 아닌지 마음속에서 지속적으로 재검토하는 것이 중요하다. 달리 말하면, 치료자는 내담자가 지금 보이는 모습을 안심하여 받아들이고, 결국 치료 목표에서 미묘한 제약이 생기는 것에 대해 저항하는 것이 중요하다. 치료자는 내담자의 현재와 가능한 미래의 기능에 대해 지속적으로 재탐색해야 한다. 이와 관련하여 회기 내에서 학습한 것과 내담자가 학습한 것을 회기 밖에서 활용하는 것 간의 연계는 매우 중요하게 된다. 중요한 것은 주된 문제를 장기적으로 훈습할 때에 수반되는 커다란 인내와 더불어 일반적으로 치료자가 매 시간 취하게 되는 더 이상 봐줄 수 없음(impatience: 관대함 complacency에 반대)의 태도다. 창의적 동요의 미[1]에서 이러한 태도는 작업의 리듬을 생동감있게 하고 내담자가 회기에서 단조로움에 빠질 위험을 방지한다. 그리고 이러한 태도는 작업이 잘 되어가는 것 같이 보일 때 치료자가 마음을 놓게 되는 자연스러운 경향이 일어날 수 있는 상황에서 치료자를 도와준다.

우리는 앞에서 더욱 직접적이고 덜 조심스러운 해석적 진술 가능성을 언급하였다('치료자와의 심화된 관계' 참조). 이것은 회기 내와 회기 사이에서 내담자가 작업에 대한 관심이 증가하면서 함께 진행된다. 특정 지점에서 더욱 복잡하고 진전된 신경증적 전이가 나타날 수 있는데, 전형적인 오이디푸스기적 두려움과 환상, 혹은 오이디푸스기적 구조화를 반영하는 다른 내담자와 관련된 경쟁 같은 것이다. 치료자는 이제 생겨나는 좀 더 정교한 전이보다 대개 먼저 일어나는 원시적 전이로의 퇴행에 주목하기 위해 이렇게 진전된 신경증적 전이에 대한 주의를 일시적으로 제쳐 놓을 필요가 있다는 사실에 유의할 필요가 있다. 정신병질적 전이가 편집적 전이 이전에 해석될 필요가 있고, 우울적 전이 이전에 편집적 전이가 지속된다는 일반적 원칙은 이렇게 치료의 진전기에서 특히 사실이다.

게다가 내담자 자료의 새로운 측면이 상대적으로 더욱 중요하게 될 수 있다. 발생기원적 해석은 무의식적 현재와 무의식적 과거를 연결 지을 수 있고, 현재와 과거 경험에 관한 자기 성찰 역량이 증가한 맥락에서 내담자의 생활사를 통합하는 데 기여한다. 내담자의 자기 성찰 역량 증가는 타인에 대한 평가 심

---

1 독일어판 239쪽 참조.

화가 증가하는 데에서 명백해지는데, 특히 일반적으로 성적 파트너와 친밀한 친구와의 관계 맥락에서다. 꿈 분석은 이제 좀 더 고전적인 형태를 띨 수 있는데, 내담자에게 외현적 꿈 내용 요소와 관련하여 자유연상을 하도록 권유하고, 이러한 연상을 꿈을 소통하는 내담자 스타일과 이 시점에서 두드러진 전이와 연결하게 된다. 즉, 충분하게 발달된 꿈의 분석인데, 초기 치료 단계에 사용된 부분적인 꿈 분석과는 대조적으로, 외현적 꿈 측면이 전이 해석과 통합되어야 하는 요소로 선택된다(Koenigsberg et al., 2000).

주말에, 휴가 동안에, 그리고 질병을 앓거나 치료가 예기치 않게 휴지될 때 치료자와의 분리에 대한 내담자의 반응은 매우 조심스럽게 탐색될 필요가 있는데, 이것은 또한 우울적 전이 반응이 지배적인 것으로 진전되는 것을 예시할 것이기 때문이다. 이전 치료 단계에서 분리에 대한 반응은 심한 분리 불안, 공황, 퇴행 행동의 형태를 띨 수 있다. 대신에 자기애적 병리의 경우에, 이들은 치료자에 대한 의존성을 완벽하게 부인할 수 있고, 그와 반대로 남겨진 느낌에 대한 대항 수단으로 내담자가 치료자를 떠나는 경향이 있을 수 있다. 내적 통합을 향한 움직임이 있다면, 좀 더 우울하게 채색된 분리 반응 경향이 있을 것인데, 버려지고 부당한 대우를 받은 것에 대한 공황 반응보다는 애도 과정과 슬픔과 고독감이 있다. 다시 이러한 분리 반응을 체계적으로 분석하면 분열된 원시적 전이를 통합하는 것을 도울 것이고, 내담자로 하여금 자아정체성의 통합으로 나아가게 도울 것이다. 또한 그것은 내담자가 종결에 대한 반응을 준비하는 것을 도울 것이다.

2. 치료 종결

전이초점 심리치료의 종결 주제는 전체 심리치료와 연결되는데, 내담자가 종결을 받아들이는 방식이 내담자가 달성한 내적인 심리구조의 일반적 수준에 대한 기본적인 지표이기 때문이다. 종결이 분리 역동과 관련이 있는 한에서, 우리는 치료를 시작하는 바로 그때부터 모든 휴지—주말, 휴가, 휴일 그리고 질병 등—에 대한 내담자의 반응을 논의하면서 종결의 심리를 작업한다. 내담자 반응의 특징은 항상 장애의 심각성과 심리치료의 진전의 관점에서 내담자가 위치하고 있는 곳의 지표를 제공한다. 일반적으로 분리에 대한 상이한 수준의 반응은 내담자의 내적 세계가 분열되거나 통합된 정도를 반영하며, 다음 부분인 '이론적 배경: 정상적, 병리적 애도 반응' 에 기술된다. 이러한 반응들은 치료자에게 종결에 대한 내담자의 반응이 그 지점에서 어떤 것인지에 대한 열쇠를 제공한다.

1) 이론적 배경: 정상적, 병리적 애도 반응

분리에 대한 정상적인 반응은 어떤 것인가? 한 사람이 의미 있는 관계로부터 분리한다면, 상실에 대한 반응이 있고, 물론 분리가 결정적일수록 상실 경험은 심각할 것이다. 그것은 애도 반응이다. 그 원형은 사랑하는 사람의 상실에 대한 애도다. 애도에서 의식적으로 그리고 무의식적으로 일어나는 것은 정신분석 이론에서 탐색되었다. 프로이트(1917[1915]S/1957)의 논문 '애도와 멜랑콜리아' 에서 프로이트는 정상적인 애도와 병리적인 애도 간 차이를 기술하였다. 그는 정상적인 애도가 대상 상실에 대한 죄책감 없이 일정 기간의 슬픔과 정상적인 우울을 포함한다고 결론지었다. 만약 누군가가 죽으면, 우리는 슬프고, 그리하여 상실한 대상의 내사 과정, 우리 자신의 마음 안에 있는 사람의 재구성을 경험한다. 이러한 재구성은 잃어버린 사랑했던 모든 것들에 대해 일어나고, 미묘하게 우리는 어느 정도 상실한 대상이 되거나 상실한 대상의 특성을 넘겨받는다. 이러한 과정은 상실한 사람과는 대조적으로 살아 있다는 것, 존재한다는 자기애적인 만족과 함께 동시에 진행된다. 대상 상실에 대한 내사와 자신이 살아 있다는 자기애적 만족의 결합은 애도 과정의 훈습을 허용하고, 6개월에서 1년이 지나면 끝이 나며, 정상으로 회복된다.

프로이트가 주장했듯이 병리적인 애도에서는 대조적으로 우울이 매우 심하

하는 무의식적 대상관계의 관점에서다.

예를 들어, 신경증적 우울 반응의 경우에(전이초점 심리치료의 종결 즈음에, 우리는 내담자가 이 수준이나 더 높은 수준이기를 바란다), 치료자가 떠나는 것에 대한 슬픔은 분리라는 상실에 기여하는 내담자의 무의식적 죄책감에 관하여 탐색될 필요가 있는데, 이것은 내담자가 충분히 좋지 않거나 치료자에게 과도하게 요구적이라는 생각에 뿌리를 둘 수 있다. 우리는 우울적 불안을 분석해야 하는데, 이것은 치료를 종결할 때 좀 더 집중적으로 보이는 불안과 매우 유사할 수 있다. 우울 뒤에 있는 내담자의 환상은 그가 너무 요구적이고 좋은 치료자에게 치료받을 가치가 없다는 환상이다. 치료를 종결할 때, 내담자는 자기가 자율성이나 건강을 누릴 만한 가치가 없다는 느낌을 가질 수 있다. 자신의 요구가 치료자를 소진시켰기 때문에 실제로 치료자가 치료를 그만두려 하는 것이 틀림없다는 느낌을 가질 수 있다. 내담자는 자신이 부담이 된다고 생각한다. 내담자 마음에 치료자는 그렇게 불가능한 내담자로부터 휴식을 취할 만한 가치가 있다. 내담자는 그렇게 좋은 치료자를 가질 권리가 없다고 느낄 수 있고, 치료 종결 시에 성장하는 것—독립적이 되는 것—은 치료자의 죽음을 의미한다고 느낄 수 있다.

경계선 내담자의 경우에 분리 불안을 분석해 보면, 실제로 치료자가 공격한 것이고 치료자가 무책임하다는 내담자의 환상이 종종 드러난다. 치료자에게 격노를 투사하는 것은 내담자 자신이 버려졌다는 느낌, 치료자가 자신의 안녕에만 관심이 있고 자신의 욕구를 만족시키기 위해 불쌍한 내담자를 뒤에 남기고 떠나갔다는 느낌과 유사하다. 치료자에 대해 비밀스러운 미움이 있고, 치료자의 휴가를 망치고, 내담자를 혼자 남겨둔 것에 대해 온갖 수단으로 치료자가 죄책감을 느끼게 하려는 무의식적 소망이 있다.

(2) 치료를 종결할 때 분리의 분석

분리가 공격으로 경험되기 때문에 무의식적 격노가 일어나는, 그리고 좋은 치료자 이미지의 무의식적 파괴가 일어나는—내적인 깊은 공허감으로 이끄는—모든 분리는 탐색될 필요가 있고 치료과정에서 훈습되어야 한다. 이것은 내담자가 치료자의 나쁜 의도를 의심하고, 치료자의 좋은 삶을 분개하고 시기하며, 그것을 파괴하고 싶어 하고, 내부에 치료자의 좋은 이미지가 내담자 자신의 미움 반응으로 파괴되었다는 느낌 등을 탐색하는 것이다.

많은 내담자들이 편집적이고 우울적인 불안이 혼합되어 보이며, 일반적인 규칙은 우울적 반응 이전의 편집적 반응을 해석해야 한다는 것이다. 우울적 불안을 먼저 해석하면, 편집적 반응이 지하에 숨어들어 내담자는 실제로 도움을 받지 못한다. 대조적으로 편집적 반응을 체계적으로 먼저 분석하면, 상실한 대상이 더욱 소중해지면서 우울적 반응이 강화되고, 더욱 명백해지고 탐색될 수 있다. 그러므로 모든 분리에서 내담자의 환상을 분석하는 것은 매우 중요한데, 여기에는—전형적인 우울적 환상과 대조되는 편집적 환상인—치료자의 무관심, 탐욕, 냉담함 혹은 내담자에 대한 비밀스러운 경시 때문에 치료자가 떠나고, 분리가 내담자에 의해 소진되었거나 손상된 치료자에 기인한다는 것이고, 치료자가 내담자의 공격성이나 나쁜 것을 감내할 수 없기 때문이라는 환상들이 있다.

(3) 치료자에 대한 양가감정

모든 사례에서 내담자가 치료자에 대한 양가감정을 감내하도록 돕고, 이러한 양가감정의 감내를 경계선 내담자 치료에 전형적인 서로 분열된 대상관계의 분석과 연결 짓는 것이 중요하다. 애도 과정을 감내하는 것이 중요하고, 그것을 없애려고 하거나 정복하려고 하지 않으며, 인위적으로 부풀리지도 않고, 그 발달을 허용하는 것이 중요하다. 이것이 피할 수 없다는 것을 깨닫는 것이 중요하다. 때로 치료자는 내담자가 분리에 익숙해지도록 치료시간의 빈도를 점차 줄이는 것을 선택한다. 이러한 접근은 바람직하지 않다. 이상적인 기법은 종결할 때까지 동일한 치료 강도를 유지하는 것이고, 치료가 끝난 이후에 내담자는 일정 기간의 애도를 거쳐야 한다는 이해와 함께, 치료가 끝날 때까지 가능한 한 분리 불안과 애도를 훈습하는 것이다. 치료가 끝나기 이전에 분리 불안과 애도 반응을 더욱 강하게 분석할수록, 내담자는 치료가 끝난 이후에 혼자서 더욱 잘 훈습할 수 있을 것이다. 애도 반응이 성장 경험이라는 것을 기억하는 것이 중요하다. 이것은 성장하고, 집을 떠나며, 대학에 가는 경험을 되풀이하고, 모든 사람이 이러한 경험들—죽음, 이별 혹은 유기에 기인하는 심한 상실 경험을 하지는 않더라도—을 할 가능성이 있다. 그러므로 분리, 종결, 상실에 대한 반응을 편집적이고 우울적인, 혹은 (각각) 분리 불안과 과도한 애도 반응으로 분류할 수 있다.

(4) 치료자 역전이

치료자의 역전이는 이 지점에서 종종 내담자의 지배적인 전이 특성의 좋은 지표다. 분리나 종결에 대한 편집적 반응이 우세하면, 역전이는 내담자에 대한 편집적 반응일 수 있다. 치료자는 치료를 끝내는 것이 내담자가 치료에서 도망가고, 치료를 평가절하하며, 얼마나 문제가 심각한지를 부인하는 것을 의미한다고 느낄 수 있고, 치료를 끝냄으로써 내담자가 치료자를 공격하기를 원한다고 느낄 수 있다. 전이에서 우울이 두드러진 상황에서는 역전이 또한 우울이 두드러질 수 있고, 내담자 반응을 분석하기 이전에 치료자는 내담자에게 도움이 되지 않았다고 느낄 수 있다. 그리하여 치료자는 치료자로부터 받은 것보다 더 나은 것을 받을 만한 가치가 내담자에게 있고, 사실은 내담자를 포기하고 있고, 내담자를 좀 더 사랑했어야만 했고, 좀 더 일찍 더 잘 이해했어야만 했으며, 내담자가 실망할 권리가 있다고 느낄 수 있다. 아니면 내담자 입장에서 치료에 대한 자기애적 평가절하가 있는 경우에, 치료자는 자신의 역전이에서 자기애적인 방어가 일어날 수 있고, 내담자를 희망이 없고 불가능한 것으로 간주한다. 간단히 말하면, 내담자에 대해 내적인 평가절하를 발달시킨다.

실제적인 목적에서 치료 종결에 앞서 준비를 하고, 예측 가능하게 하며, 내담자에게 치료에서 어디쯤 위치해 있는지에 대한 정보를 제공하는 것은 항상 중요하다. 어떠한 장기 심리치료에서도 종결 결정에 도달할 때, 이상적으로는 내담자와 치료자가 함께, 종결 이전에 적어도 3개월의 시간이 있어야 한다. 또한 이러한 시간은 심리치료관계에 일 년이나 그 이상 동안 치료자를 만난 이후에 내담자가 의뢰되는 경우에도 요구된다. 수년간 지속된 치료에서는, 이상적으로 적어도 6개월의 종결 기간이 설정되어야 한다. 치료를 언제 끝낼 것인지를 결정하는 것에 대한 내담자의 반응을 관찰하고, 내담자에게서 나오는 자료가 있기 이전에는 해석을 공식화하려는 시도를 하지 않는 것이 중요하다. 이것은 종결 날짜를 미리 정해야 하고, 또한 장기치료 동안의 오랜 부재는 예측 가능한 방식으로 미리 설정되어야 한다는 것을 의미한다.

4) 치료 종결 시점 잡기

언제 종결을 하는가? 명백히 이상적인 상황은 만족스러운 증상 해결, 특히 의미 있는 인성 변화가 있을 때, 치료와 삶의 목표가 달성되었을 때다. 특정 증상의 해결에 더하여, 사랑, 사회적 관계, 일 그리고 여가 생활에서의 개선이 있을 때이다. 실제적으로 치료자는 적절한 치료 목표가 달성되었는지에 대해 진행되는 근거에 기초하여 평가하여야 한다.

오랜 교착 상태에 있는 경우에, 그리고 내담자가 최대한의 이득에 도달했는지 혹은 해결되어야 할 교착 상태인지를 결정할 수 없는 경우, 전이와 역전이에 대한 조심스러운 평가로 대답을 얻을 수 있을 것이다. 오랜 교착 상태는 치료를 끝내는 것에 관한 즉각적인 결정을 하기보다는 자문을 받는 이유가 된다. 일반적으로 이차적 이득이 충분히 분석되지 않은 경우에, 그리고 치료가 생활을 대체하는 경향이 있는 경우에, 치료를 끝내는 것에 대한 상당한 저항이 생겨날 수 있다. 이러한 경우에 이차적 이득에 대한 분석, 삶을 대체하는 치료에 대한 분석은 치료 작업의 중심이 되고, 치료를 적절하게 끝내는 것을 준비하는 일부가 된다.

Chapter 10

위기관리

치료에서 발생하는 문제들은 기저의 원시적 갈등이 행동화되어 치료를 압도할 것처럼 위협할 때, 그리고 그러한 행동화로 인해 치료과정이 궤도를 벗어나게 되거나 치료과정이 끝날 것 같은 위협을 받게 될 때 나타난다. 치료에서 이런 순간에 치료자가 너무 불안해져서 탐색적 치료가 어려워질 가능성도 있지만, 이때 이것을 잘 다룬다면 치료 작업을 진전시킬 수 있는 중요한 기회를 갖게 된다. 문제를 다룰 때, 치료자는 실제적 수준에서 내담자 집에 전화를 하거나 그 가족과 소통한다는 점에서 더 주도적이 될 수 있으며, 기법적 수준에서는 해석의 속도를 빨리 하거나 더 깊은 해석을 할 수 있다. 위기를 다룰 때에는 치료 틀을 고수하도록 강화하거나 또는 기법적 중립성으로부터 일시적으로 이탈하게 될 수 있다.

특히 치료 초기에 내담자의 갈등은 말보다 행동을 통해 더 자주 표현된다. 더구나 초기 단계에서는 분열과 투사가 특히 강하며, 때로 치료자를 위협하고 착취하는 사람으로 보기 쉬운 상황이 생기는데, 이러한 지각을 완화시킬 수 있는 다른 특징은 통합시키지 못한다. 이런 세팅에서 내담자가 치료에 참여하는 것, 즉 내담자가 문제 영역(대인 갈등, 자기파괴적 행동, 우울 등)을 얘기하는 것의 범위는 일반적으로 내담자가 이미 알고 있는 것에 대한 생각으로 제한된다. 성격 병리, 특히 내적 분열은 내담자가 그것을 알아차리지 못하는 경험의 기본 바탕이 되며 그러한 경험을 결정한다. 이 병리의 구조는 내담자의 주관적 현실의 구조다. 이런 더 깊은 수준의 장해, 즉 심리구조의 장애는 처음에 내담자의 행동에서 가장 분명하게 나타나며, 따라서 행동과 치료적 상호작용에 특별한 주의를 기울일 필요가 있다. 내담자가 치료를 좌절시키거나 끝낼 것이라고 위협하는 행동을 보일 때, 더 깊이 이해할 수 있는 기회가 이런 위협과 함께 생긴다. 왜냐하면 그것은 치료에서 강한 정동이 활성화되었다는 신호이기 때문이다. 대체로 이때는 자기 표상이나 타인 표상이 의식화하지 못하도록 하는 데에 내담자의 내적 분열이 덜 효과적일 때다. 대개 내담자의 내적 세계를 관찰하거나 탐색할 수 있게 되는 것은 치료의 위기를 다룰 때다. 위기 상황에서 효과적인 치료자 개입의 열쇠는 치료자 활동 수준을 증가시키는 것인데, 이것은 전이초점 심리치료에 익숙하지 않은 많은 치료자들을 놀라게 한다.

위기는 치료 초기에 발생할 수 있는데, 이때는 내담자가 자신의 초기 행동화 수준을 의미 있게 줄이기 전이다. 이런 위기에는 치료자가 치료 계약에서 설정한 변형기법을 고수할 것인지 아니면 포기할 것인지 알아보기 위해 치료 틀에 도전하는 요소가 포함될 수 있다. 치료자가 변형기법을 고수하면 내담자는 안심할 수 있다. 위기는 또한 내담자가 치료 틀 속에 안착한 후에도 일어날 수 있다. 위기는 치료가 원시적 방어기제의 위태로운 균형을 무너뜨리는 순간(예, 공격적 정동의 분열과 투사가 실패하기 시작할 때)이나, 혹은 내담자 생활의 혼란이 진정되어 공허감과 세상에서 길 잃은 느낌을 갖게 하는 정체성 혼미를 의식적으로 경험할 수 있을 때다. 내담자는 삶에서 명확한 방향감이 없다는 것을 알아차릴 때보다, 오히려 위기의 폭풍 속에서 덜 불안해질 수 있다.

위기는 종종 전이 속에서 일어난 감정의 상연으로 나타난다. 그래서 위기가 생겼을 때 물어봐야 할 첫 번째 질문은 '내담자를 x(중단 위협, 계약 위반, 정신증적 퇴행 등)로 이끌어 갈 어떤 것이 지금 나와 치료에 대한 내담자 경험 속에

인해 중대한 변화를 겪지는 않을 것이라는 점을 명확히 해야 한다. 내담자 치료가 실패할 수 있는 가능성을 치료자가 수용하는 것은 자살 가능성이 심각한 내담자 치료에서 중대한 요소다. 치료자가 내담자의 죽음을 견뎌 낼 수 없고, 그래서 내담자가 치료자를 지배한다는 내담자의 무의식적 혹은 의식적 환상을 치료자는 탐색하고 해결할 필요가 있다.

모든 자살 시도나 자살에서는 내담자 안에서뿐만 아니라 주위의 대인관계 영역 안에서 강한 공격성이 활성화된다. 자살 충동을 느끼는 내담자에게 슬픔과 관심으로만 반응하는 것처럼 보이는 치료자는 자신의 반공격성(counter-aggression)이나 다른 가능한 반응을 부인하고 있는 것이다. 치료자는 역전이 감정에 솔직해짐으로써, 내담자의 자살 유혹, 평화에 대한 갈망, 자기를 향한 공격성의 촉발, 중요한 타인에게 복수하는 기쁨, 죄책감에서 벗어나고 싶은 소망 그리고 자살 충동과 관련해서 힘을 가진 것 같은 즐거운 느낌을 공감할 수 있을 것이다. 오직 치료자의 이런 종류의 공감만이 내담자가 치료에서 이들 문제를 개방적으로 탐색할 수 있도록 허용할 수 있을 것이다.

치료 계약에서 자살 **행동**은 탐색적 치료 틀의 바깥에 있는 것으로 (구급차 서비스, 응급실, 입원과 같은 다른 세팅에서 다루어져야 하는 것으로) 분명하게 정의하지만, 내담자는 치료시간에 자살 사고와 환상에 대해 충분히 이야기하고 탐색하도록 격려된다. 그러나 내담자는 종종 계약 조건을 완전히 따르지는 않기 때문에—실제로 계약에 도전하는 것이 보통일 수 있다—치료자는 자살 행동으로 위협하거나 이미 자살 시도를 한 내담자를 만날 수 있다.

1) 결정과정을 위한 지침

자살 위협과 자살 행동을 평가하고 관리할 때 결정 과정에 대한 전반적 지침이 제공될 수 있다. 진단을 위해서는 자살 사고의 강도, 행동 계획과 그에 수반되는 정동, 전이와 치료 동맹의 질 그리고 우울 정동이 행동, 기분, 사고에 영향을 미치는 정도가 고려된다.

첫 번째 과제는 자살 사고가 주요 우울증 에피소드의 발현인지 아니면 초조성 우울증(agitated depression)으로 죽을 것 같은 불안한 충동의 발현인지를 분명히 하는 것이다. 이때 주요 우울증 에피소드는 무력감과 삶에 대한 포기를 동반한다. 만일 주요 우울증 에피소드가 존재한다면, 치료자는 우울증의 심각도를 평가해야 한다.

우울증의 심각도는 행동과 사고가 느려지는 (그래서 집중력이 영향 받는) 정도, 슬픔이 주관적 이인감(sense of depersonalization)이 있는 공허하고 얼어붙은 기분으로 대체되는 정도에 의해 측정될 수 있다. 더구나 (섭식과 수면 패턴, 체중, 소화 기능, 우울 정동의 일일 리듬, 월경 패턴, 성적 욕구 그리고 근육상태로 반영되는) 우울증의 생물학적 증상 유무는 우울증의 심각도에 관한 중대한 정보를 제공한다. 일반적으로 자살 사고와 자살 의도를 동반하는 임상적 우울증이 심하면 심할수록, 위험은 더 급성적인 것이 된다. 대안이 없다는 느낌은 특히 불길한 신호다.

심한 우울 상태에 있는 내담자들은 자살 충동대로 행동하려는 욕구를 조절하는 능력에서 각기 다르다. 이 질문에 대한 치료자의 판단은 내담자와의 관계 특성에 기초를 두고 있으며, 충동적, 반사회적, 부정직한, 편집적, 분열적이고-냉담한 혹은 정신증적 측면 때문에 내담자의 언어적 약속을 믿기 어려운지의 여부에 기초를 두고 있다. 더욱이 내담자의 알코올 및 약물 관련 과거력은 그 약속을 믿을 수 있는지 판단하는 데에 매우 중요한 것이 될 것이다.

치료자와의 라포를 상실하고, 너무 우울해서 얘기할 수 없고 혹은 자살할 준비를 시작한 내담자는 보호되어야 한다. 주요 우울증의 경우, 치료자는 성격적인 자살 충동 내담자에 대한 자세와는 다른 주도적인 자세를 취해야 한다. 치료자는 내담자가 평가를 위해 병원 입원 사무실에 알리도록 권고할 수 있고, 가족이 내담자 상태를 살펴보는 데에 참여할 것 등을 권고할 수 있다. 내담자는 자신의 단서들에 대한 치료자의 주의 깊은 태도로 인해 안도감을 느낄 수 있다. 이로 인해 내담자가 치료자를 처벌적이거나 대립적이기보다는 도움을 주는 존재로 경험하는 능력이 증가될 수 있다. 그리고 자살 충동에 의한 위험이 줄어들 수 있다.

만일 자살 사고가 주요 정동장애 에피소드의 한 기능이 **아니라면**, 치료자의 다음 과제는 자살 **의도**의 유무를 확인하는 것이다. 만약 자살 사고가 자살 의도와 연결된 것으로 보인다면, 치료자는 내담자에게 응급상황일 때 도움이 필요하다는 것을 받아들일 책임이 있음을 상기시킨다(가족 구성원의 동원, 응급실 방문, 입원 등등). 만일 자살 사고에 현재의 의도가 포함되지 않았으면, 치료자는 자료를 계속 탐색해야 한다. 여기에는 자살 관련 자료에 대한 내담자의 연상을 경청하는 것과, 그리고 특히 전이에서 바로 이 순간에 무엇이 일어나고 있는지를 성찰함으로써 자살 사고의 출현을 이해하는 데에 도움을 얻을 수 있고, 그리고 이때 자살 사고를 어떻게 이해해야 하는지, 즉 그런 사고가 간접적으로 전달하고 있는 것은 무엇인지 혹은 방어하고 있는 것은 무엇인지 성찰하는 것이 포함된다.

자살 사고는 내담자에 따라 그리고 치료 시점에 따라 서로 다른 많은 것에 대한 지표가 될 수 있다. 탐색적 치료자에게 필수적인 것은 치료자가 행동으로 나타낼 수 있는 가능성 때문에 내담자와 자기 자신의 안전에 관해 불안해하거나 집착하지 않고, 대신 의미를 탐색할 수 있을 만큼 치료 틀 안에서 충분히 안전하다고 느끼는 것이다. 치료자 스스로 자신이 불안해지는 것을 알았을 때, 해야 할 과제는 역전이의 이런 측면이 내담자 내적 세계의 무엇에 상응하는지 이해하려고 노력하는 것과, 그리고 행동으로 옮기기보다는 적절한 치료적 변형기법이 준비되어 있는지 고려하는 것이다.

무력한 격노는, 특히 자신이 죽게 되면 중요 대상이 자신의 가치를 인정하게 되거나 죄책감에 짓눌리게 될 거라는 환상과 짝을 이룰 때, 잠재적 자살의 또 다른 진단적 지표다. 예비 회기들과 같은 초기에도, 치료자가 내담자의 파괴에 의해서만 영향 받을 수 있을 것이라는 내담자 신념을 나타내는 전이 패러다임이 나타날 수 있다.

내담자 말을 받아들일 수 있어서 치료자가 안도감을 느낄 때, 내담자가 치료의 변형기법에 동의하면서 계속 생각과 감정을 솔직하게 이야기할 수 있고 그럴 의지가 있는 한, 어떤 구체적인 행동도 취할 필요가 없다. 만일 내담자가 심하게 우울하지 않다는 것이 분명하다면, 자살 위협과 자살 행동의 의미를 추가적으로 탐색함으로써, 그것이 만성적 경계선 장애를 나타낸다는 것을 밝힐 수 있다. 만성적 경계선 장애에서 내적 혼란에 대해 습관적으로 확립되어 있는 적응형태는 자기파괴적 사고와 행동이다. 자살 위협과 행동은 환경을 지배하거나, 조종하거나, 통제하고 혹은 심리적 고통의 체험을 감소시킨다.

만일 자살 위협이 타인을 지배하고, 통제하고, 조종하려는 시도를 나타낸다면, 치료자는 위협 시도의 이차적 이득을 감소시키거나 제거하기 위해 관계를 구조화해야 한다. 예를 들어, 자살 위협과 자살 행동은 회기를 연장하거나 약속을 추가함으로써 보상하지 않아야 한다. 조사에 따르면 이런 자살 제스처는 타인에게 불안과 죄책감을 유발함으로써 환경에 대한 통제력을 확립 혹은 재확립하려는 시도임이 빈번히 드러난다. 치료가 진행되면서, 가장 가능성이 높은 통제의 표적은 치료자가 된다.

치료가 진전되면서, 임상적 우울증 없이 자살을 말하거나 위협하면 일반적으로 전이 문제에 주목하게 되는데, 전이 문제는 내담자가 치료에 참여함에 따라 다른 환경적 촉진 요인을 점차 대체하는 경향이 있다. 이것은 특히 내담자가 만성적인 자기파괴적 행동의 과거력은 없지만 치료과정에서 그것을 나타내는 몇몇 사례에서 분명하게 드러난다.

만일 내담자가 계약을 이행할 수 있다고 확언하려 하지 않거나 할 수 없거나, 혹은 치료자가 내담자의 확언을 충분히 확신하지 못한다면, 치료자는 책임 있는 행동을 취해야 한다. 이때 치료자는 내담자가 약물치료에 대해 자문을 구하거나 또는 적절한 관리를 위해 입원하라고 요구할 수 있다. 친척들에게는 관련된 위험을 알려야 한다.

치료 틀을 강화하는 적극적인 조치는 치료자가 더 편안하게 느낄 수 있고 그래서 자살 충동이 있는 내담자에 의해 유발된 강렬한 감정을 더 잘 관리할 수 있도록 도와준다. (가령 이상화하는 내담자가 전능한 역전이 반응을 유발할 때처럼) 합당한 한계를 넘어서서 압력을 받은 치료자는 결국 자기 방어로서(예를 들면, 사례를 의뢰할 생각을 하기 시작함으로써) 정서적으로 철수한다. 이 행동은 치료자의 자원이 소진되기 시작하기 전에 구조를 굳건히 세우는 것에 비해 치료에 훨씬 더 해가 되는 행동이다.

자살 위협에 대해 가장 도움이 되는 치료자 반응은 내담자에게 평가를 위해 병원의 응급 서비스에 가라고 지시하는 계약의 변형기법일 수 있다(자살 충동을 둘러싼 계약을 개관하기 위해서는 6장 [그림 6-1] 참조). 자살에 대한 평가를 다른 사람 손에 맡김으로써, 치료자는 자살 에피소드 동안 치료자를 호출하는 만족을 내담자에게 주지 않으며, 자살 위협을 통해 추가 약속이나 전화 통화 연장의 이유를 만들어 냄으로써 치료자가 더 많이 관여하게 하는 이차적 이득을 방지할 수 있다. 6장에서 논의하였듯이, 만약 응급실 의사가 입원을 권하였는데 내담자가 그것을 따르지 않으려 한다면, 치료자는 내담자와 그 가족에게 자신이 내담자에 대해 더 책임질 수 없다는 것을 분명히 해야 한다. 이 점은 응급실 의사에게도 또한 분명히 해야 하는데, 이는 내담자를 치료하지 않은 채 방치하지 않고 (필요하다고 생각된다면) 강제로 입원시키거나 또는 적절한 병원이나 치료자에게 의뢰하기 위해서다. 내담자가 치료의 변형기법 안에서 작업하기를 거부한 직후에 내담자를 어떤 치료자에게 의뢰하는 것이 비논리적으로 보일 수 있다. 그러나 많은 내담자에게 있어서 치료의 변형기법을 고수하는 치료자에 대한 경험은, 치료를 중단하는 경우에서조차도, 자신의 전능한 통제에 대한 강력한 직면이 된다. 그것은 처음으로 누군가가 내담자에게 굴복하지 않은 것이 될 수 있고, 치료자는 말한 그대로라는 사실을 내담자에게 주지시킬 수 있다. 이런 경험을 하고 나면, 내담자는 치료의 변형기법 안에서 보다 기꺼이 치료 작업에 진지하게 참여할 것이다.

만일 치료자가 내담자 행동 때문에 계속 치료할 수 없다는 입장이라면, 치료자는 내담자에게 그리고, 적절하다면, 내담자의 가족에게 자신의 입장을 설명하면서 원래 계약으로 되돌아가야 한다. "아드님은 전력을 고려할 때 이전의 몇몇 치료에서도 그랬듯이 제게 치료를 받는 동안에도 자살을 시도할 수 있다는 점을 얘기했었지요. 만일 그런 일이 일어난다면 입원치료가 필요한지 결정하기 위해 병원에 가 볼 필요가 있을 거라고 했어요. 저는 평가하는 의사의 결정을 따를 것이고 퇴원할 때까지는 아드님을 만나지 않을 거라고 얘기했어요. 이제, 입원 권고를 거부하면서, 당신과 아드님은 아드님이 저에게 다시 치료받지 못하게 하고 있어요."

2) 사례: 자기파괴적 위협 다루기

27세 된 H라는 여성이 5년간의 지지치료를 받은 후에 탐색적 치료에 의뢰되었다. H는 자기 몸을 칼로 긋는 행동, 머리를 심하게 흔들며 찧는 행동, 자기 유도 구토를 동반한 거식증의 증상을 보였지만, 처음에 정신과 의사는 그녀를 우울증으로 진단하여 여러 가지 항우울제로 치료하였다. 그리고 이와 함께 심리학자에게 심리치료를 받았는데, 심리치료의 빈도는 격주에서 주 2회까지 변화하였다. 치료의 주요 목표는 강렬하고 폭발적인 분노 감정에 대처하는 더 나은 방법을 찾도록 돕는 것이었다. 그녀는 이런 분노 감정으로 인해 타인과의 대부분의 관계가 방해받았고, 직장에서 지속적으로 일을 할 수 없었다.

지지치료 동안 내담자는 과제와 관련된 기능을 향상시킬 수 있었고 대학을 졸업하였으며 변호사 보조원으로 훈련받았다. 그러나 자기파괴적 행동을 감소시키고 분노 조절과 대인관계를 개선하고자 했던 목표는 여전히 달성하지 못하였다. 대인관계에서 그녀는 치료자에게 훨씬 더 의존적이 되어 스트레스를 느낄 때마다 치료자에게 전화를 하였고, 계속 분노를 폭발하고 빈정거리면서 사람들을 멀어지게 하였다. 분노를 조절하는 능력은 간혹 호전을 보였는데, 이때는 자기파괴적인 행동화 대신에 인지적 대처 방략을 배워 사용할 수 있을 때였다. 그러나 충동적으로 신체를 칼로 긋는 행동과 머리 찧기 에피소드는 계속되어서 4번이나 입원하였다. 그것은 과도한 양의 항우울제를 복용한 후에 일어났다. 그중 한 번의 입원은 강제입원이었다. 그 일은 어느 날 오후 늦게 그녀가 치료자에게 전화해서 마음이 너무 혼란스럽다며 자신을 안정시켜 달라고 했을 때 일어났다. 그녀는 치료자가 그녀에게 전화를 끊으라고 재촉하는 것으로 느끼고서 치료자에게 자살 충동을 느낀다고 하였다. 치료자가 내담자에게 근처의 응급실에 알려서 평가를 받아 보라고 권고했는데도 내담자는 이를 거절하였다. 치료자는 경찰에 알려서 경찰이 내담자 집으로 가서 그녀를 응급실로 데려가도록 하였다.

치료 5년 후 내담자는 치료자의 권고를 받아들여 다른 치료자와의 탐색적 치료로 바꾸었다. 새로운 치료에 대한 자문을 받는 동안 그녀는 새 치료자인 Z박사가 일하고 있는 학구적이고 의학적인 세팅의 느낌에 감동 받았고, 새 치료자와의 작업에 더 관심을 갖게 되었다. 치료자는 내담자의 과거력과 현재 심리 상태를 살펴본 후 내담자와 치료 계약을 논의하였다. 치료자는 계약에서 이 내담자가 보이는 특정 형태의 행동화에 대해 고심하였는데, 그것은 자살 생각을 보고하는 것과 적절한 지원을 거절하는 것이었다. 치료자는 그녀의 그런 행동으로 인해 그가 그녀와 탐색적으로 작업할 수 없게 될 수 있고, 응급 개입이 시작되고 나면 치료가 중단될 수 있다고 설명하였다. 내담자는 자신이 이 사실을 알고 있으며, 이전 치료자가 그것을 명시적으로 설명하지는 않았지만 결국은 이런 방식으로 반응했다는 것을 깨달았다고 얘기하였다.

치료를 시작한 후 H양은 치료자를 '차갑고 먼 냉담한 중립성'이라고 하면서 점점 짜증이 늘었다. 그녀는 치료자가 자기와 같은 '실제' 사람의 문제를 이해하거나 공감할 수 없는 속물이라고 비난하였다. 그녀는 종종 치료에 몇 분씩 늦었고, 어느 날 Z박사에게 그녀가 병원 옆 직원 주차장에 주차할 수 있도록 잘 말해 줄 수 있는지 물었다. 그 이유는 선천적으로 발을 약간 절뚝거려서 주차가 어렵기 때문에 치료시간에 맞춰 올 수 없다는 것이다. 치료자는 이 요구가 내담자의 자신에 대한 관점과 자신과 치료자의 관계에 대한 관점에 관해 어떤 실마리를 줄 수 있다는 점에서 그 요구를 논의하기 시작하였다. 내담자는 점점 더 화를 냈으며, 치료자는 그녀가 시간에 맞춰 회기에 올 수 있도록 도울 수도 없었다. 어쨌든 그녀는 매 회기에 시간 맞춰 오리라는 기대를 충족시키기 위해 애쓰고 있지 않은가? 그녀의 신체장애(아직까지 치료에서 언급되지 않은, 다리를 저는 것)는 어느 정도 고려되었어야 하지 않는가? 치료자는 계속해서 내담자의 정동과 대상관계 패러다임에 초점을 맞추었는데, 그것은 무심하고 악의적이기조차한 성인에 의해 방치된 결함이 있는 아이였다. 내담자의 주장은 자기 요구가 더 심층적인 문제들과는 관련이 없다는 것인데, 즉 그가 다리를 절고 그래서 회기에 시간 맞춰 올 수 없는 것은 단순한 현실이라는 것이다.

내담자는 다음 두 회기 동안 이 문제를 얘기했는데, 치료자의 '비인간적' 반응에 점점 더 분개하였다. 두 번째 회기를 마친 날 저녁, 치료자는 집에서 병원 전화 교환원의 전화를 받았다. 그녀는 내담자가 응급상황이고 치료자에게 이야기할 필요가 있다는 A양의 메시지를 전달하였다. Z박사가 전화를 하니 내담자는 약을 과용할 생각을 하고 있었고 실제로 이미 면도날로 팔을 그었다고 했다. Z박사는 치료에서 자신의 역할은 치료시간에 이 모든 것을 그녀가 이해하려고 노력하도록 돕는 것이며, 그녀의 안전이 위험에 처했을 때 안전에 주의를 기울이는 것은 그녀의 책임이라는 것을 그녀에게 상기시켰다. 그녀는 Z박사의 병원에 남은 병상이 있는지 겨우 들리게 물었다. 그가 아는 한, 남은 병상이 있다고 그는 대답했다. 그녀는 자기가 입원하면 그가 그녀의 치료자가 될 것이냐고 물었다. 그는 입원 환자의 치료자는 정신과 수련의라고 대답했다. 잠시 이야기가 중단되었다.

Z박사가 침묵을 깨면서 그가 보기에는 A양만이 약을 과용할 생각을 통제할 것인지 결정할 수 있을 것이라고 하였다. 그는 이 상황에서 그녀의 책임을 이해하고 받아들일 것인지, 아니면 치료자가 경찰을 부르는 것과 같은 행동을 취할 필요가 있는지 물었다. 그러나 그가 그렇게 행동하게 되면 그는 치료자 역할을 할 수 없게 될 것이다. 그녀는 다시 들릴 듯 말 듯한 목소리로 그것이 자신에게 달려 있다는 것을 안다고 대답했다.

Z박사는 A양과 통화하면서 화가 났는데, 그것은 그녀가 자신을 무기력하다고 하면서 자기파괴성의 위기를 관리하는 데에 치료자를 관여시키려 애쓰는 방식 때문이었다. Z박사는 내담자의 투사적 동일시, 즉 자기가 견딜 수 없는 감정을 다른 사람에게서 유발하는 것을 느끼고, 내담자의 긋기 행동과 그에게 전화한 일을 최근 전이에서 일어난 일과 연결시켰다. 그는 내담자가 치료자에게 계속 분노하는 이유가 자신의 힘든 상태에 대해 치료자가 비인간적인 반응을 보였다는 확신 때문이었으며, 칼로 긋고 치료자에게 전화한 것은 이런 분노를 행동으로 표현한 것이라고 보

조기 종결의 위험 속에서 많은 치료자들이 잊기 쉬운 한 가지 요인은 표면에서 활성화된 부정적인 이자적 대상관계가 일반적으로 사랑과 양육에 대한 소망에 기초한 더욱 깊은 이자적 대상관계를 방어하고 있다는 점이다. 이것이 강하고 격렬한 부정적 전이라는 동전의 반대편이라는 것을 기억한다면 치료자는 위기 동안에도 내담자를 안심시켜 줄 수 있는 방식으로 차분하고, 일관되며, 가용한 상태를 유지할 수 있게 된다.

5. 보조적 치료 조치에 따르지 않음

치료 틀은 12단계 모임에 참가하는 것이나 영양사의 감독을 받는 것과 같은 보조 치료 형태를 포함할 수 있다. 내담자가 그런 치료에 따르지 않는 것은 흔히 정직한 의사소통의 문제를 제기하는데, 그것은 종종 그렇게 따르지 않는 것이 치료자에게 즉각적으로 전달되지 않기 때문이다. 따라서 그런 일에 부딪쳤을 때, 치료자는 내담자의 소통의 질, 그리고 따르지 않는 것의 의미와 결과를 함께 탐색해야 한다. 후자는 많은 문제를 나타낼 수 있다. 그것은 치료자와 내담자가 설정한 변형기법에 치료자가 충분히 주의를 기울이고 관심을 가지고 있는지 시험하는 것일 수 있다. 그것은 내담자가 치료자를 통제할 수 있는지를 보려고 도전하는 것일 수도 있는데, 이것은 표면적으로는 내담자가 원하는 것이지만 더 깊은 수준에서는 종종 고통의 원천이다. 그것은 또한 치료에 대한 공격일 수 있는데, 그것은 탐색 과정이 내담자 속의 불안을 휘저어 놓기 때문에 일어나는 그 과정에 대한 저항을 나타낸다.

6. 경계선 인성조직과 성적 학대 개인력이 있는 내담자의 치료

경계선 인성조직, 좀 더 좁게는 경계선 인성장애의 병인론은 여러 측면을 포함하며, 성인기 상태에 이르기까지 많은 발달 경로가 있다. 어린 시절의 성적, 신체적 학대가 성인의 인성 병리에 이르는 발달 경로에서 정확히 어떤 역할을 하는지는 분명하지 않다. 그러나 경계선 내담자의 하위집단에서 어린 시절의 신체적, 성적 학대 사실이 최근 연구에서 분명해졌다. 신체적, 성적 학대를 경험한 경계선 인성장애 내담자의 비율은 26~71%(Perry & Herman, 1993)에서 심지어 91%까지(Zanarini et al., 1997) 표집에 따라 상당한 차이를 보였다. 그러나 학대 경험이 있는 개인의 15~20%만이 정신과적 장애(Paris, 1994)를 일으킨다고 보고되기도 한다. 경계선 인성장애의 병인론에서 학대의 역할에 대해 논의할 때 이들 결과를 고려하는 것이 중요하다.

성적, 신체적 학대는 학대의 가해자, 학대 기간, 성과 공격성의 결합 등이 개별 사례마다 모두 특수하기 때문에 다양한 경험을 포함한다. Paris(1994)의 자료에 의하면, 비록 경계선 인성장애 내담자에게서 아동기 성적 학대의 전체 비율은 많은 연구에서 대략 70% 정도지만, 이들 연구의 대부분은 학대의 심각성 수준을 주의 깊게 고려하지 않았다. 그의 연구에서 심각성 차원을 탐색한 결과, 학대 받은 경계선 피험자의 30%가 삽입을 동반한 심한 아동기 성적 학대를 경험한 것으로 나타났다(Paris, 1994).

사례마다 객관적 사건이 다를 뿐만 아니라, 각 개인은 이런 어린 시절의 경험을 자신의 인지와 정동으로 내재화한다. 아동기의 외상 경험은 인성 병리의 전조이자 원인이므로, 그것은 내담자의 현재 인성조직이라는 렌즈를 통해 해석된다. 그러므로 이들 경험을 치료과정에서 통합하는 것은 내담자의 인성조직 수준을 통해서가 될 것이다. 경계선 인성조직 내담자와 신경증적 인성조직 내담자들은 치료 받는 동안 어린 시절의 외상을 여러 가지 방식으로 경험하고 재생산해 낼 것이다. 경계선 인성조직 내담자는 양극화된 방식으로 희생자와 가해자의 역할을 나타내기 쉽다.

과거의(그리고 현재의) 성적, 신체적 학대는 지금-여기의 즉각적인 전이에서 여러 가지 방식으로 나타난다. 학대의 과거력이 있는 경계선 인성장애 내담자의 치료에서 중요한 것은 어린 시절의 경험이 다른 중요한 어린 시절 경험과 같이 기억되고 성인의 인성구조에 통합되는 방식이다. Fonagy와 동료들(1996)은 성인애착면접에서 경계선 인성이 상실이나 외상 해결의 부재와 관련되어 있음을 발견하였다. 해결되지 않은 어린 시절의 경험은 전이 속으로 들어와 내담자가 자신을 치료자의 손아귀에 있는 희생자로 체험하거나 아니면 반대로 치료자를 공격하여 희생시키는 상황으로 나타날 수 있다.

여기서 논의되어야 할 문제는 경계선 인성조직 내담자들의 치료에 초점이 맞추어져 있는데, 이들 중 일부는 과거에 학대를 받았다는 것이 분명하고 일부는 그랬으리라고 암시된다. 초기의 성적, 신체적 학대 때문에 성(sexuality)이 위축되거나 심지어 아예 사라져 버린 내담자와, 초기에 성적 학대와 함께 공격성을 체험하여 성인기 성에서 난잡성이 나타나고 종종 중요한 혹은 심한 가학피학적 특징을 보이는 내담자를 구별할 수 있다.

성적 학대로 인해 병리를 갖게 된 경계선 인성조직 내담자의 경우, 다음과 같은 치료적 함의와 지침이 적용된다.

1. 학대는 전이에서 활성화될 것이다. 이전에 가학피학적 관계[1]를 했던 내담자의 경우, 내담자는 희생자와 가해자 모두를 동일시하며 이들 체험은 전이에서 교대로 나타날 것이다. 어느 특정 시기에 내담자는 자신을 치료자의 희생자로 느끼고 치료자를 가해자로 느낄 것이다. 번갈아 가며, 내담자는 치료자를 이상화하고 다른 사람을 가해자로 여기며 치료자를 구원

1 여기에서 가학피학적 관계라는 것은 넓은 의미에서 만족에 심리적 또는 정서적 고통이 결합되어 있는 것을 포함하고, 신체적 고통과 관련해서 쾌를 느끼는 데에 한정되지 않는다.

자로 본다. 그러나 다른 때에 내담자는 가해자로 행동하며 종종 치료자를 포함하는 다른 사람을 희생시킬 것이다.

2. 이러한 전이 양상이 나타나면, 치료자의 과제는 내담자가 희생자와 가해자 **모두를** 동일시한다는 것을 표면화시키는 것이다. 내담자 측에서 자신이 희생자와 가해자 모두 동일시한다는 것을 점차 견뎌 낼 수 있게 되면, 내담자는 분열되어 의식화 되지 않으면서 그를 압도했던 공격적 충동에 대한 지배력을 얻게 될 것이다. 이러한 발달은 성과 가학피학적 공격성의 해결을 촉진할 것이며, 이로 인해 내담자는 성적으로 만족할 수 있게 되고 성적 학대 경험을 깊이 있게 탐색할 수 있게 된다(즉 난폭한 파괴의 느낌, 이상화된 부모의 파괴, 아버지의 성적 대상이 되는 승리감의 가능성, 이런 감정에 대한 죄책감, 기타 등등). 결국 공포, 혐오, 흥분, 승리감이라는 전체 범위의 감정은 성인의 성에 통합될 수 있다.

치료자는 내담자가 가해자와 희생자 모두를 무의식적으로 동일시하는 것을 분석할 필요가 있는데, 이는 갈등을 전이 밖으로 전치시키는 것을 피하기 위하여, 내재화된 대상관계에서 박해하는 관계와 이상화된 관계의 분열을 중지시키기 위하여, 그리고 성적 영역에서 병리가 계속되는 것과 그럴 때 흔히 나타나는 내담자 성 생활에서의 억제를 피하기 위해서다. 내담자를 어린애 취급하고 만만하게 보는 일반적인 문화와는 반대로, 우리는 내담자를 책임 있는 성인으로 대하는 것이 중요하다고 생각한다. 따라서 기법적 중립성의 관점에서 모든 개입은 추론, 윤리적 고려, 의사결정 역량을 갖고 있는 내담자의 자아 부분에 적용된다. 치료자의 해석을 내담자의 성인 자기에 적용하는 것으로 공식화하는 것은 치료 동맹이 점진적으로 확장되는 데 있어서 중요한 한 요소다. 이는 자신의 과거에 대한 내담자의 제한된 시각을 인식하고, 동시에 원래의 가해자에 대항하여 치료자를 자기를 도와주고 보호해 주는 인물로 활용함으로써 과거의 전체적 영향을 방어하기보다는 그러한 과거를 받아들이려는 내담자의 궁극적 욕구도 함께 인식한다는 것을 의미한다. 만일 내담자가 회기 중에 해리

13. 치료자의 부재와 위임 관리

치료자가 일상적으로 휴가, 전문가 모임, 기타의 이유로 사무실을 비우는 것은 경계선 내담자에게 숙련된 관리가 필요한 경우다. 모든 경우 치료자는 자신의 부재 기간 동안 동료가 가용할 수 있도록 조정해야 한다. 실제적 관점에서 보면, 치료자의 부재는 치료 첫해 동안 위기를 유발할 수 있다. 이 기간 동안 치료자는 필요하다고 느낀다면 내담자가 위임 치료자와 회기 일정을 잡을 수 있도록 조정하는 것이 합리적이다. 일반적으로 첫해 동안 치료자는 자신의 부재에 의해 촉진된 심리역동적 주제를 작업할 수 있는데, 부재라는 사건이 더 이상 위기로 경험되지 않는 한도까지 그렇다. 치료자의 부재에 의해 나타나는 일반적인 주제는 다음과 같다.

1. **치료자의 부재를 내담자가 어떻게 경험하며, 어떻게 반응할 것 같은가** 내담자가 치료자의 내적 이미지를 계속 유지하기 어려워하는 것을 탐색해야 한다. 지각된 '버리는 대상'에 대한 내담자의 분노가 '보살펴 주는 대상'의 내적 이미지를 파괴하며, 치료자의 부재 동안 내담자에게 치료자와 연결되어 있다는 어떤 느낌도 남기지 못하는 것은 종종 있는 일이다. 이런 일이 일어나기 쉽다는 해석은 내담자가 그것을 피하도록 도울 수 있다.

   내담자는 '버림 받은' 느낌에 대해 자주 얘기한다. 내담자가 치료의 휴지(interruption)를 **왜** 이런 식으로 경험하는지를 이해하기 위해 이 용어를 넘어서 탐색하는 것이 도움이 된다. 내담자는 휴지가 내담자가 처음부터 '알았던' 것에 대한 증거, 예를 들면 치료자가 내담자에 관해 전혀 마음을 쓰지 않는다는 것이나 치료자가 내담자를 너무 싫어해서 내담자로부터 도망가고 싶었다는 것에 대한 증거라고 느끼는 것으로 나타났다. 다시 말해, 휴지는 부정적인 내적 표상을 강화시키고, 억압된 긍정적 표상에 대한 방어를 증가시킨다. 내담자는 "이건 선생님이 저를 걱정하지 않았다는 것을 보여 줍니다! 내가 바보였어요. 잠깐이라도 선생님이나 누군가가 저를 보살펴 줄 수 있을 것이라고 생각했어요." 치료자는 자신의 부재가 무관심의 증거가 되는 것인지 질문해야 하며, 비록 화나고 실망하긴 했지만 내담자는 치료자가 돌보지 않았다는 '증거'를 갖게 되어 안도하는 것처럼 보인다는 점을 지적해야 한다. 이러한 안도는 분열이라는 방어가 무너지기 시작하고 내담자가 좋은 관계의 가능성을 경험할 때 얼마나 많은 불안이 유발되는가와 일치한다. 치료자의 부재가 분열을 강화한다는 사실은 다음과 같이 해석될 수 있다. "그게 ○○씨가 원하는 전부는 아닐지 몰라도, ○○씨는 내가 ○○씨에게 진실한 관심이 있을 수 있다고 생각하기 시작했어요. ○○씨는 내 휴가 소식을 현재 상황을 재설정할 수 있는 기회로 받아들이는 것 같아요. 휴가는 슬픈 상황인데, 왜냐하면 휴가동안에는 나도 어떤 다른 사람도 ○○씨를 보살피지 않기 때문이에요. 그러나 ○○씨가 사정을 이해하고 있고 그래서 약해지지 않을 거라고 느끼는 한, 그것은 안심이 되는 상황이에요."

2. 위임 치료자와 함께 회기들을 미리 조정해야 하는가 앞에서 얘기하였듯이, 이것은 내담자의 첫해 치료 동안 고려될 수 있다. 그러나 그 이후에 보통 상황에서 치료자의 부재를 다루기 위해서는 내담자가 자신의 내적 표상과 그 표상이 치료의 휴지에 대한 자신의 반응에 미치는 영향을 충분히 이해해야 한다. 만일 위임 치료자와 치료 회기를 미리 약속해 놓지 않았다면, 전형적인 조치는 위임 치료자의 전화번호를 내담자에게 알려 주고 응급상황에서 회기가 필요할 때 전화하도록 하는 것이다.

14. 내담자의 침묵

내담자가 얘기하도록 자극하고서 그런 자극에 대해 침묵하는 내담자의 비언어적 반응을 관찰함으로써, 그리고 이때 치료자 자신의 역전이를 관찰함으

et al., 2005). 예상대로 위스콘신 카드 분류검사에서의 결함은 중다 차원의 인성 질문지에서 억제 차원과 대체로 부적상관을 보였다.

정동자극의 처리와 관련하여, 우리(Silbersweig et al., 개관 중)와 다른 연구자들(Donegan et al., 2003)이 경계선 내담자를 대상으로 기능적 자기공명영상법(fMRI)을 사용해서 얻은 결과에 의하면, 일반적으로 경계선 내담자는 심리적으로 건강한 사람들에 비해 정동자극을 처리하는 데 매우 반응적이다. 우리는 특수하게 고안된 fMRI 활성화 탐침을 사용하여 경계선 내담자가 부정적 정서를 처리할 때 전전두엽의 억제 기능이 감소된다는 가설을 검증했다. 정서 언어적 가-가지마(go-no-go) 패러다임을 사용한 우리의 연구에서 나온 결과는 경계선 인성장애 내담자가 행동억제와 부정적 정서의 상호작용과 관련되는 조건에서 배내측 피질의 활성화가 건강한 사람에 비해 심리적으로 심하게 감소한다는 것이다. 이 결과가 시사하는 것은 경계선 장애 내담자의 핵심적인 임상 양상인 정서, 행동의 조절 곤란은 신경계에 토대를 둔다는 것이다.

요약하면 더 세심하게 설계된 실험실 연구 결과, 경계선 내담자의 통제 결함에는 몇 개의 중심 영역이 나타났다. 첫째, 정동의 영향과 독립적으로, 주의와 인지방해의 통제 수행에 결함이 있다. 둘째, 부정적으로 영향받는 정서자극의 부호화가 증가하고 이를 인지적으로 억제하는 능력이 손상되어 있다(Korfine & Hooley, 2000). 셋째, 동기적, 정동적 인지억제가 손상되어 있다. 마지막으로, 부정적 정동과 관련된 일화기억의 구체성이 저하되어 있다(Fertuck et al., 출판 중).

3) 정체성

많은 연구자들(Bowlby, 1979; Kernberg & Caligor, 2005)은 아이가 성장하면서 자기와 타인에 대한 작업 개념화가 출현한다고 전제한다. 특히, 이는 편안하고 유쾌하거나 혐오스럽고 위험한 타인과 정동적으로 상호작용하면서 발달한다. 이러한 초기 상호작용에서 성장한 아이는 이후에 타인과의 상호작용에서 자기와 타인에 대해 기대를 갖게 하는 내적 모델을 구축한다.

기질적 소인, 환경적(외상적) 사건, 혹은 둘의 조합에 영향을 받아 심리내적인 조직에 이차 수준이 생기고 정체성 혼미라는 임상적 증상이 만들어진다(Kernberg & Caligor, 2005). 우리 생각으로는 이것이 DSM-IV-TR에서 경계선 인성장애의 정체성 혼미의 진단 기준에 기저하는 것이다. 정체성 혼미는 자기 개념과 중요한 타인과 관련된 개념 통합의 결여를 특징으로 한다. 이렇게 자기와 타인에 대한 통합된 개념의 결여는 과다한 분열에서 오는데, 종종 이것은 이분법적 사고 혹은 자기와 타인 표상의 긍정적 그리고 부정적 정동 투여 사이의 원시적 해리로 언급되며, 이것은 자기와 타인의 평가, 그리고 자기와 타인의 동기를 평가하는 능력을 만성적으로 손상시킨다. 정체성 혼미의 임상적 특징은 정서적 관계에 대한 판단에서의 만성적 미성숙, 친밀한 관계에 헌신하기 어려움, 애정생활에서의 성적 장애, 그리고 일이나 직업에 대한 헌신의 문제다.

자전적 자기에 관한 기억 기능과 자기감으로의 접근이 경계선 내담자에게는 다른 사람과 다르게 작동한다. 기존의 자료는 일관되지 않지만, 몇몇 증거에 의하면 경계선 내담자는 부정적 기억 단서를 가지고 과일반화된 자전적 기억을 산출해 낸다. 실제로 부정적인 일화기억의 부호화와 인출의 손상은 해리 경험과 관련될 수 있다.

(1) 친밀한 관계와 일에 대한 헌신

우리 연구에서 경계선 인성장애 기준에 맞는 내담자도 일, 우정 그리고 친밀한 관계에 대한 참여와 헌신의 정도는 매우 다양했다. 정의상 인성장애는 정상 기능을 방해하는 사고와 감정 방식을 포함한다. 이들은 관계와 일에서 다양한 정도의 성공과 헌신을 보이면서 치료에 온다.

경계선 내담자 자료가 큰 표집(N=74)에서, 사회적응척도를 사용하여 경계선 내담자의 생활에서 일과 친밀한 관계의 정도를 평가하였다. [그림 11-1]에서는 사랑과 일에 대해 7점 척도로 내담자가 평정한 백분율을 제시했다. 회복기에 들어 외래치료를 하고 있지만 혼란된 경계선 내담자에게는 예상되던 바대

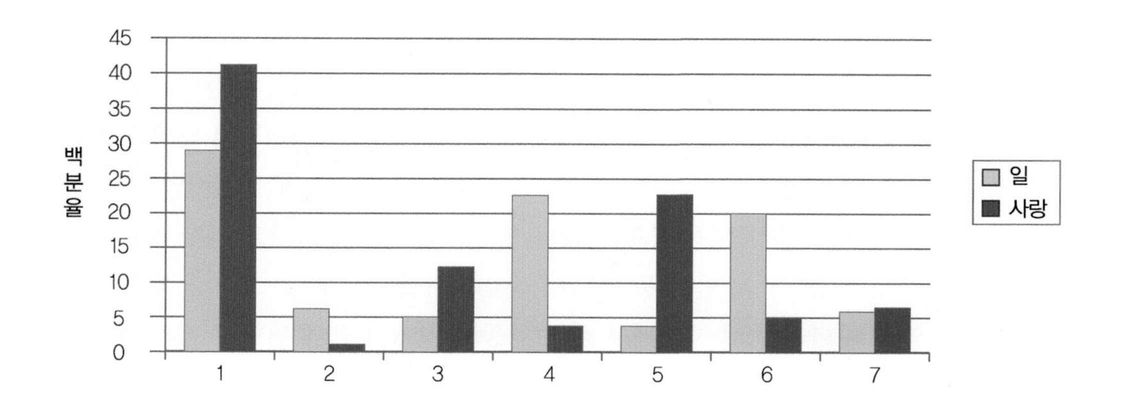

[그림 11-1] 일과 관계에서 평정된 경계선 인성장애 내담자의 백분율

일
1. 자원하든 돈을 받든 일을 하지 않음
2. 자원봉사 일을 하는 데 받은 교육 수준에 맞지 않고 주 몇 시간만 함
3. 시간제 일이나 자원봉사 일
4. 전일제 혹은 시간제 일인데 교육 수준에 맞지 않음
5. 전일제이지만 교육 수준에 맞지 않음
6. 전일제이며 교육 수준에 맞지 않지만 일에서 효과적임
7. 전일제이며 교육 수준에 맞고 일에서 효과적임

애정관계
1. 성적인 애정관계가 없음
2. 짧은 관계이며 갈등이 많고 성적 접촉이 없음
3. 로맨스나 즐거움 없이 한 사람 이상의 파트너와 단기간의 성적 접촉
4. 한 파트너 이상과 즐거운 성적 접촉
5. 한 파트너와의 성적 접촉, 로맨틱한 감정 없이 감각적 쾌감
6. 로맨틱한 관계로 한 파트너와 성적 접촉을 하면서 감각적 쾌감이 거의 없음
7. 한 파트너와 만족스러운 성적 접촉, 친밀감, 상호 의존

로 대부분이 일도 하지 않고 친밀한 관계도 없었다(1점 평정). 그러나 흥미로운 점은 표본에서 변산이 있어서 경계선 인성장애로 진단된 어떤 사람들은 중요한 일을 했고 관계 기능이 좋았다는 사실이다. 이러한 기능 수준은 어떤 치료이든 중요한 치료 목표가 되며, 치료 계획의 일부로 이 영역에서 내담자 변화의 가능성을 고려하는 수준이다.

성적 행동은 타인과 친밀할 수 있는 능력과 동등한 것은 아니지만 주요한 요소다. 경계선 인성장애 기준에 해당하는 여성들의 성적 행동을 상세하게 검토하였는데(Hull et al., 1993), 여기서 가설은 이들 중 많은 여성들이 위험하고 충동적인 성적 행동 때문에 HIV 감염의 위험이 있을 것이라는 것이었다. 연구 결과, 표본의 반이 여러 명의 파트너가 있거나 피임하지 않고 성행위를 하였고 약물의 영향하에 있는 등 HIV 감염에 고위험 상태였다. 그러나 더 흥미로운 것은 나머지 반이 생활에서 성적 행동이 없어서 감염 위험이 거의 없었다는 것이다. 또한 흥미로운 것은 다양한 정도의 혼란과 위험에도 불구하고 성행위를 하는 집단의 사람은 온정성 같은 특성에서 성행위를 하지 않는 집단보다 더 건강했다.

(2) 애착 양상

임상 연구자와 이론가들은 최근 경계선 인성장애의 기본적 측면, 즉 불안정하고 강렬한 대인관계, 공허감, 분노 폭발, 유기에 대한 만성적 공포, 그리고 혼자 있는 것을 견디지 못하는 것이 기저의 애착 조직 문제에서 생긴다고 이해하기 시작했다(Blatt, 1997; Fonagy et al., 2000; Gunderson, 1996; Levy & Blatt, 1999).

정신분석가이며 이론가인 John Bowlby(1979, 1988)에 의해 자극 받아 심리적으로 건강한 사람과 경계선 내담자를 포함한 환자 집단을 대상으로 한 연구 결과가 쌓이면서 임상적 사고와 연구도 그것의 영향을 받았다. 우리는 경계선 병리를 자기와 타인에 대한 개념이 빈곤하고 갈등이 많은 구조적 정체성 장애로 개념화하고 있는데, 이것은 애착과 애착 와해에 대한 Bowlby의 개념화와 관련된다.

경계선 내담자의 애착 상태에 대한 경험적 문헌은 점점 더 많아지고 있다. 기분부전 내담자에 비해 경계선 내담자는 공포에 찬 집착 유형 및 외상을 미해결한 유형이 유의하게 많고 두 집단 모두 유사한 외상을 경험했을 때라도 마찬가지였다(Patrick et al., 1994). 아동기 성학대의 개인력이 있는 여성 집단에

내담자–치료자 성인애착면접에서 내담자의 반응은 Bion(1962)의 개념화에 대한 예를 보여 준다. 그것은 자신의 내적인 삶을 성찰하는 다른 사람, 즉 치료자가 있다는 경험을 내담자가 내재화하면 자기성찰과 타인의 마음을 인식하는 능력이 커진다는 것이다. 또한 이것은 Bowlby(1988)가 치료를 안전기지를 제공하는 것이라고 한 것을 나타내기도 한다. 즉 관계의 안전성이 안전한 장을 제공하게 되어 도움이 되며 협조적인 관계에서 자기와 타인(치료자)에 대한 새로운 감각을 명료화할 수 있다.

전이초점 심리치료를 한 지 1년쯤에, 내담자 A의 치료자는 다음과 같은 형용사를 사용하여 내담자와 자신과의 관계를 묘사하였다. 매우 헌신적이고 안정적이며 치료자는 내담자에게 상당히 매혹되며 즐겁다고 했다. 그는 그녀가 치료에 한 번도 빠지지 않고 오고 매 시간 언제나 시간을 정확하게 지키는 것에 주목했다. 묘사한 것을 보면, 치료자는 한편으로 그녀를 재미있고 유쾌하게 느끼고 다른 면으로는 유혹적이기는 하지만 압도되거나 거짓된 안전함으로 속아 넘어가지 않고 균형을 만들어 낸 것으로 보았다. 그는 회기를 기술하는 데 놀라운 은유를 사용했다. 그것은 겉으로는 복합적인 매력과 유머를 보이는 노엘 카워드(Noël Coward) 연극 같았지만 기저에 잠재해 있는 것은 스티븐 킹(Stephen King)의 소설과 같았다는 것이다. 치료자는 내담자 A가 인정을 갈구하고 자기 혼자서는 가질 수 없는 사랑과 감탄을 해 줄 사람을 동경한다고 보았다. 그녀는 그런 애정을 얻지 못하면 충동적으로 분노하고 편집적으로 되었다. 치료자는 그녀의 명랑하고 영리하며 재치 있고 매력적인 태도에 분명히 끌렸다고 했다. 여기서 추론할 수 있는 것은 치료과정에서 내담자가 깨달은 것이 치료자가 일관되고 안정적이면서 위험할 정도로 그녀한테서 유혹받지도 않았고 그러면서도 그녀를 매력적으로 보고 소중히 여겼다는 것이다. 치료자는 내담자의 공격성을 좀 두렵기는 했지만 넘치는 것으로 보지 않았고 그녀의 배경에서라면 이해할 만하고 치료자가 일관되게 견디고 지금여기에서의 상호작용에 입각한 해석을 하면 이해할 수 있다고 여겼다. 치료자는 내담자가 내재화하기 시작했다고 지적했다. 그 내용은 그녀에게 공격성이 늘 있으며 부정하지 않고 조절해서 자신을 정신과 환자로 동일시하는 부분과 거대 자기 간의 분열로 자신을 경험하는 것보다는 자기 자신을 복합적으로 이해하고 풍부하게 하는 것이 더 나을 것이라는 점이다.

내담자 B 치료 초기에 내담자 B는 성인애착면접에서 거부형(D)으로 애착을 비하하는 하위유형(D2)으로 분류되었다. 이 분류는 그녀의 부모에 대해 비하적이고 멀게 기술하고 초기 애착 경험과 연결된 감정과 정동의 중요성과 일반적으로 애착관계의 중요성을 최소화하는 것을 나타낸다. 치료 1년 후 그녀는 안정애착이면서 애착관계를 계속적으로 비하하는 하위유형(F1A)을 보였는데, 즉 안정 범주 내에서 거부의 극단에 들었다. 내담자 A처럼 내담자 B는 치료 전에는 성찰 기능 1점으로 매우 낮았다. 그러나 내담자 A와 반대로 내담자 B는 전이중심 심리치료 1년 후에도 성찰 기능에 변화를 보이지 않아 성찰 기능이 매우 낮았다.

치료 1년 후 치료자에 대한 그녀의 기술은 방어적 구체성으로 경계, 거리 그리고 통제에 대한 관심을 나타냈다. 그녀는 치료자가 의사처럼 불공평한 거리를 지켰기 때문에 실제로 그가 어떤 사람인지 몰랐다고 했다. 그녀가 본 치료자는 관여하지도 않았고 그냥 공손하게 예의만 지켰다. 그녀는 그를 머리는 좋지만 정서적이지 않다고 보았다.

유사하게 치료자는 내담자 B와의 관계를 멀고, 경직되며, 형식적이고, 차갑고, 피상적으로 경험했다. 치료자가 깊게 탐색하는 것을 내담자는 원치 않는다고 치료자는 생각했다. 그녀는 거의 의지 없이 행동했고 와야 하기 때문에 치료에 왔다. 그녀는 옷을 잘 차려입었고 매우 우아했고 마치 차 모임에 참석해 품위 있게 행동하는 사람 같았다. 그녀는 대부분의 회기를 자신의 일과 관련되어 자잘한 것에 대해 이야기하면서 보냈다. 치료자를 향한 어떤 정동 표현도 없고 별 반응 없이 내담자는 회기를 끝내고 헤어졌다.

요약과 비교 두 내담자와 이들이 같은 치료자에게서 받은 1년간의 전이초점 심리치료 과정의 비교에서 드러난 것은 내담자 변화가 다양한 수준에서 잠재적으로 이루어진다는 것이다. 두 내담자는 증상이 호전되었다. 일 년 후에 내담자 A의 자살 시도와 자기파괴적 행동은 멈추었다. 내담자 B는 갑자기 놀래키는 자살 시도를 해서 치료에 왔고 치료에서는 그 행동이 다시 나타나지 않았다. 그러나 성찰 기능 수준에서의 치료 결과는 두 내담자가 매우 달랐다. 내담자 A는 타인과의 관계에서 자기 개념에 대해 성찰할 수 있는 능력이 확연히 좋아진 반면, 내담자 B는 이 점에서 어떤 변화도 없었다. 두 내담자에 있어 이 차이는 시간에 따라 나타난 치료자에 대한 개념, 치료에서 있었던 것에 대한 치료자의 기술과 개념에서 분명하게 나타났다. 내담자 A는 치료자와의 신뢰, 개방성이 커졌고, 반면 내담자 B는 치료자가 그녀의 내적 세계로 들어가려 시도해도 멀리서 침묵만 지켰다. 어떤 점에서 내담자 B는 치료자와의 관계에서 주된 대상관계를 허용하거나 형성하지 않았고 외적으로 침묵하면서 거리를 두는 식으로 행동하면서 자신 안에서 일어나는 것을 다른 사람에게 드러낼 수 있을 만큼 믿을 수 없어 했다. 이것은 다른 이들(Bateman & Fonagy, 2004)이 말하는 상징화 능력의 결여 같은 것은 아닌 듯하며, 오히려 그렇게 하기를 거부하고 그냥 피상적으로 유지하려고 노력한 것 같다. 내담자 A는 증상과 행동에서의 변화뿐 아니라 내적 도식, 인지정동적 단위 그리고 대상관계 수준에서도 변화한 것으로 보인다. 자신과 타인, 그리고 그녀의 관계에 대한 내재화된 작업 모델은 확장되었고 따라서 타인과 관계에서 더 세심한 융통성이 생겼다. 그에 따라 애정, 사회 생활 그리고 일 모두에서 타인과의 관여도 증가했다. 앞으로의 경험 연구는 내적인 대상관계 수준의 변화가 경계선 내담자 치료에서 얻은 호전의 지속을 예언하는지에 대해 확인할 필요가 있을 것이다.

3) 요약: 과정과 성과

우리는 우리의 연구 노력을 우리의 이론적 지향과 밀접하게 관련지었다. 여기서 제시한 대로 우리는 전이초점 심리치료의 효과를 세 가지 각도에서 보려

하였다. 그것은 1) 행동적 결과, 2) 성찰 기능에서 내담자 변화의 측정, 3) 치료 1년 동안 자기와 치료자를 포함한 타인에 대한 개념 변화에 관련된 내담자의 주관적인 설명이다. 우리의 치료 연구는 집단 평균에만 초점을 두지 않았고, 애착 유형, 치료자와의 관계에 대한 개념화(PT-AAI), 그리고 성찰 기능의 변화 면에서 내담자를 개별적으로 검토했다. 경계선 인성장애의 특성에 따라 우리는 치료 목표를 자기와 타인에 대한 내담자의 개념 변화로 잡았다. 우리는 임상적 성과(내담자의 자기파괴적 행동과 증상)와 변화 기제를 측정했다. 전이초점 심리치료가 효과적이라는 증거도 있지만 모든 다른 치료처럼 전이초점 심리치료도 어떤 내담자에게는 다른 내담자보다 더 효과적이다. 그래서 경계선 내담자의 하위 집단별로 다른 치료와 짝지어서 하는 연구도 매우 중요할 것이다.

4. 다른 심리치료 장면에서 전이초점 심리치료 원칙의 응용

우리는 전이초점 심리치료를 미국의 주요 대도시에 있는 우리의 임상 장면에 적용한 것으로 기술했다. 북미, 유럽, 남미에서 우리가 한 다양한 워크숍을 통해 우리가 확실하게 알게 된 것은 전이초점 심리치료가 우리가 이 책에서 묘사된 바로 그대로 이 모든 장면에 적용될 수는 없다는 것이다. 그러나 우리가 발견한 것은 전이초점 심리치료의 원칙이 입원 병동, 낮병동, 집단과 주 2회 미만인 개인치료에도 적용할 수 있다는 것이다. 광범위하게 적용할 수 있는 원칙과 실제는 다음과 같다.

1. **인성조직, 증상 그리고 역기능 영역을 평가하기 위한 구조적 면접을 포함한 평가:** 5장에서 기술된 평가에 따라 치료 방법을 선택하고 내담자 병리의 특정한 면에 초점을 둘 수 있다. 또한 평가는 특정 내담자에게 얼마나 많은 자원이 사용되고 치료 목표를 어디까지 정하는지에 필요하다.

Clarkin JF, Posner M: Defining the mechanisms of borderline personality disorder. Psychopathology 38:56-63, 2005

Clarkin JF, Yeomans FE, Kernberg OF: Psychotherapy for Borderline Personality. New York, Wiley, 1999

Clarkin JF, Foelsch PA, Levy KN, et al: The development of a psychodynamic treatment for patients with borderline personality disorder: a preliminary study of behavioral change. J Personal Disord 15:487-495, 2001

Clarkin JF, Levy KN, Lenzenweger MF, et al: The Personality Disorders Institute/ Borderline Personality Disorder Research Foundation Randomized Control Trial for Borderline Personality Disorder: rationale, methods, and patient characteristics. J Personal Disord 18:52-72, 2004

Coccaro EF, Siever LJ, Klar HM, et al: Serotonergic studies in patients with affective and personality disorders: Correlates with suicidal impulsive aggressive behavior. Arch Gen Psychiatry 46:587-599, 1989

Critchfield KL, Levy KN, Clarkin JF: The relationship between impulsivity, aggression, and impulsive-aggression in borderline personality disorder: an empirical analysis of self-report measures. J Personal Disord 18:555-570, 2004

Depue RA, Spoont MR: Conceptualizing a serotonin trait: A behavioral dimension of constraint. Ann NY Acad Sci 487:47-62, 1986

Depue RA, Lenzenweger MF: A neurobehavioral dimensional model, in Handbook of Personality Disorders: Theory, Research and Treatment. Edited by Livesley WJ. New York, Guilford, 2001, pp 136-176

Depue RA, Lenzenweger MF: A neurobehavioral dimensional model of personality disturbance, in Major Theories of Personality Disorder, 2nd Edition. Edited by Lenzenweger MF, Clarkin JF. New York, Guilford, 2005, pp 391-454

Diamond D, Clarkin JF, Levine H, et al: Borderline conditions and attachment: a preliminary report. Psychoanalytic Inquiry 19:831-884, 1999

Diamond D, Clarkin JF, Stovall-McClough KC, et al: Patient-therapist attachment: impact on therapeutic process and outcome, in Attachment Theory and the Psychoanalytic Process. Edited by Cortina M, Marrone M. London, Whurr, 2003a, pp 179-203

Diamond D, Stovall-McClough C, Clarkin JF, et al: Patient-therapist attachment in the treatment of borderline personality disorder. Bull Menninger Clin 67:227-259, 2003b

Donegan NH, Sanislow CA, Blumberg HP, et al: Amygdala hyperactivity in borderline personality disorder: implications for emotional dysregulation. Biol Psychiatry 54:1284-1293, 2003

Eisenberg N, Smith CL, Sadovsky A, et al: Effortful control: relations with emotional regulation, adjustment, and socialization in childhood, in Handbook of Self-Regulation: Research, Theory, and Applications. Edited by Baumeister RF, Vohs KD. New York, Guilford, 2004, pp 259-282

Fairnbairn WRD: Psychoanalytic Studies of the Personality. London, Tavistock, 1952

Fan J, McCandliss BD, Sommer T, et al: Testing the efficiency and independence of attentional networks. J Cogn Neurosci 3:340-347, 2002

Fertuck EA, Lenzenweger MF, Clarkin JF: The association between attentional and executive controls in the expression of borderline personality disorder features: a preliminary study. Psychopathology 38:75-81, 2005

Fertuck EA, Lenzenweger MF, Clarkin JF, et al: Executive neurocognition, memory systems, and borderline personality disorder. Clin Psychol Rev, in press

Fonagy P, Leigh T, Steele M, et al: The relation of attachment status, psychiatric classification, and response to psychotherapy. J Consult Clin Psychol 64:22-31, 1996

Fonagy P, Steele M, Steele H, et al: The predictive validity of Mary Main' s Adult Attachment Interview: a psychoanalytic and developmental perspective on the transgenerational transmission of attachment and borderline states, in Attachment theory: Social, Developmental and Clinical Perspectives. Edited by Goldberg S, Muir R, Kerr J. Hillsdale, NJ, Analytic Press, 1995, pp 233-278

Fonagy P, Target M, Gergely G: Attachment and borderline personality disorder: a theory and some evidence. Psychiatr Clin North Am 23:103-122, 2000

Freud S: Observations on transference-love (1915), in The Standard Edition of the Complete Psychological Works of Sigmund Freud, Vol 12. Translated and edited by Strachey J. London, Hogarth Press, 1958, pp 157-171

Freud S: Mourning and melancholia (1917[1915]), in The Standard Edition of the Complete

Perspectives Book Series, Vol 14. Hillsdale, NJ, Analytic Press, 1999

Munroe-Blum H, Marziali E: A controlled trial of short-term group treatment for borderline personality disorder. J Personal Disord 9:190-198, 1995

Nelson K, Fivush R: The emergence of autobiographical memory: a social cultural developmental theory. Psychol Rev 111:486-511, 2004

Nigg JT: On inhibition/disinhibition in developmental psychopathology: views from cognitive and personality psychology and a working inhibition taxonomy. Psychol Bull 126:220-246, 2000

Ochsner KN, Gross JJ: Thinking makes it so: a social cognitive neuroscience approach to emotion regulation, in Handbook of Self-Regulation: Research, Theory, and Applications. Edited by Baumeister RF, Vohs KD. New York, Guilford, 2004, pp 229-258

Pankseep J: Affective Neuroscience. New York, Oxford, 1998

Paris J: Borderline Personality Disorder: A Multidimensional Approach. Washington DC, American Psychiatric Press, 1994

Patrick M, Hobson RP, Castle D, et al: Personality disorder and the mental representation of early social experience. Dev Psychopathol 6:375-388, 1994

Perry JC, Herman JL: Trauma and defense in the etiology of borderline personality disorder, in Borderline Personality Disorder: Etiology and Treatment. Edited by Paris J. Washington DC, American Psychiatric Press, 1993, 123-139

Perry JC, Banon E, Ianni F: Effectiveness of psychotherapy for personality disorders. Am J Psychiatry 156:1312-1321, 1999

Piaget J: The Language and Thought of the Child. New York, Harcourt, Brace, 1926

Piaget J: The Origins of Intelligence in Children. New York, International Universities Press, 1952

Piper WE, Duncan SC: Object relations theory and short-term dynamic psychotherapy: findings from the Quality of Object Relations Scale. Clin Psychol Rev 19:669-685, 1999

Piper WE, Azim HFA, Joyce AS, et al: Transference interpretations, therapeutic alliance and outcome in short-term individual psychotherapy. Arch Gen Psychiatry 48:946-953, 1991

Posner MI, Rothbart MK: Developing mechanisms of self-regulation. Dev Psychopathol

12:427-441, 2000

Posner MK, Ahadi SA, Evans DE: Temperament and personality: origins and outcomes. J Pers Soc Psychol 78:12-135, 2000

Posner MI, Rothbart MK, Vizueta N, et al: Attentional mechanisms of borderline personality disorder. Proc Natl Acad Sci USA 99:16366-16370, 2002

Racker H: The meaning and uses of countertransference. Psychoanal Q 26:303-357, 1957

Reich W: Character Analysis. New York, Farrar, Straus, and Giroux, 1972

Rockland LH: Supportive Therapy for Borderline Patients: A Psychodynamic Approach. New York, Guilford, 1992

Rosenstein DS, Horowitz HA: Adolescent attachment and psychopathology. J Consult Clin Psychol 64:244-253, 1996

Roth A, Fonagy P: What Works for Whom? A Critical Review of Psychotherapy Research, 2nd Edition. New York, Guilford, 2005

Rothbart MK, Bates JE: Temperament, in Handbook of Child Psychology, 5th Edition, Vol 3. Edited by Damon W, Eisenberg N. New York, Wiley, 1998, pp 105-176

Rothbart MK, Ahadi SA, Hershey KL: Temperament and social behavior in childhood. Merrill Palmer Q 40:21-39, 1994

Rothbart MK, Ahadi SA, Evans DE: Temperament and personality: origins and outcomes. J Pers Soc Psychol 78:122-135, 2000

Ryle A: Cognitive analytic therapy and borderline personality disorder: the model and the method. Chichester, UK, John Wiley and Sons, 1997

Scheel KR: The empirical basis of dialetical behavior therapy: summary, critique, and implications. Clin Psychol: Science and Practice 7:68-86, 2000

Shea MT, Stout RL, Yen S, et al: Associations in the course of personality disorders and Axis I disorders over time. J Abnorm Psychol 113:499-508, 2004

Siever LJ, Davis KL: A psychobiological perspective on the personality disorders. Am J Psychiatry 148:1647-1658, 1991

Silverman JM, Pinkham L, Horvath TP, et al: Affective and impulsive personality disorder traits in the relatives of patients with borderline personality disorder. Am J Psychiatry 148:1378-1385, 1991

Skodol AE, Pagano ME, Bender DS, et al: Stability of functional impairment in patients with schizotypal, borderline, avoidant, or obsessive-compulsive personality disorder over two years. Psychol Med, in press

Soloff P: Pharmacotherapy in borderline personality disorder, in Understanding and Treating Borderline Personality Disorder: A Guide for Professionals and Families. Edited by Gunderson JG, Hoffman PD. Washington, DC, American Psychiatric Publishing, 2005, pp 65-82

Spoont MR: Emotional instability, in Personality Characteristics of the Personality Disordered. Edited by Costello CG. New York, Wiley, 1996, pp 48-90

Stalker CA, Davies F: Attachment organization and adaptation in sexually-abused women. Can J Psychiatry 40:234-240, 1995

Steiner J: Psychic Retreats: Pathological Organization of the Personality in Psychotic, Neurotic and Borderline Patients. London, Routledge and The Institute of Psychoanalysis, 1993

Stern DN: The Present Moment in Psychotherapy and Everyday Life. New York, WW Norton, 2004

Stone MH: The Fate of Borderline Patients: Successful Outcome and Psychiatric Practice. New York, Guilford, 1990

Stone MH: Long-term outcome in personality disorders, in Personality Disorder Reviewed. Edited by Tyrer P, Stein G. London, Gaskell, 1993, pp 321-345

Stone MH: Personality Disordered Patients: Treatable and Untreatable. Washington, DC, American Psychiatric Publishing, 2006

Tellegen A: Multidimensional Personality Questionnaire Manual. Minneapolis, MN, University of Minnesota Press, 1982

Torgersen S, Lygren S, Oien PA, et al: A twin study of personality disorders. Compr Psychiatry 41:416-425, 2000

Trull TJ: Relationships of borderline features to parental mental illness, childhood abuse, Axis I disorder, and current functioning. J Personal Disord 15:19-32, 2001

Trull TJ, Sher KJ, Minks-Brown C, et al: Borderline personality disorder and substance use disorders: a review and integration. Clin Psychol Rev 20:235-253, 2001

Waldinger RJ: Intensive psychodynamic therapy with borderline patients: an overview. Am J

Psychiatry 144:267-274, 1987

Weissman M: Social adjustment scale handbook. Unpublished manuscript, 1995

Westen D: The impact of sexual abuse on self structure, in Disorders and Dysfunctions of the Self (5th Rochester Symposium on Developmental Psychopathology, 1991). Edited by Cicchetti D, Toth SL. Rochester, NY, University of Rochester Press, 1993, pp 223-250

Westen D: The efficacy of dialectical behavior therapy for borderline personality disorder. Clin Psychol: Science and Practice 7:92-94, 2000

Westen D, Schedler J: Revising and assessing Axis II, part I: developing a clinically and empirically valid assessment method. Am J Psychiatry 156:258-272, 1999

Yeomans FE, Selzer MA, Clarkin JF: Treating the Borderline Patient: A Contract-Based Approach. New York, Basic Books, 1992

Yeomans FE, Gutfreund J, Selzer MA, et al: Factors related to drop-outs by borderline patients. J Psychother Pract Res 3:16-24, 1994

Yeomans FE, Clarkin JF, Levy KN: Psychodynamic psychotherapies, in Handbook of Personality Disorders. Edited by Oldham J, Skodol A, Bender D. Washington, DC, American Psychiatric Publishing, 2005, pp 275-288

Young JE: Cognitive Therapy for Personality Disorders: A Schema-Focused Approach, 3rd Edition. Sarasota, FL, Professional Resource Exchange, 1999

Young JE, Klosko J, Weishaar ME: Schema Therapy: A Practioner' s Guide. New York, Guilford, 2003

Zanarini MC: BPD as an impulse spectrum disorder, in Borderline Personality Disorder: Etiology and Treatment. Edited by Paris J. Washington, American Psychiatric Press, 1993, pp 67-85

Zanarini MC, Williams AA, Lewis RE, et al: Reported pathological childhood experiences associated with the development of borderline personality disorder. Am J Psychiatry 154:1101-1106, 1997

Zetzel ER: A developmental approach to the borderline patient. Am J Psychiatry 127:867-871, 1971

찾아보기

(진하게 인쇄된 쪽 번호는 표, 그림을 가리킴.)

저자 소개

존 클라킨(John F. Clarkin, Ph.D.)

뉴욕 Presbyterian병원, Westchester분원의 인성장애연구소 부소장이며 Joan and Sanford I. Weill 의대의 정신과와 뉴욕시 코넬대학교 의과대학원의 임상심리 교수다. 심리치료 연구의 국제 협회장을 역임했다.

프랑크 여만스(Frank Elton Yeomans, M.D., Ph.D.)

코넬대학교의 Weill 의대 정신과 임상 조교수, 뉴욕 Presbyterian병원, Westchester분원의 인성장애연구소 수련감독자 및 뉴욕시 인성학 연구소의 감독자다. 현재 인성장애연구소에서 개업의로서 전이초점 심리치료 팀장이며 연구, 사례지도 그리고 교육을 하고 있다. 심리치료 연구와 기법에 관한 수많은 논문과 저서의 주 저자이며 공동 저자다. 그중 *A Primer on Transference-Focused Psychotherapy for the Borderline Patient*가 있다.

오토 컨버그(Otto F. Kernberg, M.D.)

뉴욕 Presbyterian병원, Westchester분원의 인성장애연구소 소장이며 Joan and Sanford I. Weill 의대와 뉴욕시 코넬대학교 의과대학원의 정신과 교수다. 컬럼비아대학교의 정신분석 수련 및 연구 센터에서 수련과 지도감독 분석가이고 국제정신분석학회의 회장을 역임했다.

역자 소개

윤순임(Yoon SoonIm)

현재 서울정신분석상담연구소 소장을 맡고 있으며 정신분석가이자 임상심리전문가다. 독일뷔르츠부르크 대학교와 동 대학원 및 박사과정에서 심리학을 전공하고 뷔르츠부르크 대학교 디플롬 임상심리학자 자격을 취득한 후 뷔르츠부르크 대학교 임상심리학연구소 연구원을 역임하였다. 독일 슈투트가르트 정신분석연구소에서 정신분석 전공으로 수련 및 임상활동을 하였고, 독일정부 공인 정신분석가(정신분석치료) 자격면허를 획득하여 독일에서 정신분석가로 활동하였다. 1989년 귀국 이후 정신분석가로 임상 및 교육활동을 활발히 하며, 서울대학교 학생생활연구소 특별연구원, 한국청소년상담원 상담부교수 및 상담연수실장 등을 역임하였다. 저서 및 역서로는 『경험에서 배우기』(윤순임 역, 눈출판사, 2012), 『현대 상담심리치료의 이론과 실제』(윤순임 외 공저, 중앙적성출판사, 1995), 『남녀 관계의 사랑과 공격성』(윤순임 외 공역, 학지사, 2005), 『경계선 장애와 병리적 나르시시즘』(윤순임 외 공역, 학지사, 2008), 『만화로 만나는 20세기의 큰 인물 '프로이드'』(윤순임 감수, 웅진출판사, 1996) 등이 있으며, 정신분석과 정신분석 치료에 관련된 다수의 논문이 있다. 방송 출연으로는 KBS 일요스페셜 특별기획다큐 〈마음, 제3편 무의식에 새겨진 마음을 깨우다〉, EBS 〈도종환의 책과 함께 하는 세상, 프로이트의 「정신분석 강의」〉, SBS 〈Turning Point, 이혼위기 부부 문제〉, 방송대학 TV 〈우리 시대의 고전이야기, 꿈의 해석〉 등과 KBS 〈아침마당, 무엇이든 물어보세요〉, KBS 라디오 〈자녀교육상담실〉 등 다수가 있다.

이용승(Lee YongSeung)

임상심리전문가, 서울대학교 심리학박사

서울대학교병원 신경정신과 임상심리연수원 과정 수련

전) 서울대학교, 연세대학교, 이화여자대학교, 충북대학교 등 강사

현) 서울정신분석상담연구소 연구원

심영숙(Shim YoungSuk)

임상심리전문가, 서울대학교 심리학석사, 가톨릭대학교 심리학박사

강남클리닉 임상심리 과정 수련

전) 가톨릭대학교, 충북대학교, 서울불교대학원대학교 강사

현) 서울정신분석상담연구소 연구원

문형춘(Moon Hyung-Choon)

상담심리전문가, 서울대학교 심리학석사, 가톨릭대학교 심리학박사

전) 서울대학교 학생생활연구소 상담연구원, 서울특별시청소년종합상담실 상담부장

가톨릭대학교, 한국상담대학원대학교 등 강사

현) 서울정신분석상담연구소 연구원

남기숙(Nam KiSook)

임상심리전문가, 서울대학교 심리학박사

서울대학교병원 신경정신과 임상심리연수원 과정 수련

전) 서울대학교 공과대학 전기공학부 상담원

서울디지털대학교, 아주대학교, 서울사이버대학교 등 강사

현) 서울정신분석상담연구소 연구원

이임순(Lee ImSoon)

임상심리전문가, 상담심리전문가, 고려대학교 심리학박사

서울대학교병원 신경정신과 임상심리연수원 과정 수련

전) 숙명여자대학교 교육학부 초빙교수

KAIST 경영대학 서울캠퍼스 학생상담실 상담전문가

현) 서울정신분석상담연구소 연구원

김정욱(Kim JungWook)

상담심리전문가, 서울대학교 심리학박사

전) 서울대학교 학생생활연구소 상담연구원

서울대학교, 연세대학교, 가톨릭대학교, 성신여자대학교 등 강사

서울정신분석상담연구소 연구원

경계선 인성장애의 정신분석 심리치료
-전이초점 심리치료 지침서-

Psychotherapy for Borderline Personality
Focusing on Object Relations

2016년 10월 20일 1판 1쇄 발행
2023년 3월 20일 1판 3쇄 발행

지은이 • John F. Clarkin · Frank E. Yeomans · Otto F. Kernberg
옮긴이 • 윤순임 · 이용승 · 심영숙 · 문형춘 · 남기숙 · 이임순 · 김정욱
펴낸이 • 김 진 환
펴낸곳 • (주) 학지사
04031 서울특별시 마포구 양화로 15길 20 마인드월드빌딩 5층
대표전화 • 02) 330-5114 팩스 • 02) 324-2345
등록번호 • 제313-2006-000265호
홈페이지 • http://www.hakjisa.co.kr
페이스북 • https://www.facebook.com/hakjisabook

ISBN 978-89-997-1091-9 93180

정가 22,000원